KB059451

거대한 체스판

21세기 미국의 세계 전략과 유라시아

거대한 체스판
21세기 미국의 세계 전략과 유라시아

2000년 4월 1일 초판 1쇄 발행
2015년 6월 9일 초판 19쇄 발행
2017년 11월 10일 2판 1쇄 발행
2023년 12월 15일 2판 4쇄 발행

펴낸곳 (주)도서출판 **삼인**

지은이 즈비그뉴 브레진스키
옮긴이 김명섭
펴낸이 신길순

등록 1996.9.16. 제25100-2012-000046호
주소 03716 서울시 서대문구 성산로 312, 북산빌딩 1층
전화 (02) 322-1845
팩스 (02) 322-1846
전자우편 saminbooks@naver.com

표지디자인 (주)끄레어소시에이츠
출력 문형사
인쇄 대정인쇄
제본 은정제책

ISBN 978-89-6436-131-3 03300

값 13,000원

거대한 체스판

21세기 미국의 세계 전략과 유라시아

삼인

옮긴이의 말

　때로는 정서적으로 호감이 가지 않고, 이성적으로 동의할 수 없는 저자의 책을 읽어야 하는 것이 순수한 인문학 연구자와는 달리 사회과학 연구자가 거쳐야 하는 통과의례인지도 모른다. 브레진스키는 폴란드 출신으로서 원래 미국인이 아니지만 미국을 가장 잘 대표하는 사람 가운데 한 명이고, 비미국인은 물론 미국인으로부터도 많은 반감을 빚어 내곤 하는 국제 전략가이다. 저자 브레진스키는 70세를 앞둔 시점에서 미래의 세계를 만들어 갈 미국 학생들에게 이 책을 헌정하였고, 마치 손자의 앞날을 걱정하는 할아버지처럼 시시콜콜하게 세계 경영의 경륜을 전수해 주고 있다. 이 책을 읽어 가면서 옮긴이는 다시 한 번 브레진스키에 대한 정서적 거부감과 이성적 불일치를 경험하지 않을 수 없었다.

　하지만 저자에 대한 옮긴이의 선호도와는 무관하게 이 책은 세계를 경략해 본 사람이 아니고서는 좀처럼 가질 수 없는 혜안과 비전을 담고 있다. 이 책은 "미래의 세계를 만들어 갈" 미국 학생들에게 주는 브레진스키의 훈수이다. 저자는 미국이 추구해야 할 전략에 대해 매우 솔직하게 표현하고 있으며, 한국의 독자는 그것을 엿들을 수 있는 합법적인 기회를 제공받는 셈이다.

　이 책의 대전제는 미국이 역사상 유례가 없는 대제국으로서 과거 어떤 제국도 누린 적이 없는 '세계 일등적 지위'(Global Supremacy)를 구가하고 있다는 것이다. 과거의 제국 체제에서 쓰였던 속방과 조공국, 보호국과 식민지 등의 용어에 대해서 브레진스키는 그 시대착오적 성격을 인정하면서도, "오늘날 미국의 궤도 안에 있는 국가들을 묘사하는 데 전적으로 부적합하다고만 볼 수는 없다"며 받아들인다. 그에 따르면 과거 제국의 경우처럼, 오늘날 미국의 '제국적' 권력은 상당 정도 "우수한 조직, 광대한 경제적·기술적 자원을 신속하게 군사적 목적을 위해 동원할 수 있는 능력, 미국적 삶의 방식에 대한 모호하면서도 심대한 문화적 호소력, 미국의 정치 사회적 엘리트가 지니고 있는 경쟁력과 역동성" 등으로부터 도출된다는 것이다. 특히 소련 붕괴 이후 미국의 '세계 일등적 지위'는 감히 어떤 나라도 넘볼 수 없게 되었다는 것이 브레진스키의 주장이다.

다만 향후 미국에 중요한 것은 유라시아라는 거대 대륙을 어떻게 관리할 것인가 하는 문제이다. 브레진스키의 관점에서 볼 때, 최악의 시나리오는 현재 진행되고 있는 유럽의 정치적 통합이 반미적 성격으로 촉진되는 한편, 중국과 소련 그리고 이슬람 진영이 미국의 힘을 견제하기 위해 연대하고, 일본이 다시 과거 대동아공영권을 연상시키는 반미적 아시아주의에 기울어지는 상황이다. 만일 이와 같은 상황이 동시에 발생한다면, 그것은 미국이 누리고 있는 '세계 일등적 지위'를 손상시키기에 충분한 것이다. 따라서 유라시아 대륙은 미국이 세계의 패권을 놓고 여전히 게임을 벌여야 하는 체스판과 같다는 것이 브레진스키의 생각이다. 아울러 그는 시종일관 세계 평화란 미국의 궁극적 목표는 될 수 있을지 몰라도 일차 목표는 어디까지나 미국의 패권 유지라는 점을 분명히 하고 있다.

냉전 체제가 종식된 뒤, 미국에서는 일종의 신고립주의적 경향이 고개를 들고 있었다. 그것은 거대한 소련 제국이 붕괴된 마당에 미국은 더 이상 과거 '세계의 경찰'처럼 국제 문제에 사사건건 간섭하는 자세에서 벗어나 국내 문제 해결에 집중해야 한다는 생각이었다. 이것은 마치 제1차 세계대전에 참전해서 연합국의 승리를 이끌어 낸 이후, 미국이 고립주의적 경향에 빠져들면서 국제연맹안을 부결시켰던 역사적 경험의 반복과도 같은 것이었다. 브레진스키는 이 책을 통해 미국이 빠져들 수 있는 신고립주의적 경향을 경계하면서, 미국이 냉전의 승리에 만족할 것이 아니라 더욱 명확한 세계 전략을 가지고 적극적인 행동에 나서야 한다는 입장을 피력하고 있다.

이러한 그의 논리는 당적을 초월하여 워싱턴의 정책 결정자들에게 많은 영향을 미쳤다. 특히 그가 과거 민주당 출신의 카터 행정부에서 세계 전략을 책임졌던 인물이라는 점에서 볼 때 클린턴 행정부는 결코 그의 조언을 무시할 수 없는 입장이었다. 브레진스키는 이 책에서 미국이 1993년 러시아의 묵인하에 나토를 확장할 수 있는 역사적 기회를 상실했다고 탄식하고 있지만, 그 후 클린턴 행정부의 세계 전략은 대체로 브레진스키의 전략적 관점과 일치하는 방향으로 전개되어 왔다고 해도 과언이 아니다.

유라시아라는 거대 대륙을 하나의 체스판처럼 볼 수 있다는 것 자체는 엄청난 국제적 식견에 기초하지 않고서는 불가능한 일이다. 이것은 그야말로 세계를 경략해 본 자만이 가질 수 있는 지적 분방함이다. 그리고 이것은 좀처럼 '4자 혹은 6자간 구조'에서 벗어나지 못하는 우리의 사고틀에서 보면 신선한 느낌마저 주는 것이 사실이다. 브레진스키를 통해 우리는 다시 한 번 '거인의 어깨 위에서' 세상을 내려다 보는 것 같은 시원함을 맛보게 되는 것이다. 이 책에는 이처럼 공간적으로 탁 트인 시각과 아울러 오랜 인류 역사를 관통하는 역사적 시간에 대한 농익은 시색이 담겨 있다.

'문명 충돌론'으로 유명한 헌팅턴의 경우와 마찬가지로 브레진스키는 역사가 지니는 설명력을 존중한다. 그가 일찍이 미국 학계에서 소련 전문가로 입신할 수 있었던 것 역시 역사적 설명력에 대한 그의 확신 때문이었다고 해도 지나친 말이 아닐 것이다. 막대한 정부 예산이 투여된 프로젝트의 혜택을 받으면서도 결국 소련의 갑작스런 붕괴를 예측하지 못함으로써 위기의 국면을 맞이했던 미국의 국제 정치학계에서 그나마 브레진스키나 헌팅턴 같은 학자들이 계속적으로 주목을 받을 수 있었던 주요한 이유는, 이들이 비교적 탄탄한 역사적 접근법을 구사할 줄 알았기 때문이었다. 공간과 시간이 적절하게 결합된 이 책을 통해 우리는 국제 정치라는 것이 그야말로 '체스'처럼 흥미진진한 것일 수도 있다는 사실을 느끼게 된다.

'체스' 경기자 입장에서 이 책은 흥미진진하다 못해 중독성을 지닌 게임과 같은 것이 될 수 있지만, '체스판 위의 말들' 입장에서 이 책은 거인의 냉혹한 시선이 등줄기를 오싹하게 만드는 묵시록처럼 느껴질 수도 있다. 더욱이 유라시아의 한 귀퉁이에 있는 나라로 다뤄지는 한국의 지식인으로서 이 책을 읽는 심경은 매우 착잡한 것이다. 우리에게 있어 브레진스키와 같은 혜안과 비전을 지닌 국제 전략가는 과연 누구일까? 우리는 우리가 속해 있는 유라시아 대륙에 관해 얼마나 명확한 비전을 가지고 있는가? 아니 동아시아 지역의 미래에 관한 청사진을 가지고 있기나 한 것일까? 미국이 유라시아에 대해 알고 전략을 세워 놓은 것에 비해, 유라시아에 있는 우리는 미국에 대해 얼마나 알고 전략을 세워 놓고 있는 것일까? 미국인이 끊임없이 유라시아 안으로 들어오고자 하는 것처럼, 유라시아인도 훨씬 더 적극적으로 미국 안으로 들어가서 발판을 마련하기 위한 전략을 모색해야 하는 것이 아닐까?

이 책을 읽으면서 다시 한 번 느끼는 사실은 거인의 어깨 위에서 보는 청량함에 중독되어 그 그늘에 가려 있는 우리 자신의 문제를 보지 못하는 우를 범해서는 안 된다는 점이다. 이런 의미에서 옮긴이는 브레진스키가 말하는 유라시아의 동쪽 귀퉁이에서 벌어졌던 1980년대 반미 운동의 연장선에서 이 책이 읽히고 토론되기를 기대한다. 도대체 1980년대 한국 사회를 지배하던 미국에 대한 그 많은 담론은 다 어디로 간 것일까? 이제 미국은 토론의 대상이라기보다는 단지 추종의 대상이 되고 만 것인가? 미국이 갑자기 변화하지도 않았고 한국의 지위가 바뀐 것도 아닐진대, 이러한 토론의 실종은 단지 지적 마비 상태를 의미하는 것은 아닐까?

돌이켜보면 1980년대 반미 운동이 지향했던 바는 엄밀히 말해서 미국 자체를 겨냥한 것이었다기보다는 1980년대 이전까지 이미 내재화되어 있던 미국, 그리고 1980년대 지배층에 의해 급속하게 촉진되던 미국의 내재화에 대한 반발의 성격을 지닌 것이었다. 폭력적 양상으로 비쳤던 운동 방법과는 달리 운동의 성격 자체는 지극히 방어적이고 소극적인 것이었다. 그것은 자기 정체성의 확립을 위해 반드시 요구되는 타자에 대한 정확한 인식에 기반한 것이었다기보다는 오히려 그 이전 단계에서 이루어지는 거부 반응 같은 것이었다. 그러나 우리의 몸 안으로 기어 들어오던 촉수에 기겁하던 수준에서, 그러한 촉수가 뿌리 박고 있는 중추에 대한 분석으로까지 우리의 인식 수준이 과연 얼마나 발전했는지는 의문이 아닐 수 없다.

1980년대 한국 반미 운동권의 미국 자체에 대한 인식 수준은 사실 매우 일천한 것이었다. 미국의 내재화를 촉진시키고자 했던 지배층이 이민이나 유학, 파견이나 여행 등 어떤 형태로든 미국의 실체를 경험할 수 있는 기회를 선점할 수 있었던 데 반해, 반미 운동의 주체들은 이러한 기회를 스스로 포기하거나 박탈당했다. 물론 미국의 실체를 경험한 사람들이 반드시 친미파가 되는 것은 아니었다. 1980년대 미국 유학생이나 재미 동포 사이에서도 반미 의식은 눈에 띄게 고양되고 있었다. 미국의 실체를 경험하는 가운데 얻어지는 반미 의식은 단순히 한반도에 내재화되는 미국에 대한 반발의 수준을 넘어, 미국적 삶의 양식의 한계를 넘어서는 대안적 삶의 양식을 모색하는 밑거름이 될 수 있는 것이었다.

　옮긴이는 이 책이 졸역을 통해서나마 유라시아의 동쪽 귀퉁이에서 많은 대중에게 읽힘으로써 미국과 미국의 세계 전략에 대한 새롭고 진지한 토론의 장이 마련되기를 기대한다. 브레진스키의 책에서 보이는 것처럼 미국이 유라시아에 대한 전략을 고민한다는 것은 역설적으로 아직 '미국=세계'가 아니라는 사실을 반증하는 것이다. 미국이 세계가 아닌 이상, 세계화를 미국화와 동일시하는 것은 커다란 국가적 위험을 초래할 수 있다. 이제 우리는 냉전 시대처럼 미국이 베풀어 주는 전략적 배려 따위는 더 이상 존재하지 않는다는 사실을 이 책을 통해 다시 한 번 확인하고, 오히려 미국이 자국의 이익을 위해 어떻게 고민하고 있는지 그 방법과 자세를 깊이 들여다보고 이에 어떻게 대응해야 할지를 천착해 보아야 할 것이다. 그것이 21세기 한국의 생존은 물론 세계의 진정한 평화를 모색하는 길이 될 것이다.

2000년 3월
옮긴이 김명섭

차례

나의 학생들에게

― 그들이 내일의 세계를 만드는 것을 돕기 위하여

서문

　약 500년 전 세계의 대륙들이 서로 정치적인 관계를 맺기 시작한 이래로 유라시아는 계속해서 세계 권력의 중심에 위치해 있었다. 유라시아 거주민들은—비록 대부분의 경우 서유럽 주변부의 사람들이기는 했지만—다양한 시기에 다양한 방식으로 세계의 다른 지역에 파고들어 그곳을 지배해 나아갔다. 이 과정에서 유라시아 국가들은 특별한 지위를 획득했고, 세계 일등 국가로서 특권을 향유했다.

　20세기의 마지막 10년 동안 세계는 거대한 지각 변동을 경험했다. 역사상 처음으로 유라시아에 속하지 않은 강국이 유라시아 국제 관계의 주요한 거중 조정자로서 등장했을 뿐만 아니라 타의 추종을 불허하는 세계 권력으로 부상한 것이다. 소비에트연방의 패배와 붕괴는 서반구의 강국인 미국이 유일하고 사실상 최초의 세계 강국으로 급속히 부상하는 역사적 도정의 마지막 단계였다.

　그럼에도 불구하고 유라시아는 여전히 그 지정학적 중요성을 지니고 있다. 유라시아 서쪽 주변부에 해당하는 유럽은 아직까지도 세계적인 정치·경제적 힘을 보유하고 있고, 유라시아 동쪽 지역에 해당하는 아시아는 최근 경제적 성장의 중심으로 떠오르면서 정치적 영향력도 증대되고 있는 것이다.

그러므로 전세계적 유라시아의 국제 관계를 어떻게 다룰 것인가, 특히 패권적이고 적대적인 유라시아 강국의 부상을 저지할 수 있느냐 없느냐 하는 문제는 미국이 세계 일등적 지위(global primacy)를 유지하는 데 핵심적인 사안으로 남아 있다.

미국의 대외 정책은 기술·정보·통신·무역·재정 같은 새로운 권력적 차원과 더불어 지정학적 차원에 대한 관심을 견지해야 하며, 미국이 정치적 거중 조정자로서의 자리를 확보하는 가운데 유라시아가 안정적인 대륙적 균형을 창출할 수 있도록 영향력을 행사해야 한다.

그러므로 유라시아는 세계 일등의 지위를 유지하려는 미국의 투쟁이 계속되고 있는 하나의 거대한 체스판이며, 그 투쟁은 지정학적 이익을 전략적으로 관리한다는 의미에서 지정학적 전략(geostrategy)과 매우 밀접한 관련이 있다. 비교적 최근에 전세계적 권력을 향한 야심을 불태운 아돌프 히틀러와 조세프 스탈린이 1940년 11월에 가진 비밀 협상에서 미국을 유라시아로부터 배제하는 데 합의했던 사실은 주목할 만하다. 두 사람은 유라시아에 미국의 힘이 투사될 경우, 세계를 지배하려는 자신들의 야심이 달성될 수 없다는 사실을 잘 알고 있었던 것이다. 그들은 유라시아가 세계의 중심이며, 유라시아를 지배하는 자가 세계를 지배한다는 가설을 공유하고 있었다.

약 반세기가 지난 오늘, 이 문제는 다음과 같이 새롭게 정리되고 있다. 유라시아에서 미국의 일등적 지위는 지속될 수 있을 것인가, 그리고 어떠한 목적을 위해 미국의 일등적 지위가 사용될 수 있을 것인가?

미국 정책의 궁극적인 목표는, 인류의 근본적인 이해 관계와 일치하는, 진정으로 협력적인 지구 공동체를 만든다고 하는 것과 같이 선의와 비전이 넘치는 것이어야만 한다. 그러나 그러기에 앞서 유라시아의 특정 국가가 유라시아를 지배하고, 나아가 미국에 도전하는 것을 막는 것이 긴요하다. 이러한 필요성에 따라 유라시아에 대한 포괄적이고 통합적인 미국의 지정학적 전략을 도출해 내는 것이 이 책의 목표이다.

즈비그뉴 브레진스키

1997년 4월 워싱턴 D.C.에서

제1장
새로운 형태의 헤게모니

헤게모니는 인류의 역사만큼이나 오래된 것이다. 그러나 최근 미국의 세계 일등적 지위는 그 출현 속도, 지리적 범위 그리고 행사 방식의 측면 등에서 볼 때 매우 독특한 것이다. 지난 백 년 동안 미국은 한편으로는 스스로의 의지에 의해, 다른 한편으로는 국제 관계의 동학에 의해 상대적으로 고립되어 있던 서반구 국가에서 전대미문의 세계 강국으로 변화하였다.

세계 일등적 지위를 향한 짧은 도정

1898년 미국과 에스파냐 사이의 전쟁은 미국사에서 최초의 정복 전쟁으로 기록된다. 이 전쟁은 태평양 방면을 향해 미국의 등을 떠밀었고, 이 후 미국은 하와이를 넘어 필리핀에까지 진출하게 되었다. 19세기와 20세기 사이의 분수령을 넘으면서 미국의 전략가들은 이미 두 개의 대양을 겨냥한 해양 전략을 발전시켰고, 미 해군은 영국이 '파도를 지배한다'(rules the waves)는 관념에 도전하기 시작했다.

19세기 미국은 이미 먼로주의[1]를 통해 서반구의 안보를 책임 지는 수호국으로서 특수한 지위를 요구한 바 있었고, 이러한 미국의 요구는 다시 '명백한 숙명'[2]이라는 이념에 의해 정당화되었다. 20세기 들어서 파나마 운하[3]의 개통은 대서양과 태평양을 아우르는 미 해군의 교통로를 마련함으로써 미국의 입지를 결정적으로 강화해 주었다.

미국의 증대된 지정학적 야심에 기초를 제공해 준 것은 미국 경제의 급속한 산업화였다. 제1차 세계대전이 발발할 무렵 미국의 경제력은 이미 전세계 총생산의 33퍼센트를 차지하면서 최대 산업국이던 영국을 앞질렀다. 이와 같은 경제적 역동성은 실험과 혁신을 중시하는 문화에 의해 배양되었다. 미국의 정치 제도와 자유 시장 경제는 인습을 거부하는 야심 찬 투자자에게 전대미문의 기회를 던져 주었다. 이들은 개인적 꿈을 추구하는

1) 미국의 제5대 대통령 제임스 먼로는 의회에 보내는 교서를 통해, 아메리카 대륙에 대한 어떠한 유럽 열강의 간섭도 비우호적인 것으로 간주될 것이라고 선언하였다. 먼로주의는 대서양 세계의 새로운 표준으로서 다음과 같은 원칙을 제시하고 있었다. 첫째, 미국은 유럽 문제에 개입하지 않는다. 둘째, 미국은 유럽 열강의 기존 식민지를 존중한다. 셋째, 미국이 승인한 라틴아메리카 국가에 대한 유럽 열강의 식민화를 불허한다. 넷째, 라틴아메리카 공화국들을 예속시킬 목적으로 개입할 경우 이를 미국에 대한 적대 행위로 간주한다.— 옮긴이.

2) 약 1840년경부터 미국민은 '명백한 숙명'(manifest destiny)이라는 도덕적 표준을 만들어 내어 자신들의 팽창과 번성을 합리화하기 시작했다. 이 이념은 같은 시기에 만연하기 시작한 자연적 성장의 개념, 즉 젊고 건강한 국가는 왕성한 식욕을 가진다는 주장에 의해 뒷받침되었다. 이러한 도덕적 표준에 입각해서 미국민은 리오그란데 강 이북의 멕시코 땅을 빼앗는 것을 신의 섭리를 완성하기 위한 사명의 일환으로 간주했으며, 서부, 나아가서 태평양으로의 팽창에도 동일한 도덕적 표준을 적용했다. 1890년 알프레드 마한은 『해양력이 역사에 미치는 영향』(The Influence of Sea Power Upon History)이라는 책에서 이를 더욱 정교하게 다듬어 새로운 의미의 '명백한 숙명'을 제창하였는데, 그는 이 책에서 "이제 대륙적 팽창이 완수된 만큼, 미국은 해양 제국의 건설을 위한 기지 확보에 매진해야 한다"고 주장하였다.— 옮긴이.

3) 파나마 운하는 처음 수에즈 운하를 건설했던 프랑스 인 레셉스에 의해 공사가 추진되었다. 레셉스의 운하 사업과 관련해서 미국의 제19대 대통령 헤이즈(Rutherford B. Hayes, 재임 1877~1881)는 1880년 의회에 보내는 교서를 통해 "운하는 미국의 지배하에 놓여야 하며, 어떠한 유럽 열강에게도 양보할 수 없다"고 주장한 바 있다. 미국은 헤이-폰스폰트 조약(1901)을 통해 영국으로부터 향후 건설될 운하에 대한 독점적 사용권을 인정받았으며, 콜럼비아로부터 운하 지대를 조차하기 위한 협상을 벌였다. 콜럼비아가 더 유리한 조건을 얻어 내기 위해 시간을 끌자 미국은 파나마 독립 혁명을 지원하여 파나마를 독립시킨 후 불과 3일 만에 콜럼비아에게 제시했던 조건의 조차 조약을 체결하였다. 파나마 운하는 1914년에 완공되어 제1차 세계대전 후인 1920년 정식으로 개통된 이후, 대서양과 태평양을 아우르는 미국의 세계 경영에 크게 기여하였다. 제국주의적 유산이라는 비판을 받았던 파나마 운하에 대한 미국의 소유권은 1977년 체결된 카터-토리호스 조약에 근거하여 1999년 12월 31일 정오를 기해 파나마로 반환되었다. 1999년 12월 14일 카터 전 대통령이 참석한 가운데 열린 파나마 운하 이양식에는 미국의 현직 정치인은 거의 참석하지 않아 파나마 운하에 대한 미국의 미련을 보여 주었다. — 옮긴이.

데 있어서 결코 고루한 특권이나 경직된 서열 구조 때문에 방해를 받지 않았다. 요컨대 국민 문화가 경제 성장에 매우 적합했던 것이다. 미국 문화는 해외로부터 뛰어난 사람을 끌어모으고 빠르게 동화시킴으로써 국력을 증대시키는 촉진제 역할을 했던 것이다.

제1차 세계대전은 미국의 군사력이 대규모로 유럽에 진출하는 최초의 계기가 되었다. 당시까지 상대적으로 고립되어 있던 국가가 수십만의 군대를 신속하게 대서양 건너편으로 이동시켰던 것이다. 이것은 대양을 넘어 이루어진 원정으로서는 전대미문의 규모와 영역을 지닌 것으로 국제 경기장에 막강한 신진 선수가 등장했음을 알리는 것이었다. 또 중요한 사실은 이 전쟁을 통해 유럽의 국제 문제에 대해 최초로 미국적 원리에 따라 해결을 추구하는 외교적 노력이 경주되었다는 점이다. 유명한 윌슨의 14개조는 미국의 힘에 기초한 이상주의를 유럽의 지정학에 불어넣은 것이었다.(약 15년 전 미국은 극동 지역에서 벌어진 러일 전쟁을 거중 조정함으로써 자신의 신장된 국제적 지위를 만천하에 확인할 수 있었다.) 미국의 이상주의와 미국이 지닌 힘은 하나로 결합되어 전세계에 그 모습을 드러내게 되었다. 그러나 엄밀한 의미에서 제1차 세계대전은 세계대전이라기보다는 유럽 전쟁이었다. 이 전쟁의 자기 파괴적인 성격은 세계 다른 지역에 대한 유럽의 정치·경제·문화적인 우월이 끝나 가고 있음을 알리는 것이었다. 전쟁을 통해 어떤 유럽 국가도 결정적인 지배력을 확보하지는 못했다. 전쟁의 추이는 새롭게 성장하는 비유럽 국가, 즉 미국의 개입으로 큰 영향을 받았다. 이후로 유럽은 점차 세계 정치의 주체라기보다는 객체가 되어 갔다.

그러나 미국이 이처럼 갑작스럽게 세계적 지도국이 되었다고 해서, 그것이 세계 문제에 대한 미국의 지속적 개입을 뜻하는 것은 아니었다. 오히려 미국은 고립주의와 이상주의의 자기 만족적인 결합 속으로 몸을 움츠렸다. 1920년대 중반과 1930년대 초 전체주의가 유럽에서 힘을 모으는 동안 미국은 이미 두 대양에서 영국 해군을 훨씬 능가하는 해군력을 지니고 있었음에도 불구하고 초연한 태도로 일관하였다. 미국인은 세계 정치의 방관자로 남아 있기를 선호했던 것이다.

그와 같은 성향과 일치하는 것이 미국을 일종의 대륙섬(continental island)으로 보는 관점에 기초한 미국의 안보 개념이다. 미국의 전략은 자신의 해안을 지키는 것에 초점이 맞추어져 있고, 그리하여 국제적인 문제에는 거의 관심을 기울이지 않은 채 국가적 영역에 머물러 있었다. 주요한 국제 행위자는 여전히 유럽 국가들이었으며 점차로 일본이 거기에 가담하고 있었다.

세계 정치에서 유럽의 시대는 제2차 세계대전을 통해 종언을 고하게 되었다. 제2차 세계대전은 진정한 의미에서 최초의 세계 전쟁이었다. 세 개의 대륙과 대서양과 태평양에서 동시에 진행뇌었던 세2사 세계대전의 세계적 규모는 서유럽의 섬 국가 영국의 군대와 동아시아의 섬 국가 일본 군대가 그들 고국에서 수천 마일 떨어진 인도-미얀마 전선에서 충돌했을 때 극명하게 표현되었다. 유럽과 아시아가 하나의 전장이 된 것이다.

만일 전쟁의 결과 나치 독일이 전적인 승리를 거두었다면 하나의 유럽 강국이 세계적 우월성을 획득하게 되었을 것이다.(태평양 지역에서 일본이 승리를 거두었다면, 일본은 극동 지역에서 지배적인 지위를 획득했겠지만, 일본은 단지 지역적 패권 국가로 남았을 가능성이 많다.) 독일의 패배는 미국과 소련이라는 두 비유럽 국가에 의해 주도되었다. 이들은 유럽이 끝내 이루지 못한 세계 일등적 지위를 대신 추구하게 되었다.

이 후 50년간은 세계 일등적 지위를 추구하는 미·소의 양극적 경쟁이 지배하였다. 어떤 면에서 미국과 소련의 경쟁은 지정학자들이 가장 좋아하는 이론이 현실에서 이루어졌음을 의미하는 것이었다. 그것은 대서양과 태평양을 지배하는 세계적 해양 국가 대 유라시아 심장부를 지배하는 세계적

대륙 국가(중·소 진영이 포괄했던 공간은 과거 몽고제국의 영토를 연상시킬 만한 것이었다)간의 경쟁이었기 때문이다. 일찍이 지정학적 차원이 그보다 더 극명하게 드러난 적은 없었다. 그것은 세계를 놓고 벌인 북미와 유라시아의 대결 구도였던 것이다. 승자는 진정으로 세계를 지배할 수 있는 상황이었다. 어느 한 편이 한 번만 더 승리를 거두게 되면 더 이상 앞길을 막아설 국가는 없었다. 미·소 양국은 전세계를 향해 필연적 승리를 주장하는 역사적 낙관주의에 가득 찬 이데올로기적 공세를 펼쳤다. 냉전의 두 종주국은 각자의 영역에서 확고한 지배력을 가지고 있었다. 이것은 과거 세계 패권을 추구했던 유럽 열강들이 유럽 안에서 결정적인 힘의 우위를 확보하지는 못했던 것과 뚜렷이 구별되는 점이었다. 미·소 양국은 각각의 속국에 대한 통제를 강화하기 위하여 이데올로기를 십분 활용하였는데, 이것은 과거의 종교 전쟁 시대를 연상시키는 것이었다.

지정학적인 면에서 전세계를 겨냥하고 이념적인 면에서 각기 보편성을 지향함으로 해서 미·소의 경쟁은 더욱 치열하게 되었다. 그러나 또 다른 부가 변수가 이 경쟁을 더욱 독특하게 만들었다. 핵무기의 도래로 인하여 만약 고전적 의미의 전쟁을 치른다면 두 경쟁국 모두 파괴될 뿐만 아니라 인류가 이룬 주요 부분이 절멸하는 결과를 가져 올지도 모른다는 점이 그것이었다. 그러므로 미·소 갈등의 또 다른 특징은 갈등 당사자가 극도의 자기 절제를 행하지 않을 수 없었다는 점이다.

지정학적 영역에 있어 미·소의 갈등은 주로 유라시아 주변부에서 벌어졌다. 중·소 진영은 유라시아의 대부분을 지배했지만, 그 주변부를 장악하지는 못했다. 미국은 거대한 유라시아 대륙의 동단 지역과 서단 지역에 참호를 구축할 수 있었다. 이 대륙의 교두보를 방위하는 일(서부 전선의 베를린 봉쇄와 동부 전선의 한국 전쟁으로 상징되는)은 냉전에 있어 최초의 전략적 실험이 되었다.

죽소 블록과 세 개의 중심적 전략 경계선

냉전을 마감할 무렵, 또 하나의 전선이 유라시아 대륙 남부 지역에 형성되었다.(「지도 1-1」 참조) 소련의 아프가니스탄 침공에 맞서 미국은 서둘러 양면 공세를 취했다. 소련군을 수렁에 빠뜨리기 위해 아프가니스탄 내의 저항 세력을 직접 지원하는 한편, 소련의 정치·군사력이 더 이상 페르시아만 쪽으로 남진하지 못하도록 하기 위해 이 지역의 미국 군사력을 강화시켰던 것이다. 미국은 유라시아 서단 지역과 동단 지역에 대한 방위를 통해 안보적 이익을 얻는 것과 똑같은 목적에서 페르시아 만 지역에 대한 방위에 힘을 쏟았던 것이다.

유라시아 대륙을 공산 진영이 완전히 장악하지 못하도록 막을 수 있었다는 사실―양자가 모두 핵전쟁의 공포로 직접적인 군사 충돌을 회피한 결과였지만―은, 이 경쟁의 궁극적인 결과가 비군사적 수단에 의해 결정되리라는 점을 시사하는 것이었다. 정치적 생동성, 이데올로기적 유연성, 경제적 역동성 그리고 문화적 호소력 등이 결정적인 차원으로 떠올랐다.

　20년도 채 안 되어 중 · 소 진영은 서로 균열을 경험했지만 미국이 주도한 동맹은 통일성을 유지할 수 있었다. 부분적으로 이는 미국 중심의 동맹 체제가 지닌 더 큰 유연성 덕분이었다. 공산 진영은 미국 중심의 동맹 체제에 비해 계서적이고 교조적인, 그러나 동시에 바스러지기 쉬운 경직성을 지니고 있었다. 미국 중심의 동맹 체제는 가치를 공유하기는 하지만, 공식적인 교조를 공유하지는 않았다. 공산 진영은 교조적 정통성을 강조했을 뿐 아니라 유일한 중심에서 교조에 대한 해석을 관장했다. 미국의 맹방은 미국에 비해 현격한 약세를 보인 반면 소련은 결코 중국을 종속국처럼 다룰 수 없었다. 그뿐 아니라 미국 진영은 경제적으로나 기술적으로 훨씬 더 역동적이었던 반면 소련은 차츰 정체의 늪에 빠져들고 있었고 경제 성장이나 군사 기술 측면에서도 경쟁력을 잃어 가고 있었다. 경제적 낙후는 다시 이념적 상실감을 부추겼다. 사실상 미 · 소의 본질적인 격차를 오랫동안 은폐시켜 준 것은 소련의 군사력과 이에 대한 서구 진영의 공포심이었다. 미국은 소련보다 경제적으로 훨씬 더 부유했고 기술적으로 앞서 있었으며, 군사적으로 더욱 탄력적이고 혁신적인데다 사회적으로도 훨씬 창조적이고 매력적이었다. 소련 체제는 이념적인 제약 때문에 더욱 경직되고 경제는 더욱 낭비적으로 되었으며, 기술 경쟁력의 약화로 그 잠재력은 갈수록 좀먹어 들어 갔다. 서로를 절멸시키는 전쟁이 발생하지 않는 한 저울의 추는 이미 미국 편으로 기울고 있었던 것이다.

　문화적 측면 또한 미 · 소 경쟁의 최후 결과에 커다란 영향을 미쳤다. 미국의 동맹 국가는 대체로 미국의 정치 문화적 · 사회 문화적 특성을 긍정적으로 받아들였다. 유라시아 대륙의 서쪽 주변부와 동쪽 주변부에 위치한 미국의 중요한 두 동맹국 독일과 일본은 미국 문명을 거의 무제한으로 수용함으로써 자신들의 경제적 건강성을 회복할 수 있었다. 미국은 대체로 미래를 대표하는 나라로 인식되었으며, 찬탄과 모방의 가치가 충분한 사회로 받아들여졌다. 이와 대조적으로 러시아는 대부분의 중유럽 동맹국에게 문화적 경멸의 대상이었다. 특히 주요한 맹방이던 중국이 러시아에 대해 지닌 경멸감은 매우 컸다. 중부 유럽인에게 러시아의 지배는 그들이 철학적·문화적 본향이라고 간주해 오던 것, 즉 서유럽과 그리스도교 전통에서 고립되는 것을 의미하였다. 더욱 심각한 것은 수많은 중부 유럽인이 러시아의 지배를 자신들보다 문화적으로 열등한 사람들에게 부당하게 지배를 받는다고 생각했다는 점이다.

러시아를 '기아의 땅'과 동의어로 인식하던 중국인은 더욱 노골적으로 러시아에 대한 경멸감을 표시했다. 처음 중국인은 소련 모델을 보편적인 것이라고 주장하는 모스크바측의 주장에 조용히 항거했지만, 중국 혁명 이후 10년이 채 안 되어 모스크바가 이념적 측면에서 누리던 일등석 지위에 정면으로 도전하기 시작했다. 심지어는 북쪽 야만인에 대한 전통적 경멸감을 노골적으로 표현하기도 하였다.

마침내 소비에트연방 자체에 속해 있던 50퍼센트 이상의 비러시아계 인민마저도 모스크바의 지배를 거부하기 시작했다. 비러시아계 인민의 정치적 각성은, 우크라이나인과 그루지아인, 아르메니아인과 아자르인이 소련의 권력을 두고 문화적으로 결코 우월하지 않은 이방인에 의한 제국적 지배라고 인식하게 되었음을 의미하는 것이었다. 중앙아시아 지역의 경우 민족적 열망은 상대적으로 높지 않았을 수도 있지만, 이슬람적 정체성에 대한 열망이 불타 오르고 있었고, 이러한 열망은 다른 지역에서 진행되는 탈식민지화 소식을 접하면서 더욱 강화되었다.

그 이전의 수많은 제국과 마찬가지로 소련은 직접적인 군사 침략보다는 경제·사회적 긴장에 의해 가속화된 해체 과정을 거치며 결국 내폭과 파열을 경험하게 되었다. 다음과 같은 한 학자의 표현은 소련의 운명을 잘 묘사해 주고 있다.

"제국은 본래 정치적으로 불안정하다. 왜냐하면 하위 단위가 항상 더 큰 자주권을 요구하기 때문이다. 그리고 그 하위 단위의 대항 엘리트가 거의 끊임없이 더욱더 많은 자주권을 획득할 기회를 노리고 있기 때문이다. 이러한 의미에서 제국은 붕괴하기보다는 균열하게끔 되어 있다. 가끔은 매우 빠른 속도로 균열하기도 하지만, 대개 균열은 매우 완만한 속도로 진행된다."[4]

최초의 세계 강국

유일한 경쟁국이 붕괴함에 따라 미국은 독보적인 지위를 차지하게 되었다. 미국은 역사상 최초로 진정한 의미의 세계 강국이 되었다. 비록 최초의 세계 강국이기는 하지만, 미국의 세계 일등적 지위는 여러 측면에서 이전의 제국을 연상시킨다. 과거의 제국은 속방과 조공국, 보호국과 식민지 등으로 이루어지는 서열 구조에 기초하고 있었으며, 그러한 서열 구조 외부의 세계는 대체로 야만 세계로 간주되었다. 이와 같은 용어는 물론 시대착오적인 것이지만, 오늘날 미국의 궤도 안에 든 국가를 묘사하는 데 전혀 부적합하다고만은 볼 수 없다. 과거의 경우처럼 오늘날 미국의 '제국적' 권력은 상당 정도 우수한 조직, 광대한 경제적·기술적 자원을 신속하게 군사적 목적에 동원할 수 있는 능력, 미국적 삶의 방식에 대한 모호하면서도 심대한 문화적 호소력, 미국의 정치 사회적 엘리트가 지닌 경쟁력과 역동성 등으로부터 도출되고 있는 것이다. 과거의 제국 또한 이러한 속성을 공유하고 있었다. 먼저 로마를 생각해 볼 수 있다. 로마 제국은 약 250년에 걸쳐 북쪽과

---

4) Donald Puchala, "The History of the Future of International Relations," *Ethics and International Affairs* 8 (1994), p. 183.

서쪽, 남쪽으로 영토를 팽창함과 동시에 전체 지중해 연안을 장악해 나아가는 과정을 통해 건립되었다. 지리적 영역에서 볼 때 로마 제국의 영토는 기원 후 211년경에 이르러 최고조에 달했다.(「지도 1-2」참조) 로마 제국은 중앙 집중적 정체(政體)였으며, 그 자체로 자급자족적인 체제였다. 로마의 제국적 권력은 정교한 정치 경제 체제를 통해 주도면밀하고 목적 의식적으로 수행되었다. 전략적으로 고안된 도로 체계와 해로 체계는 수도 로마에서 출발하고 있는데, 이것은 안보에 큰 위협이 발생할 경우 여러 속방과 조공국에 주둔해 있는 로마 군단을 신속하게 집합시킬 수 있도록 해 주었다.

로마 제국 최전성기에는 외국에 주둔한 로마 군병의 수가 30만 명을 넘을 정도였다. 이와 같은 외국 주둔 병력과 더불어 우수한 전술과 무장 그리고 신속한 군대 배치 능력 등은 로마군을 더욱 막강하게 만들었다.(이것은 1996년 현재 훨씬 더 많은 인구의 미국이 29만 6천 명의 직업 군인을 해외에 파견하고 있는 것과 비견되는 것이다.)

그러나 로마의 제국적 권력은 중요한 심리적 실체로부터 비롯되는 것이기도 하다. '시비스 로마누스 숨'(Civis Romanus sum. "나는 로마 시민이다")이란 자신을 가장 고귀하게 정의하는 방법이며, 자존심의 근원이고, 많은 사람의 선망의 대상이었다. 비록 로마 태생이 아니더라도 로마 시민 자격을 얻을 수 있었는데, 로마 시민으로서의 지위는 제국 권력의 사명감을 합리화해 주는 문화적 우월성의 표현이었다. 그것은 로마의 지배를 합리화해 주었을 뿐만 아니라, 이방인으로 하여금 제국적 구조에 포섭되고 동화되기를 열망하게 만들었다. 문화적 우월성은 이러한 방식으로 제국적 권력을 강화하게 마련이다.

로마의 제국적 권력은 이렇다 할 도전을 받지 않은 채 약 300년 동안 지속되었다. 인근 카르타고와 동방의 파르디아 제국(북부 이란 지방에 있던 옛 왕국―옮긴이)으로부터 도전이 있기는 했지만, 외부 세계는 대체로 문화적

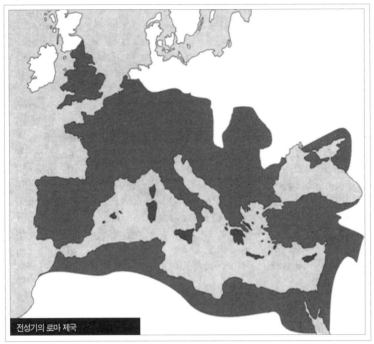

전성기의 로마 제국

으로 열등하고 야만스러운데다 잘 조직되어 있지도 않아 간헐적인 도발 정도의 역량밖에는 갖추고 있지 못했다. 로마 제국이 내적인 생동성과 통일성을 유지해 나아가는 한 외부 세계는 로마 제국의 상대가 되지 못했다.

로마 제국이 결국 붕괴하고 만 것은 다음과 같은 세 가지 주된 요인 때문이었다. 첫째, 로마 제국이 너무 커져서 하나의 중심에서 통치하기 어려워졌고, 그 결과 로마 제국이 동서로 분열됨으로써 자동적으로 권력의 독점적 특성이 파괴되고 말았다는 점이다. 둘째, 제국적 오만의 시대가 지속됨에 따라 문화적 향락주의(cultural hedonism)가 만연하게 되었고, 점차적으로 정치 엘리트들의 위대함에 대한 의지가 좀먹게 되었다는 점이다. 셋째, 시속적인 인플레이션으로 인해 제국 체제를 사회적 희생 없이는 지탱할 수 없게 되었는데, 시민들이 더 이상 그러한 희생을 감수하려 들지 않았다는 점이다. 문화적 부패, 정치적 분단 그리고 재정적 인플레이션이 로마 제국을 인근 야만족의 침입 앞에 무릎 꿇게 만들었던 것이다.

현대적 기준에서 볼 때 로마는 진정한 의미의 세계 강국은 아니었다. 그것은 다만 지역적 강국이었을 뿐이다. 그러나 당시 여러 대륙간의 단절 상태를 감안한다면 이 지역 강국은 가까이나 멀리 어떠한 경쟁국도 존재하지 않는 자족적이고 고립된 성격을 지니고 있었다. 그러므로 로마 제국은 자신에게 있어서는 세계 그 자체였다. 고도의 정치 조직과 문화적 우월성을 지녔던 로마 제국은 후일 더욱 넓은 지리적 영역을 포괄했던 제국 체제의 선두 주자였던 셈이다.

그렇다 할지라도 로마 제국이 유일한 제국이었던 것은 아니다. 비록 서로의 존재를 인식하고 있지는 못했지만 중국 제국은 로마 제국과 거의 동시대에 부상하고 있었다. 카르타고와 로마 사이에 포에니 전쟁이 벌어졌던 기원 전 221년까지 진(秦)나라는 기존의 일곱 개 국가를 대신하는 최초의 통일 제국을 건설하였다. 진나라는 중국 북방에 만리장성을 쌓아 그 너머 야만 세계와 자신의 왕국을 분리시켰다. 진나라의 뒤를 이은 한(漢)나라는 기원 전 140년경부터 부상하기 시작하였는데, 그 통치 영역과 조직은 진나라에 비해 훨씬 더 인상적이었다. 기원 후 시대로 접어들 무렵 약 5천 700만 명 이상의 인구가 한나라의 통치하에 있었다. 이 거대한 수치는 전례를 찾기 힘든 것으로 중앙 집중적 관료 제도에 의해 수행되는 매우 효과적인 중앙 통제 체제가 존재했음을 반증해 주는 것이었다. 한 제국의 통치력은 오늘날의 한국과 몽고의 일부 그리고 대부분의 중국 해안에까지 미치고 있었다. 그렇지만 로마 제국과 마찬가지로 한 제국은 내환에 허덕이기 시작했으며, 그 붕괴는 기원 후 220년 세 개의 독립 국가로 분단되면서 가속화되었

지도 1-3

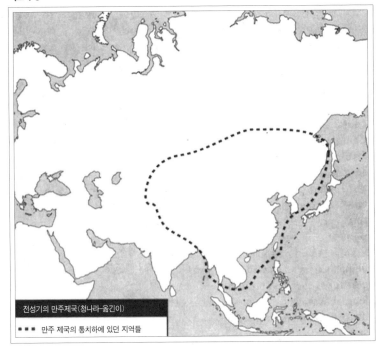

전성기의 만주제국(청나라-옮긴이)

●●● 만주 제국의 통치하에 있던 지역들

다. 이 후 중국 역사는 부패와 분열이 뒤를 잇는 통일과 팽창을 되풀이했다.
중국은 여러 번에 걸쳐 자급자족적이며 외부의 어떠한 조직적 도전도 받지
않는 독립적인 제국 체제를 수립하였다. 기원 후 589년 한 제국을 삼분했던
삼국 시대는 종언을 고했고, 일종의 새로운 제국 체제가 그 자리를 대신하
였다. 그렇지만 중국이 가장 제국주의적 모습을 보였던 것은 만주족 치하의
청나라 시대에 들어서였다. 18세기에 들어서 중국은 다시 한 번 거대한 제
국의 모습을 갖추게 된다. 제국의 중심은 오늘날의 한국, 인도차이나, 타이,
미얀마, 그리고 네팔 등을 포괄하는 속방과 조공국에 의해 둘러싸여 있었다.
당시 중국의 통치력은 오늘날의 극동 러시아 지역에서부터 남부 시베리아

를 거쳐 바이칼 호 근처의 카자흐스탄에 이르는 거대한 지역에 미쳤다. 남쪽으로 중국의 통치력은 인도양과 라오스, 베트남에까지 이르고 있었다.(「지도 1-3」 참조)

로마와 마찬가지로 중국 제국은 재정 조직, 경제 조직, 교육 조직 그리고 안보 조직을 망라하는 복잡한 체제를 갖추고 있었다. 광대한 영토와 그곳에 거주하는 3억 이상의 인구가 이러한 조직을 통해 관리되었고, 중앙 집중적인 정치적 권위가 매우 효과적인 우편 제도에 의해 뒷받침되고 있었다. 전체 제국은 베이징을 중심으로 우편으로 각기 1주일, 2주일, 3주일 그리고 4주일이 걸리는 네 개의 지대로 분류되었다. 치열한 경쟁 과정을 통해 선발되는 직업 관료는 제국의 통합성을 떠받치는 뼈대였다.

중국 제국의 통합성은 다시―로마 제국과 마찬가지로―강력하고 깊게 뿌리 박힌 문화적 우월감에 의해 강화ㆍ지속되었다. 이러한 문화적 우월감은 유교에 의해 더욱 증대되었는데, 유교는 조화와 서열, 절도를 강조하는 철학으로 중국 제국의 유지에 크게 기여하였다. 천자(天子)의 제국이라 불리기도 했던 중국은 우주의 중심으로 간주되었고, 변방과 외부 세계는 야만으로 간주되었다. 중국인이 된다는 것은 문화인이 된다는 것을 의미했으며, 따라서 외부 세계는 중국에 그에 걸맞은 경의를 표해야만 하였다. 영국의 조지 3세가 사신을 통해 영국산 물품을 선물로 바치면서 교역 관계를 수립하고자 했을 때, 중국 황제가 보낸 답서에는 이러한 독특한 우월감이 깊이 배어 있었다.(비록 18세기 후반에 접어들면서 중국은 이미 쇠퇴 국면을 맞이하고 있었음에도 불구하고.)

"황제인 나는 하늘의 뜻에 따라 영국 왕이 짐의 뜻을 경청할 것을 명하는 바이다. 사해(四海)의 모든 것을 지배하는 천자의 나라는…… 온갖 진기한 것을 가지고 있어서 귀국에서 생산되는 제조품에 대해 아무런 필요성도 느끼지 않는

바이다.…… 그러므로 짐은 그대의 조공 사절에게 조용히 돌아가기를 명하였노라. 그러므로 영국 왕이여, 충성과 영원한 복종을 원하는 우리의 희망에 따라 행할지어다."

중국에 존재했던 여러 제국 역시 일차적으로는 내부 요인 때문에 쇠퇴와 붕괴의 길을 걸었다. 몽고와 서구 열강이 중국을 지배할 수 있었던 것은 피곤과 부패, 쾌락주의와 경제적 후퇴 그리고 군사적 창의성의 쇠퇴 등이 중국을 좀먹고 있었기 때문이다. 외부 세력은 중국의 내환을 이용했다. 1839년부터 1842년 사이의 아편 전쟁 동안 영국이 그러했으며 한 세기 후 일본 또한 그러했다. 이러한 현상은 중국인 사이에 뿌리 깊은 문화적 수치감을 낳았고, 이 문화적 수치감이 20세기 내내 중국인들을 억눌렀다. 이 문화적 수치감은 과거 그들이 가졌던 뿌리 깊은 문화적 우월감과 몰락한 제국의 정치적 현실 사이의 충돌로 더욱 증폭되었다.

오늘날의 관점에서 볼 때 중국 제국은 로마와 마찬가지로 지역 강국에 지나지 않았다. 그러나 중국 제국이 최고조에 달했을 때 전세계적으로 그 적수가 될 만한 나라는 존재하지 않았다. 중국의 제국적 지위에 도전할 만한 나라도 없었고, 만일 중국 제국이 더욱 팽창을 시도했다면 이를 막을 수 있는 나라도 존재하지 않았다. 중국 체제는 지극히 자기 완결적이고 자족적이었다. 그것은 무엇보다 인종적 동일성에 기초한 것이었다. 반면에 인종도 다르고 지리적으로도 주변에 놓여 있던 조공 국가에 대한 중앙 권력의 행사는 상대적으로 지극히 제한되어 있었다.

거대하고 지배적인 인종적 중심이 중국에 계속 제국이 출현하는 것을 가능하게 해 주었다. 이러한 측면에서 중국은 수적으로 적은 패권 국가가 일정 기간 훨씬 많은 수의 이민족을 지배한 여타 제국과 달랐다. 인구 수가 적은 국가의 경우 일단 패권이 잠식당하면 제국적 복원은 불가능하였다.

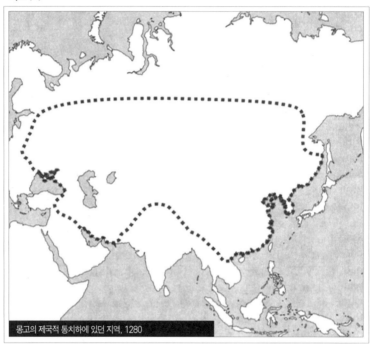

몽고의 제국적 통치하에 있던 지역, 1280

　현재적 관점에서 세계 강국이라는 표현에 가장 걸맞은 경우는 몽고 제국에서 찾아볼 수 있다. 몽고 제국의 부상은 매우 잘 조직되어 있던 적대국과 치열한 투쟁을 거치며 이뤄진 것이었다. 몽고 제국에 무릎을 꿇은 나라 중에는 폴란드왕국과 헝가리왕국, 신성로마제국, 러시아의 공국들, 바그다드의 칼리프왕국 그리고 중국의 송나라가 포함되어 있었다.

　징기스칸과 그의 후계자들은 지역적 경쟁자들을 패퇴시킴으로써 후일 지정학자들이 세계의 중심, 세계적 심장부라고 명명하게 되는 영토에 중앙집중적인 통제력을 구축하게 되었다. 유라시아 대륙에 대한 몽고 제국의 지배력은 중국 해안 지역에서부터 소아시아 지역의 아나톨리아를 거쳐 중부 유럽에 이르는 광대한 것이었다.(「지도 1-4」참조) 유라시아 대륙에 행사했던 몽고 제국의 중앙 집중적 지배력의 규모는 훗날 중국과 소련이 스탈린주의적 단결력을 발휘할 때에 와서야 비로소 그 비교의 대상을 찾을 수 있는 것이었다.

로마 제국과 중국 제국 그리고 몽고 제국은 각기 세계 패권을 추구한 국가의 지역적 선배 역할을 담당했다. 이미 살펴본 바와 같이 로마와 중국의 경우 제국의 정치 경제적 구조는 매우 잘 발달되어 있었고, 중심의 문화적 우월감은 매우 중요한 응집력을 발휘하고 있었다. 이와 대조적으로 몽고 제국은 군사적 정복에 더욱 직접적으로 의존했고, 정복 지역의 환경에 적응하거나 심지어 동화되기까지 하였다.

몽고 제국의 권력은 군사적 지배에 크게 의존하고 있었다. 몽고 제국은 우월한 군사력과 뛰어난 기동력을 탁월하게, 그러나 무자비하게 적용하여 제국을 구축하였다. 몽고의 지배는 조직적인 경제 체제나 재정 체제를 수반하지 않았고, 어떠한 종류의 문화적 우월감에도 기초하지 않았다. 몽고의 지배층은 수적으로 매우 적었기 때문에 자기 재생산이 가능한 지배 계급이 될 수 없었고, 문화적 혹은 인종적 우월감이 존재하지 않았기 때문에 제국의 엘리트가 자기 만족적인 자긍심을 가질 수도 없었다. 사실상 몽고의 지배자는 자신들이 정복한 지역의 선진적인 민족에 점차로 동화되는 길을 걸을 수밖에 없었다. 징기스칸의 손자 가운데 한 명은 중국 지역의 황제가 되어 열렬한 유교 전파자가 되었다. 징기스칸의 또 다른 손자는 페르시아의 술탄으로서 열렬한 이슬람 숭배자가 되었다. 그리고 중앙아시아 지역을 지배한 다른 손자 한 명은 문화적으로 페르시아의 지배자와 다를 바가 없었다.

지배적인 정치 문화의 부재로 인해 지배자가 피지배자에 동화된 점은 제

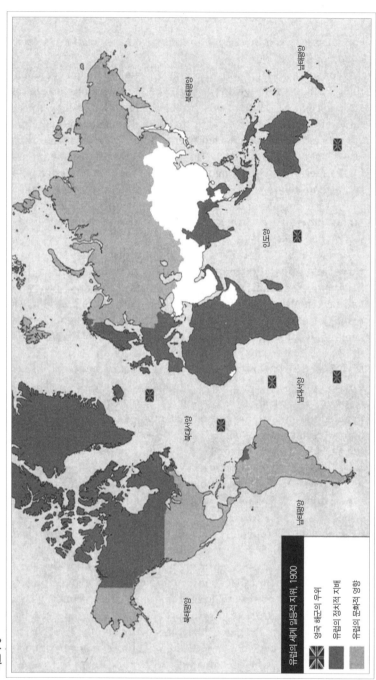

유럽의 세계 엄두적 지위, 1900

북태평양

북대서양

인도양

남대서양

북태평양

남태평양

북태평양

유럽의 세계 엄두적 지위, 1900

영국 해군의 우위

유럽의 정치적 지배

유럽의 문화적 영향

국의 건설자 칸의 후계 문제와 얽히면서 제국의 궁극적 몰락을 가져 오고 말았다. 몽고 제국의 영토는 너무나 커져서 하나의 중심에서 다스리기 어렵게 되었다. 그러나 몇 개의 자족적인 하위 단위로 제국을 분리 통치하려던 시도는 몽고의 지배자가 해당 지역의 피지배 문화에 더욱더 빨리 동화하게 만들었고, 그 결과 제국의 해체를 가속화하고 말았다. 1206년부터 1405년까지 약 200년간 지속되었던 이 거대한 대륙 제국은 흔적도 없이 사라지고 말았다.

이후로 유럽은 세계적 권력의 중심이 되었고 세계적 권력의 쟁취를 노리는 여러 국가가 경쟁하는 장이 되었다. 약 300년에 걸쳐서 유라시아 대륙의 조그만 북서부 변방 지역이 해양력을 발휘하여 진정한 의미에서의 세계 지배를 달성하게 된 것이다. 서유럽의 제국적 패권 국가가 결코 많은 인구를 가진 나라들이 아니었다는 점에 주목할 필요가 있다. 이 점은 사실상 이들에게 종속된 지역의 인구와 비교해 보면 더욱 확연해진다. 20세기가 시작될 무렵까지 서반구 지역을 제외하면—서반구 지역 역시 200년 전에 이미 서유럽의 지배하에 들어갔고, 유럽 이민과 그 후손이 압도적으로 거주하는 땅이 되었지만—서유럽 지배하에 있지 않던 국가는 오로지 중국, 러시아, 오토만 제국, 에디오피아뿐이었다.(「지도 1-5」 참조)

그러나 서유럽의 지배란 결코 서유럽이 세계 권력을 쟁취했음을 의미하는 것은 아니었다. 그 실상은 유럽 문명의 세계적 우월성과 더불어 유럽 대륙의 균열적 모습이었을 뿐이다. 유라시아 심장부에 대한 몽고족의 대륙적 정복이나 러시아 제국의 정복과는 달리, 유럽의 해양 제국주의는 끊임없이 계속된 해양 탐험과 팽창적 해양 무역의 결과였다. 그러나 이러한 과정은 동시에 해외 영토뿐만 아니라 유럽 대륙 내의 패권을 놓고 유럽의 여러 나라가 벌이는 쟁투를 동반한 것이었다. 결국 유럽의 세계 패권은 결코 어떤 단일 유럽 국가로부터 나온 것이 아니었다.

지도 1-6

영국의 독보적 지위, 1860~1914

○ 영국이 지배하던 해상 페쇄선

✪ 영국 해군의 우위

영국 지배하의 영토

북극해

북대서양

북대서양

북태평양

북태평양

인도양

남대서양

남태평양

대체로 17세기 중반까지 에스파냐는 유럽의 최강 국가였다. 15세기 말까지 에스파냐는 주요한 해양 제국으로 떠오르면서 세계적 야망을 키우게 된다. 종교는 국가 통일을 위한 이념으로서뿐만 아니라 제국적 선교열의 원천으로서도 기능하였다. 교황의 중재에 의한 에스파냐와 포르투갈 사이의 식민적 세계 분할은 토르데실랴스(Tordesilla) 조약(1494)[5]과 사라고사(Saragossa) 조약(1529)에 의해 성문화되었다. 그럼에도 불구하고 영국, 프랑스 그리고 네덜란드의 도전에 직면하면서 에스파냐는 결코 서유럽은 물론 전체 해양에서 진정 최고의 자리에 오를 수 없었다.

에스파냐의 선발적 지위는 점차 프랑스에 넘어갔다. 비록 유럽 대륙이나 해외에서 경쟁국의 견제를 받기는 했지만, 1815년까지 프랑스는 유럽 최강의 국가였다. 나폴레옹 치하에서 프랑스는 유럽 대륙에서 진정한 의미의 헤게모니를 차지하는 듯했다. 그것이 성공했다면 프랑스는 지배적인 세계 강국의 지위 또한 차지할 수 있었을 것이다. 그러나 유럽 국가와 프랑스에 반대해 동맹을 체결하였고 유럽 대륙은 세력 균형을 회복하였다.

다음 세기에 들어서 제1차 세계대전까지는 영국이 전세계의 해양을 지배하였다. 런던은 세계의 금융·무역의 중심지가 되었으며, 영국 해군은 '파도를 지배하게'(ruled the waves) 되었다. 해외에서 영국은 명확한 우위를 보였지만, 일찍이 세계 패권을 추구했던 다른 유럽 국가들과 마찬가지로 유럽 대륙을 장악하지는 못했다. 그 대신 영국은 절묘한 세력 균형 외교에 의존하였고, 궁극적으로 러시아와 독일의 대륙 지배를 막기 위한 영불협약에 의존할 수밖에 없었다.

---

5) 이전의 인테르케테라 칙령을 대신하여 에스파냐와 포르투갈 사이의 세력 분할선을 좀더 서쪽으로 이동시켰던 조약. 이후 포르투갈은 브라질이 토르데실랴스 조약에서 규정한 자국의 세력권하에 있음을 밝혀 냈고, 결국 브라질은 포르투갈의 식민지로 편입되어 본국에 사탕수수를 공급하는 주요한 식민지가 되었다. 토르데실랴스 조약은 오늘날까지 브라질이 에스파냐 어를 사용하는 대다수 중남미 국가들과는 달리 포르투갈 어를 사용하고 있는 역사적 원인이다. — 옮긴이.

지도 1-7

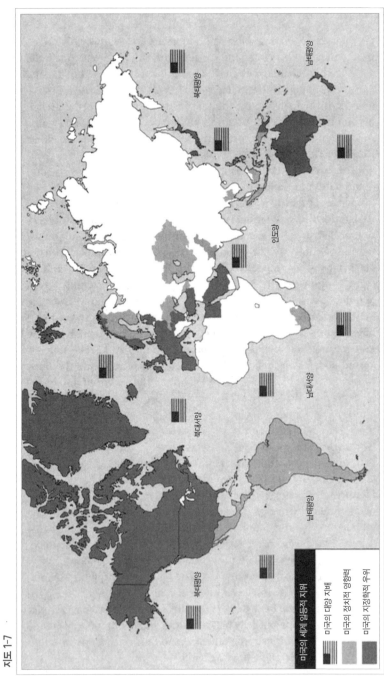

미국의 세계 위등적 지위

□미국의 대양 지배
□미국의 정치적 영향력
□미국의 지정학적 우위

북대서양

남대서양

북태평양

인도양

남태평양

북태평양

유럽대륙

북아메리카

남아메리카

아프리카

아시아대륙

오세아니아

영국의 해외 제국은 일차로 탐험과 무역 그리고 정복의 결합을 통해 이룩된 것이었다. 그러나 일찍이 존재했던 로마 제국이나 중국 제국과 마찬가지로 혹은 경쟁국 프랑스나 에스파냐의 경우와 같이 문화적 우월감을 권력의 원천으로 삼았다. 그와 같은 우월감은 단지 제국의 지배 계급이 지니고 있던 주관적 오만감이었을 뿐만 아니라 비영국계 신민에 의해 공유되던 관점이기도 했다. 남아프리카공화국 최초의 흑인 대통령 넬슨 만델라(Nelson Mandela)는 이렇게 말한 바 있다. "나는 영국이 세계에서 가장 좋은 모든 것의 고향이던 시절에 영국의 학교에서 성장하였다. 나는 영국과 영국 역사나 문화가 내게 미치고 있는 영향을 버리지 않았다." 성공적으로 주장되고 조용하게 추종된 이와 같은 문화적 우월성은 제국적 중심을 수호하기 위하여 커다란 군사력에 의존해야 하는 필요성을 그만큼 감소시켰다. 1914년까지 기껏 수천 명의 영국 군인과 민간 공무원이 지배한 면적은 1천 100만 평방마일에 달했으며, 그들이 통치했던 비영국계 인구는 거의 4억 명에 육박하고 있었다.(「지도 1-6」 참조)

간추려 본다면 이렇다. 로마 제국은 고도의 정치 조직과 문화적 매력을 통해 권력을 행사했다. 중국 제국은 비교적 인종적 단일성을 지닌 제국을 통치하기 위해 효율적인 관료제에 크게 의존하면서 문화적 우월성을 통해 통치 구조를 강화시켰다. 몽고 제국은 정복을 위한 선진적 군사 전술과 함께 피정복 문화로의 동화를 통치의 기초로 삼았다. 영국은 에스파냐, 네덜란드 그리고 프랑스와 마찬가지로 교역의 확대를 통해 우월한 기반을 획득했고, 마찬가지로 선진적 군사 조직과 자기 주장이 강한 문화를 통해 통치 구조를 강화시켰다. 그러나 이들 제국 중 어떤 경우도 진정으로 세계적이지는 못했다. 심지어 영국조차도 진정한 세계 강국은 아니었다. 영국은 유럽을 지배하지 못했으며 단지 세력 균형의 추로 기능했을 뿐이다. 유럽의 안정은 영국의 국제적 우월성을 위해 긴요했고, 유럽의 자기 훼손(제1차 세계대전을 의미함―옮긴이)은 필연적으로 영국이 누리던 우월성에 마침표를 찍게 만들고 말았다.

이와는 대조적으로 오늘날 미국의 세계 권력이 미치고 있는 정도와 범위는 단연 독보적인 것이다. 오늘날 미국은 전세계의 모든 해양과 바다를 지배하고 있을 뿐만 아니라 수륙 양면에 걸쳐 해안을 통제할 수 있는 군사 역량을 보유하고 있다. 이 점은 내륙으로까지 미국의 권력이 행사될 수 있는 매우 중요한 정치적 의미를 지닌다. 미국의 군사력은 유라시아 대륙의 동단과 서단에 확고한 발판을 마련해 두고 있으며, 페르시아 만에 대한 통제력을 확보하고 있다. 「지도 1-7」에서 보이는 바와 같이 워싱턴과의 더욱 공식적인 유대를 통해 포섭되기를 열망하는 미국의 속국과 조공국이 유라시아 대륙 곳곳에 산재해 있다.

미국의 경제적 역동성은 세계적 권력을 행사하는 데 필요한 기초를 제공해 주고 있다. 제2차 세계대전 직후 미국의 경제력은 다른 모든 국가의 경제력을 압도했으며, 혼자서 세계 총생산의 50퍼센트 이상을 담당했다. 서유럽과 일본의 경제 회복, 그에 뒤이은 아시아의 폭 넓은 경제 성장으로 인해 세계 총생산에서 차지하는 미국의 몫이 제2차 세계대전 직후에 비해 크게 준 것은 사실이다. 그럼에도 불구하고 냉전이 종식되는 시점에서 세계 총생산 중 미국이 차지하는 비율, 좀더 구체적으로 세계 총제조품 중 미국이 차지하는 몫은 대략 30퍼센트 정도에서 안정세를 유지하고 있다. 이 수준은 제2차 세계대전 직후의 예외적 수준을 무시한다 하더라도 20세기를 통해 미국이 견지했던 평균 수준이다.

이보다 더 중요한 것은 군사적 목적을 지닌 과학 기술의 혁신에서 미국이 계속 주도권을 쥐었을 뿐만 아니라 그와 같은 주도권이 더욱 강화되었다는 점이다. 따라서 미국은 기술적으로 경쟁 상대 없는 군사 체제를 창출해 냈고, 이 군사 체제는 전세계에 효력이 미치는 유일한 군사 체제이다. 더욱이 미국은 경제적으로 결정적인 중요성을 지니는 정보 기술에서 강력한 비교 우위를 유지하고 있다. 미래의 경제를 좌우할 수 있는 영역에서 미국이 구가하고 있는 주도권은 미국의 기술적 지배가 쉽게 종식되지 않을 것이라는 점—특히 경제적으로 결정적인 분야에서—과 아울러, 미국이 유럽 국가나 일본에 대한 생산성의 우위를 고수 내지 확대시킬 수 있으리라는 점을 시사한다.

확실히 러시아와 중국은 이러한 미국의 헤게모니에 반감을 지닌 강국이다. 1996년 초, 이들은 러시아 대통령 보리스 옐친의 베이징 방문에 즈음하여 그러한 입장을 표명한 바 있다. 더욱이 이들은 미국의 핵심 이익을 위협할 수 있는 핵무기를 보유한 나라이다. 그러나 적어도 현재 내지 가까운 미래에 비록 이들이 자살적인 핵전쟁을 감행할 수 있을지는 모르나, 그 전쟁의 승리자가 될 수 없다는 것이 엄정한 사실이다. 그들의 정치적 의지를 강요하기 위하여 먼 곳까지 군대를 파견할 수 있는 역량이 부족하고, 미국에 비해 기술적으로 턱없이 뒤쳐져 있는 현실로 인해, 이들은 전세계에 걸쳐 그들의 정치적 목표를 성취할 만한 수단을 가지고 있지 못하며, 더욱이 가까운 시일 내에 그렇게 될 수도 없다.

요컨대 미국은 네 가지 결정적 영역에서 최고 강국으로 우뚝 서 있다.(고딕 강조는 저자) 군사적으로 미국은 경쟁 상대 없는 세계적 힘을 지니고 있다. 경제적으로 미국은 세계 성장의 기관차이다. 비록 몇몇 측면에서 독일과 일본의 도전을 받고 있기는 하지만, 독일과 일본은 경제적 측면 외에서는 장점을 갖추고 있지 못하다. 기술적으로 미국은 첨단 분야의 기술 혁신에서 압도적인 주도권을 보유하고 있다. 문화적으로 미국은 약간의 투박성에도 불구하고 전세계 젊은이에게 경쟁 상대 없는 호소력을 지니고 있다. 이 모든 것이 미국으로 하여금 다른 나라가 감히 넘볼 수 없는 정치적 성과를 거두게 해주고 있다. 이 네 가지의 결합이 미국을 종합적인 의미에서 유일한 세계 초강국으로

만들어 주고 있는 것이다.(고딕 강조는 저자)

미국 중심적 세계 체제

비록 미국이 구가하고 있는 국제적 우월성이 불가피하게 이전의 제국과 유사성을 보인다 해도 그 차이는 훨씬 더 명확하다. 이것은 단지 영토의 문제에 국한된 것이 아니다. 미국의 세계 권력은 국내적 경험을 반영한 미국의 구도에 따라 구축된 세계 체제를 통해 행사되고 있다. 그와 같은 국내적 경험의 중심에는 미국 사회와 미국 정치 체제의 다원성이 자리 잡고 있다.

과거 제국들은 귀족적 정치 엘리트에 기초해서 수립되었고, 대부분의 경우 본질적으로 권위주의적 내지는 절대주의적 체제에 의해 지배되었다. 제국의 신민들은 정치적으로 무관심했고, 좀더 최근의 경우에도 단지 제국주의적 감정과 상징에 따라 움직였을 뿐이다. 국가적 영광에 대한 추구, '백인의 짐', '문명화의 사명' 그리고 사적인 이익의 추구 등이 제국적 모험을 지지하도록 사람들을 동원하고, 본질적으로 계서적인 제국의 피라미드 권력 구조를 유지하는 데 사용되었다.

미국이 대외적으로 권력을 행사하는 데 대한 미국 대중의 태도는 이에 비해 훨씬 더 모호한 것이었다. 미국 대중이 미국이 제2차 세계대전에 참전하는 데 지지를 보냈던 것은 주로 일본의 진주만 기습으로 인한 충격 때문이었다. 미국이 소련과 냉전을 치르는 것도 베를린 봉쇄와 한국 전쟁으로 인해 마지못해 추인되었다. 냉전이 종식된 이후 미국이 유일한 세계 강국으로 부상하게 된 사실 또한 대중적 만족을 그다지 자아내지 못했으며, 오히려 미국의 대외적 책임을 제한적으로 정의하려는 경향을 유도했다. 1995년과 1996년에 실시된 여론 조사는 일반적인 대중적 성향이 세계 권력을 독점적으로 행사하는 것보다 그것을 '공유'하는 것을 선호함을 보여 주고 있다.

이 같은 국내 요인으로 인해 미국 중심적 세계 체제는 미국에게 패배한 경쟁 국가, 예컨대 독일, 일본 그리고 최근에는 러시아의 경우에서 보이듯이 그 어떤 과거 제국들보다 포섭 전략을 강조하고 있다. 미국은 또한 민주적인 원리와 제도가 지닌 호소력을 십분 활용하여 미국에 의존적인 외국 엘리트에게 간접적인 영향력을 행사하는 방식에 크게 의존하고 있다. 이 모든 것은 세계적 통신망과 대중적 오락 그리고 대중 문화 등에서 미국이 지니는, 거대하기는 하지만 형체가 없는 지배력 그리고 기술적 · 군사적 수준에서 미국이 거둔 유형의 성과 등에 의해 뒷받침된다.

문화적 지배는 미국의 세계 권력에서 과소 평가되고 있는 측면이다. 미국의 미적 가치를 어떻게 평가하든지 간에 미국의 대중 문화는 특히 세계의 젊은이에게 거대한 자석과 같은 힘을 행사하고 있다. 그 매력은 미국이 투사하는 향락주의적 삶의 양식에서 비롯된 것일 수도 있지만 어쨌든 그 세계적 호소력은 무시하기 어렵다. 미국의 텔레비전 프로그램과 영화는 세계 시장의 4분의 3을 차지한다. 미국의 대중 음악 역시 비슷한 지배력을 지니고 있고, 미국의 유행, 식사 습관, 의상까지도 점차 전세계적인 모방의 대상이 되고 있다. 인터넷에서 쓰는 언어는 영어이며, 컴퓨터를 통해 대화를 나누는 사람의 압도적 다수가 미국인으로서 전지구적 담론의 내용에 영향을 미치고 있다. 끝으로 미국은 더욱 선진적인 교육을 받고자 하는 사람들의 메카가 되고 있다. 약 50만 명의 외국 학생들이 미국으로 몰려들고 있으며, 그들 가운데 뛰어난 사람의 상당수가 모국으로 돌아가지 않고 남는다. 미국 대학을 졸업한 장관들은 모든 대륙의 거의 모든 내각 안에서 발견할 수 있다.

외국의 많은 민주 정치가가 보이는 스타일 또한 점점 미국을 모방하고 있다. 과거에는 외국의 많은 정치가가 존 F. 케네디를 모방했고, 최근에는 많은 미국 정치 지도자들이 치밀한 연구와 정치적 모방의 대상이 되고 있다. 일본과 영국만큼이나 다른 문화에 속한 정치인들이 빌 클린턴의 격식 없는 태도, 대중적 공감을 자아내는 언행 그리고 대중 선전술 등을 거리낌 없이 본뜨고 있다. 1990년대 중반 일본의 총리를 지낸 하시모토 류타로나 영국의 총리 토니 블레어를 예로 들 수 있을 것이다. '토니'(Tony)라는 표현은 '지미'(Jimmy) 카터, '빌'(Bill) 클린턴, '밥'(Bob) 돌 등의 모방이다.

미국의 정치적 전통과 결부된 민주적 이상은 혹자가 미국의 '문화적 제국주의'(cultural imperialism)라고 부르는 현상을 더욱 강화해 주고 있다. 민주적인 정부 형태가 가장 대규모로 확산된 시대에 와서 미국의 정치적 경험은 모방의 기준으로 사용되는 경향이 있다. 성문 헌법의 중심성, 정치적 편의에 대한 법의 우위 등에 대한 강조가 전세계적으로 확산되는 추세는 미국의 헌정주의가 지닌 힘에 기초하는 것이다. 최근 구공산국에서 군에 대한 민의 우위를 받아들이기로 한 것(특히 북대서양조약기구에 가입하는 선결 조건으로서) 또한 민-군 관계에 관한 미국의 체제에 크게 영향을 받은 것이다.

미국의 민주적 정치 체제가 지닌 매력과 영향력은 미국의 기업 모델이 발휘하고 있는 점증하는 매력을 동반하기도 한다. 미국의 기업 모델은 전세계적인 자유 무역과 규제 없는 경쟁을 특징으로 한다. 기업가와 노조간의 '공동 결정'을 강조하는 독일의 경우를 위시한 서유럽의 복지 국가들이 경제적 역동성을 상실하기 시작하면서, 뒤처지지 않기 위해서는 훨씬 더 경쟁적이고 심지어 무자비하기조차 한 미국의 경제 문화를 모방해야만 한다는 의견을 더 많은 유럽인이 내놓고 있다. 심지어는 일본에서조차 경제적 행위에 있어 더 많은 개인주의가 경제적 성공을 위한 필수 조건으로 인정되기 시작하고 있다.

정치적 민주주의와 경제적 발전에 대한 미국의 강조는, 그러므로 많은 사람에게 다음과 같은 단순한 이념적 메시지, 곧 개인적 성공의 추구가 자유를 신장시키고 부를 창출한다는 메시지를 전달하고 있다. 이상주의와 이기주의의 혼합은 강력한 결합물로 나타난다. 개인적 자기 성취는 신이 부여한 권리임과 동시에 모범을 보이고 부를 창출함으로써 다른 사람도 이롭게할 수 있는 것으로 여겨진다. 이것은 열정적이고 야심적이며 고도의 경쟁력을 지닌 사람을 끌어 모으는 신조인 것이다.

미국적 양식에 대한 모방이 점차 전세계적으로 퍼져 나감에 따라 미국의패권이 더욱 간접적이고 합의적인 외양을 가지고 행사되기에 적합한 구조가 창출된다. 그리고 미국의 체제에서처럼 힘과 영향력의 차이를 은폐하고합의를 도출하도록 고안된 복잡한 제도와 절차를 통해 미국의 패권이 행사된다. 그러므로 미국의 세계 일등적 지위는 문자 그대로 전세계에 퍼져 있는 동맹과 연합의 정교한 체제에 의해 떠받쳐지고 있는 것이다.

제도적인 측면에서 북대서양조약기구로 상징되는 대서양 동맹은 가장생산적이고 영향력 있는 유럽 국가를 미국에 연결시킴으로써 미국을 유럽내에서 벌어지는 일에까지 참여하게 만든다. 쌍무적 차원에서 이루어지는일본과의 정치·군사적 유대는 일본을 본질적으로 미국의 보호국으로 묶어 주는 동시에 (적어도 현재로서는) 가장 강력한 아시아 경제를 미국에 연결시켜 놓고 있다. 미국은 또 아시아태평양공동체(APEC)와 같이 최근 탄생한 다각적 범태평양 기구에 참여함으로써 이 지역의 주요한 참가국으로간여하고 있다. 서반구는 일반적으로 외부의 영향에서 차단되어 왔기 때문에 미국은 현존하는 다자적 기구에서 손쉽게 중심적 역할을 수행하고있다. 페르시아만의 특수한 안보 상황은, 특히 1991년 이라크에 대한 응징조치 이후 경제적으로 핵심적인 지역을 미국의 영향권 안에 묶어 놓고 있다. 심지어 과거 소련의 공간에까지 평화를 위한 협력이라는 형태로 북대서양조약기구와 긴밀한 협력을 추구하려는 다양한 조치가 미국 후원 아래 행해지고 있다.

이에 덧붙여 특히 '국제적' 금융 기구 같은 전문 기구의 세계망을 미국 체제의 일부로 간주할 필요가 있다. 국제통화기금(IMF)와 세계은행은 '세계적' 이익을 대표하며, 그들의 지역구는 세계 그 자체라고 말할 수 있을 것이다. 그러나 현실적으로 이들은 미국에 의해 지배되고 있으며, 그 기원 자체가 미국의 이니셔티브, 즉 1944년의 브레튼우즈(Bretton Woods) 회의에 근거하고 있다.

과거 제국들과는 달리 이처럼 방대하고 복잡한 세계 체제는 계서적인 피라미드가 아니다. 그보다는 서로 맞얽혀 있는 세계의 중심에 미국이 서 있는 형국이다. 이 세계에서 권력은 끊임없는 흥정과 대화, 공식적인 합의의 추구를 통해 행사되지만 그 근원은 궁극적으로 하나, 즉 워싱턴 D.C.이다. 이곳에서 권력 게임이 벌어지며, 그것은 미국의 국내 규칙에 따라 전개된다. 아마도 미국의 헤게모니가 행사되는 민주적 방식에 대해 세계가 표하는 최고의 경의는 세계가 미국 내의 정치적 게임에 참여하고 있다는 점일 것이다. 할 수 있는 한 외국 정부는 자신들과 인종적·종교적 정체성을 공유하는 미국인을 동원하고자 노력한다. 많은 외국 정부는 특히 미국 의회 내에서 그들과 관련된 사안을 성사시키기 위해 미국인 로비스트를 고용한다. 이와 아울러 워싱턴에는 약 1천 개에 달하는 등록된 압력 단체가 외국의 이익을 위해 활동하고 있다. 미국의 인종적 공동체들 또한 미국의 대외 정책에 영향을 미친다. 유태인, 그리스인 그리고 아르메니아인 로비 단체가 가장 효율적인 조직으로 두각을 나타내고 있다.

그러므로 미국의 일등적 지위는 대외적으로 미국 체제의 많은 속성을 복제하고 제도화하는 새로운 국제 질서를 낳고 있다. 그 기본 특성은 다음과 같다.

· 통합사령부나 통합군 등을 포함한 집단 안보 체제(북대서양조약기구, 미일

안보조약 등)

· 지역적 경제 협력(APEC, 북미자유무역협정[NAFTA])과 전문적 국제 협력
  기구(세계은행, IMF, 세계무역기구[WTO])
· 비록 미국에 의해 지배되기는 하지만 합의적 정책 결정을 강조하는 절차
· 핵심 동맹국들 내에서의 민주적 멤버십에 대한 선호
· 기본적인 국제법 구조(국제재판소에서부터 보스니아 전범을 처벌하기 위한
  특별 법정에 이르기까지)

이와 같은 체제의 대부분은 냉전 기간을 통해 미국의 세계적 경쟁국인
소련을 봉쇄하고자 했던 노력의 일부로 마련된 것이다. 따라서 일단 경쟁국
소련이 비틀거리고 미국이 유일 최고의 강국으로 부상하게 되자, 이들은 곧
바로 세계적 수준에서 적용되기 시작했다. 정치학자 존 아이켄베리는 이러
한 현상의 본질을 다음과 같이 잘 표현해 주고 있다.

"현재의 국제 질서가 패권적이라고 함은 그 질서가 미국을 중심으로 모여 있는
데다 미국식의 정치 메커니즘과 조직 원리를 반영하고 있다는 의미에서이다.
그리고 그것은 합법성을 인정받고 상호간의 교호 작용에 의해 특징 지어진다
는 의미에서 자유주의적 질서이다. 유럽인(일본인을 추가할 수도 있지만)은 미
국의 헤게모니와 부합하는 방식으로 그들의 사회와 경제를 재건하고 통합한
다. 그러나 그들은 또한 자신들의 자치적이고 준독립적인 정치 체제를 실험할
수 있는 여유를 가지고 있다. 이와 같은 복잡한 체제는 주요 서방 국가들 간의
관계를 '순화' 하는 데 기여한다. 간혹 이들 국가간에 격렬한 갈등이 발생하기
도 하지만, 중요한 것은 그러한 갈등이 잘 짜여지고 안정된 그리고 점차 큰 목
소리를 내고 있는 정치 질서 내에서 해결된다는 점이다. 전쟁의 위협은 논외의
일이 되어 버렸다."[6]

전례 없는 미국의 세계적 헤게모니는 현재 경쟁 상대가 없다. 그러나 앞으로도 미국의 헤게모니가 도전을 받지 않고 계속 유지될 수 있을까?

---

6) John Ikenberry, "Creating Liberal Order: The Origins and Persistence of the Postwar Western Settlement" (Univ. of Pennsylvania, Philadelphia, Nov. 1995).

제2장

유라시아의 체스판

유라시아는 미국의 가장 중요한 지정학적(geopolitical) 목표이다. 500년 동안 세계는 유라시아 강국에 의해 지배되었다. 이들은 지역적 패권을 위해 서로 쟁투를 벌이는 과정에서 세계적 강국으로 성장하였다. 그런데 오늘날에는 비유라시아 국가가 유라시아에서 걸출한 존재로 군림하고 있다. 미국의 세계 일등적 지위는 얼마나 오랫동안 그리고 얼마나 효과적으로 유라시아 대륙에서 이러한 위치를 지속하느냐에 달려 있다.

유라시아 대륙에서 미국이 차지하는 현재의 위치는 분명 일시적인 것이다. 그러나 그 지속성 여부와 그 이후 상황은 미국의 장래는 물론 세계 평화에 결정적으로 중요한 사안이다. 미국이 최초로 진정한 의미의 세계 강국으로 등장한 갑작스러운 현실은, 만일 미국의 패권이 갑작스럽게 종언을 고할 경우 엄청난 국제적 불안정을 야기할 수도 있는 상황을 만들어 놓았다. 미국의 패권이 갑작스런 종언을 고한다는 것은 미국이 세계에 대한 개입을 갑자기 중지하거나, 아니면 미국에 대응할 수 있는 경쟁 국가가 갑자기 출현한다는 것을 의미하기 때문이다. 그것은 사실상 전세계적 무정부 상태를 야기할 수 있다. 따라서 하버드 대학의 정치학자 사무엘 헌팅턴의 다음과 같은 대담한 주장은 지극히 온당하다.

지도 2-1

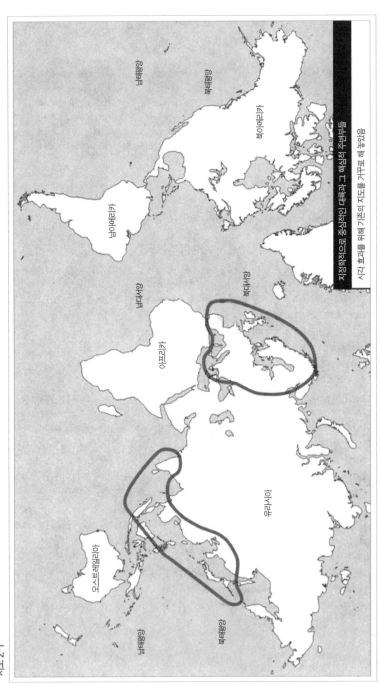

지정학적으로 중심적인 대륙과 그 해심적 주변부들

시각 효과를 위해 기존의 지도를 거꾸로 해 놓았음

북아메리카

남아메리카

북대서양

남대서양

북태평양

아프리카

유라시아

오스트레일리아

남태평양

북태평양

"미국이 그 어떤 나라보다 많은 영향을 미치는 세계와 달리 미국이 일등적 지위를 구가하지 않는 세계는 더 많은 폭력과 무질서 그리고 더 적은 민주주의와 경제 성장이 존재하는 세계가 될 것이다. 국제적으로 미국이 일등적 지위를 유지하는 것은 미국의 복지와 안보에만이 아니라 전세계의 자유, 민주주의, 개방 경제 그리고 국제 질서에 핵심적인 일이다."[1]

이 같은 맥락에서 미국이 어떻게 유라시아를 '관리'(manage)하느냐가 중요하다. 유라시아는 세계의 가장 큰 대륙이고 지정학적 중추이다. 유라시아를 지배하는 나라는 전세계에서 가장 선진적이고 경제적 생산성이 높은 세 지역 중 두 지역을 장악하게 된다. 얼핏 지도를 한번 훑어 보기만 해도 유라시아를 장악하면 아프리카는 거의 자동적으로 복속되게 된다는 것, 그리고 지정학적으로 서반구와 오세아니아가 이 중앙 대륙의 주변부로 전락하게 된다는 것을 알 수 있다.(「지도 2-1」 참조) 세계 인구의 약 75퍼센트가 유라시아에 살고 있으며, 세계의 많은 물리적 부가 기업 형태 혹은 지하 자원 형태로 이 지역에 존재하고 있다. 유라시아는 세계 총생산의 약 60퍼센트를 차지하고 있고, 세계 에너지 자원의 약 4분의 3을 차지한다.(「표 2-1 · 2-2 · 2-3」 참조) 유라시아에는 정치적으로 매우 역동적이고 자기 주장이 강한 국가가 위치하고 있다. 미국 다음으로 경제 규모가 큰 6개 국가와 역시 미국 다음으로 군사비를 많이 지출하는 6개 국가가 유라시아에 자리 잡고 있다. 미국을 제외한 모든 공식적 핵 보유국이 유라시아에 위치해 있으며, 한 국가를 제외하면 모든 비공식적 핵 보유국도 유라시아에 자리 잡고 있다. 지역적 패권과 세계적 영향력을 추구하고 있는 두 인구 대국 또한 유라시아 국가이다. 정치적 혹은 경제적으로 미국의 일등적 지위에 대항할 잠재

1) Samuel P. Huntington, "Why International Primacy Matters," *International Security* (Spring 1993), p. 83.

표 2-1 대륙들: 영역

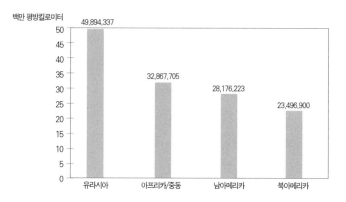

표 2-2 대륙들: 인구

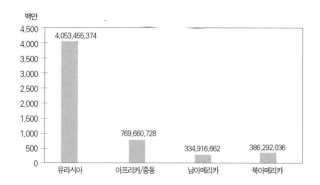

표 2-3 대륙들: GNP

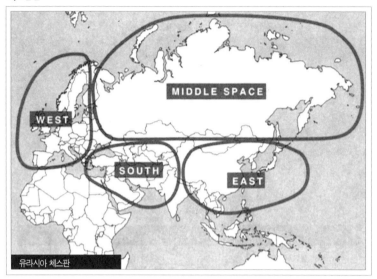

유라시아 체스판

적 도전자는 모두 유라시아 국가이다. 결론적으로 유라시아의 힘은 미국의 힘을 압도하고 있다. 그러나 미국의 입장에서는 다행스럽게도 유라시아는 정치적으로 하나가 되기에 너무 크다.

따라서 유라시아는 일등적 지위를 향한 미국의 싸움이 계속되는 체스판이다. 지정 전략(geostrategy)—지정학적 이익에 대한 전략적 관리—이 체스에 비유될 수 있음에도 불구하고, 타원형의 유라시아 체스판에는 두 명의 게임 참가자만이 아니라 각기 상이한 힘을 지닌 여러 명의 게임 참가자가 존재한다. 주요한 게임 참가자는 체스판의 동서남북에 포진하고 있다. 체스판의 동쪽과 서쪽은 몇몇 열강으로 분할된 인구 밀집 지대를 포괄하고 있다. 유라시아의 서쪽 주변부에는 미국의 힘이 직접적으로 미치고 있다. 극동 지역은 점차 막강해지면서 독립적으로 되어 가고 있는 게임 참가자가 막대한 인구를 장악하고 있다. 비록 주변 열도 지역에 위치한 경쟁자와 극동의 조그만 반도 반쪽이 미국의 힘이 내려앉을 수 있는 횃대를 제공해 주고 있기는 하지만. 유라시아의 동쪽과 서쪽 사이에는 미국을 유라시아 대륙 바깥으로 몰아내려던 강력한 경쟁자가 한때 장악한 적이 있는 광대한 중앙부가 자리 잡고 있다. 인구가 광범위하게 분산되어 있는 이 중앙부는 현재 정치적으로 유동적인데다 매우 균열된 모습을 보이고 있다. 이 거대한 유라시아 중심부의 남쪽에는 정치적으로는 무정부 상태이지만 매우 풍부한 에너지 자원을 가지고 있어 유라시아의 동쪽과 서쪽 국가에게 매우 긴요한 지역이 위치해 있다. 그리고 이 지역 남단에는 지역적 패권을 추구하는 인구 대국이 자리하고 있다.

기이한 형상을 지닌 이 거대한—리스본에서 블라디보스톡에 이르는—유라시아 체스판은 '게임'을 위한 환경을 제공해 주고 있다. 만일 점차로 유라시아 중앙부가 미국이 우월한 힘을 행사하는 서쪽의 팽창 궤도 안으로 끌려들어 간다면, 만일 남부 지역이 단일한 국가의 지배에 복속되지 않는다면 그리고 만일 동쪽이 미국을 몰아내는 방향으로 단결하지 않는다면, 미국의 우세를 말할 수 있을 것이다. 그러나 만일 중앙부가 서쪽을 축출하고 독단적인 단일 주체가 된다면, 혹은 남쪽에 대한 통제권을 가지게 되거나 동쪽의 주요한 게임 참가자와 연대를 형성하게 된다면, 유라시아에 있어서 미국의 일등적 지위는 극적으로 줄어들고 말 것이다. 만일 어떠한 형태로든 유라시아 동쪽의 두 주요 게임 참가자가 단결하게 될 경우에도 마찬가지 결과를 초래하게 될 것이다. 끝으로 만일 유라시아 서쪽의 파트너들이 미국을 현재 앉아 있는 횃대에서 쫓아내 버린다면 유라시아 체스판에서 벌어지는 게임에서 미국은 자동적으로 축출되고 말 것이다. 그것은 아마도 다시 유라시아 중앙부를 장악한 세력이 출현하여 유라시아 서쪽을 복속시키게 됨을 의미할 것이다.

미국이 차지하는 전세계적 패권의 영역이 크다는 것은 주지의 사실이다.

하지만 그 깊이는 얕고 국내외적 조건에 의해 제한받고 있다. 미국의 패권은 결정적인 영향력의 행사를 포함하는 것이기는 하지만, 과거 제국들처럼 직접 통제의 방식을 취하고 있는 것은 아니다. 유라시아의 거대한 규모와 다양성 그리고 몇몇 국가의 엄청난 힘은 미국이 사태의 추이에 관여하며 영향을 미칠 수 있는 폭과 깊이를 제한하고 있다. 비록 정치 · 경제적으로 타의 추종을 불허하는 국가라 할지라도 이 거대 대륙을 복속시키기에는 이 대륙이 너무나 크고 많은 인구를 가지고 있으며, 너무나 많은 역사적 야심과 정치적 역동성 그리고 문화적 다양성을 가지고 있다. 이러한 상황 때문에 지정 전략적 기술은 더욱더 중요해진다. 이 거대한 유라시아 체스판에 미국의 자원을 신중하고 선택적으로 그리고 매우 정교한 방식으로 배치하지 않으면 안 되는 것이다.

대외적으로 독재적이 되기에는 미국이 대내적으로 너무 민주적인 것 또한 사실이다. 이것은 미국의 권력 행사를 제한하며, 특히 군사적 위협을 가할 수 있는 역량을 제한한다. 미국 이전에는 대중적 민주주의 국가가 국제적으로 일등 지위를 차지한 적이 없었다. 대중의 국내 복지 감각에 도전하거나 갑작스런 위협을 가하는 따위 상황이 발생하지 않는 한, 세력 확대가 대중적 열망이 모이는 국가 목표가 되지는 못한다. 경제적 자기 부정의 형식으로 이루어지는 방위비 지출과, 비록 직업 군인이라 하더라도 인명 손실의 형태로 이루어지는 인간적 헌신은 민주적 감각하고는 맞지 않는다. 민주주의는 제국적 동원에는 유해한 것이다. 더욱이 대다수 미국인은 자기들 나라가 유일한 초강대국이 되었다는 사실에 어떠한 특별한 만족감도 느끼지 않는다. 미국이 냉전에서 승리한 것과 결부된 정치적 '승리주의'는 대체로 냉랭한 취급을 받았으며, 자유주의적 해설자한테는 조롱의 대상이 되었다. 실제로 미국이 소련과의 경쟁에서 거둔 역사적 성공에 대해 다음과 같이 변형된 견해가 정치적으로 더 큰 호소력을 띠었다. 한 가지 견해는 냉전이 종식되었으므로 미국은 전세계적 개입에서 폭을 줄여야 마땅하다는 것이다. 미국의 전세계적 지위에 미칠 영향과는 상관없이 말이다. 다른 한 가지 견해는 진정한 국제적 다원주의 시대가 도래했다고 보는 것이다. 이를 위해서 미국은 심지어 주권의 일부를 양도해야 한다고 이들은 주장한다. 이 두 견해는 모두 매우 충성스러운 선거구민을 확보해 놓고 있다.

미국의 지도력이 직면해 있는 딜레마를 더욱 복잡하게 만드는 것은 세계적 상황 자체의 변화이다. 직접적인 무력 사용은 과거에 비해 훨씬 제한되는 경향을 보이고 있다. 핵무기의 존재로 말미암아 전쟁을 정책적 도구로 사용할 수 있는 가능성은 극적으로 축소되었고, 심지어 전쟁이 위협의 수단으로조차 쓰이기 어렵게 되었다. 국가들 사이에 더 커진 상호 의존성은 경제적 제재를 정치적 도구로 쓰기 어렵게 만들었다. 그 대신 책략과 외교, 합종연횡과 포섭 그리고 자신의 정치적 자원을 매우 정교하게 배치하는 일 등이 유라시아의 체스판 위에서 지정 전략을 성공적으로 구사하기 위한 핵심 요소가 되었다.

지정학과 지정 전략

미국이 세계 제일의 지위를 구가하기 위해서는 국제 관계에 있어서 정치적 지리학(political geography)이 여전히 중대한 고려 사항으로 남는다는 점을 명심하지 않으면 안 된다. 나폴레옹은 한 국가의 지리를 안다는 것은 그 국가의 대외 정책을 아는 것과 같다고 말했다. 그러나 오늘날 정치적 지리학에 대한 우리의 이해는 새로운 역학 관계에 맞게 변형되지 않으면 안될 것이다.

국제 관계의 역사에서 영토 획득은 정치적 갈등을 낳는 핵심 사안이었다. 민족주의가 발흥한 이래로 더 큰 영토 획득에 따른 민족 국가적 자기 만족이나 '성지' 상실로 인한 민족 국가적 상실감은 피비린내 나는 많은 전쟁의 원인이 되어 왔다. 영토적 요구가 민족 국가들의 공격적 행동을 충동질했다는 것은 결코 과장된 말이 아니다. 제국의 건설은 핵심적인 지리적 자산, 이를테면 지브랄타 해협이나 수에즈 운하 혹은 싱가포르 등의 장악을 통해 이루어졌다. 이들 지리적 자산은 제국의 운영 체제에서 핵심적인 폐색부(choke point) 또는 중추를 지탱하는 쐐기와 같은 역할을 담당했다.

나치 독일과 제국 일본은 민족주의와 영토 획득 사이의 상관성을 가장 극적으로 드러냈다. '천년 제국'을 건설하고자 나치 독일이 기울인 노력은 독일어 사용 민족을 하나의 정치적 지붕 아래 통합하겠다는 목표를 넘어서 우크라이나의 '곡창' 지대와 값싼 노동력의 확보를 위해 슬라브 지역까지 장악하겠다는 열망으로 발전하였다. 마찬가지로 일본인은 만주의 직접 지배 그리고 나중에는 원유가 생산되는 네덜란드령 동인도제도의 확보가 국력과 국위를 확보하는 데 핵심이 된다는 관념에 집착하였다. 같은 맥락에서 러시아에서도 국위에 대한 정의가 오랜 세기에 걸쳐 영토 획득과 동일시되었다. 20세기 말에 이르기까지 러시아는 중요한 송유관 주변에 거주하는 체첸 민족 같은 비러시아 민족에 대한 통제력을 완강하게 유지하고자 하였다. 러시아인은 이 지역에 대한 통제가 러시아의 열강으로서 지위를 유지하는 데 결정적이라는 이유를 들고 있다.

민족 국가는 여전히 세계 체제의 기본 단위이다. 비록 막강한 힘을 지녀 온 민족주의가 쇠퇴하고 이념이 퇴조하면서 세계 정치에서의 정서적 결정 요인들이 약화되기는 했지만, 영토에 기초한 경쟁은 여전히 세계 정치를 지배한다. 그러나 핵무기의 존재로 무력의 사용이 억제되고 있고, 이와 같은 경쟁은 전에 비해 민간적인 방식으로 더 기울고 있다. 이러한 경쟁에서 지리적 위치는 민족 국가의 대외적 우선 순위를 결정하는 데 여전히 중요한 출발점이고, 영토의 규모는 국위와 국력을 측정하는 데 여전히 중요한 기준이다. 그러나 대부분의 민족 국가에서 영토적 쟁점은 현저히 약화되고 있다. 몇몇 국가가 대외 정책을 형성하는 데 영토적 쟁점이 여전히 중요하게 남아 있기는 하지만, 그것은 대개 영토 확장을 통한 국위 신장을 겨냥한 것이라기보다는 '모국'에 합류하고자 하는 동포들의 자치적 의지가 거부된 것에 대한 분노 혹은 소수 민족에 대한 인접 국가의 홀대에 대한 분노와 관련된 것이다.

국가의 지배 엘리트는 영토 이외의 요소가 국제적 영향력의 정도를 측정하고 국위를 결정하는 데 갈수록 더 중요해진다는 점을 인정하고 있다. 경제력과 혁신 기술이 국력을 측정하는 중요한 기준이 될 수도 있다. 일본의 경우가 바로 그러하다. 그럼에도 불구하고 지리적 위치는 여전히 한 국가의 우선 순위를 결정하는 경향이 있다. 그리고 한 국가의 군사력, 경제력 그리고 정치력이 크면 클수록, 그 국가의 지정학적 이익의 범위나 지정학적 영향력의 범위 그리고 지정학적 개입의 정도는 인접 국가를 넘어 확장될 수 있는 것이다.

최근까지도 주요한 지정학자들은 대륙 국가가 해양 국가보다 더 중요한 의미를 가지고 있는지에 관해 토론을 벌였으며, 유라시아의 어떠한 지역이 전체 대륙을 통제하는 데 핵심적인지에 관해 토론을 벌였다. 가장 뛰어난 지정학자 중 한 명인 맥킨더(H. Mackinder)는 20세기 초엽 유라시아의 '추축 지대'(Pivot area, 시베리아 전체와 중앙아시아의 대부분을 일컫는 개념)라는 개념을 도입함으로써 이러한 토론에 불을 붙였다. 그리고 나중에는 중동부 유럽을 '심장부'(heartland)라고 지칭하면서 이 지역이 대륙적 지배를 위한 발판이 될 것이라고 내다보았다. 그는 심장부 개념을 다음과 같은 격언을 통해 대중화시켰다.

동유럽을 지배하는 자는 심장부를 지배한다.

심장부를 지배하는 자는 대륙을 지배한다.

대륙을 지배하는 자는 세계를 지배한다.

몇몇 독일의 정치지리학자들은 독일의 '동진 정책'(Drang nach Osten)을 정당화하려는 목적에서 지정학을 더욱 발전시켰다. 특히 칼 하우스호퍼(Karl Haushofer)는 독일의 전략적 요구에 따라 맥킨더의 개념을 차용하였다. 하우스호퍼의 주장에 대한 가장 큰 반향은 독일 민족을 위한 '생존 공간'(Lebensraum)을 강조하는 아돌프 히틀러의 목소리에서 들려 왔다. 또 다른 유럽의 사상가들은 태평양 지역, 특히 미국과 일본이 쇠퇴하는 유럽의 지배력을 대신함으로써 지정학적 무게 중심이 동쪽으로 이동할 것이라고 내다보기도 했다. 그와 같은 무게 중심의 이동을 저지하기 위해서 프랑스의 폴 드망종(Paul Demangeon) 같은 정치지리학자는 다른 프랑스 지정학자들과 더불어 제2차 세계대전 이전부터 유럽 국가간의 더 큰 단결을 주장한 바 있다. 오늘날 지정학적 쟁점은 더 이상 유라시아의 어떤 지점이 대륙적 지배를 위한 출발점이 되어야 할 것인가, 또는 대륙 국가가 해양 국가보다 더 중요한가 아닌가 하는 것에 관한 것은 아니다. 지정학의 대상은 지정학적 차원에서 세계적 차원으로 바뀌었다. 오늘날 비유라시아 국가인 미국이 세계 제일의 지위를 누리고 있으며, 유라시아 대륙의 세 주변부에 군사력을 배치해 놓고 있다. 이 세 주변부로부터 미국은 유라시아의 중심부에 자리잡은 국가들에게 강력한 영향력을 행사하고 있는 것이다. 그러나 유라시아는 여전히 미국의 잠재적 도전국으로서 서서히 모습을 드러낼 가능성이 가장 높은 지역이다. 그러므로 주요한 게임 참가자들에게 초점을 맞추고 지반을 점검해 보는 것은 유라시아에 대한 미국의 지정학적 이익을 장기적으로 관리하기 위한 지정 전략의 출발점이 될 것이다.

여기서 두 가지 기본적 단계가 필요하다.

첫째, 역동적으로 지정 전략을 구사함으로써 국제적 역학 관계에 커다란 변화를 초래할 가능성이 있는 유라시아 국가를 변별해 내고, 각국의 정치 엘리트가 추구하는 중요한 대외 정책 목표를 파악하며, 그러한 목표를 성취하기 위한 그들의 노력이 빚어 낼 여파를 측정해 낼 것, 다른 지정 전략적 게임 참가자들의 행동과 지역적 환경에 촉매 역할을 할 만한 지정학적 위치를 지닌 중요한 유라시아 국가를 지목할 것.

둘째, 미국의 이익을 보전하고 신장시키기 위한 목적으로 위의 국가들을 통제하거나 포섭하고, 그들의 노력을 상쇄시키기 위한 미국의 특수 정책을 수립할 것, 전세계적 수준에서 특수한 미국 정책간의 상관 관계를 조율할 수 있는 더욱 포괄적인 지정 전략을 수립할 것.

요컨대 미국에게 있어 유라시아에 대한 지정 전략은, 역동적으로 지정 전략을 구사하고 있는 국가에 대한 목적 의식적 관리 그리고 지정학적으로 촉매적인 국가에 대한 신중한 운영을 내용으로 한다. 그리고 그것은 단기적으로 미국의 독보적 세계 권력을 유지하고, 장기적으로 그것을 점차 제도화하는 세계적 협력 체제로 변환시키는 목표를 지닌 것이어야 한다. 이것을 좀더 거칠었던 고대 제국의 용어로 표현한다면, 속방간의 결탁을 방지하고, 안보적 의존성을 유지시키며, 조공국을 계속 순응적인 피보호국으로 남아 있게 만들고, 야만족들이 서로 하나가 되는 것을 막는 일이 될 것이다.

지정 전략적 게임 참가자와 지정학적 추축

역동적으로 지정 전략을 구사하는 게임 참가자는 기존의 지정학적 상태를 변화시키기 위하여 —미국의 이익에 영향을 미치는 정도까지— 그들의 국경 너머로까지 힘과 영향력을 행사하는 국가들이다. 이들은 지정학적으로 휘발성이 매우 높아질 잠재적 성향을 지니고 있다. 어떠한 이유에서 건—국가적 위대함의 추구, 이데올로기적 성취, 종교적 구세주의 혹은 경제적 팽창 등—몇몇 국가는 지역적 지배력 내지는 세계적 지위를 획득하고자 노력한다. 이들은 매우 깊고 복잡한 동기에 의해 움직이게 되는데, 로버트 브라우닝(Robert Browning)의 다음과 같은 구절은 이를 잘 표현해 준다. "인간의 행동 범위는 그 자신의 이해 범위를 뛰어넘게 마련이다. 그렇지 않다면 신이 무슨 소용이 있겠는가?" 그러므로 이들은 미국의 힘을 매우 신중하게 검토한 뒤, 자신들의 이익이 미국과 중첩 혹은 충돌하는 정도를 결정한다. 그리고 그들 자신의 좀더 제한적인 유라시아적 목표를 설정하기도 하고, 때로는 미국의 정책과 결탁하기도 하고 미국의 정책과 충돌을 빚기도 하는 것이다. 이렇게 행동하는 유라시아 국가에 미국은 특별한 관심을 가져야 한다. 지정학적 추축이란 그 국가가 지니는 중요성이 자신의 힘과 동기로부터 도출되기보다는 그 국가가 자리 잡고 있는 민감한 지리적 위치, 그리고 주변의 더 막강한 지정 전략적 게임 참가자들의 행동 결과에 따라 도출되는 경우를 말한다. 흔히 지정학적 추축이란 지리적 위치에 의해 결정되는 경우가 많은데, 이러한 지리적 위치로 말미암아 해당 국가는 중요 지역으로의 접근을 통제하거나, 중대한 게임 참가자들에게 공급되는 자원을 차단할 수 있다. 몇몇 경우 지정학적 추축은 핵심 국가 혹은 핵심 지역의 방패처럼 기능하기도 한다. 간혹 지정학적 추축의 존재는 활발하게 지정 전략을 구사하는 인접 국가에게 매우 중대한 정치적·문화적 영향을 미치기도 한다. 그러므로 탈냉전 시대에 있어서 유라시아의 주요한 지정학적 추축을 변별해 내고 그들을 보호하는 것은 미국의 전지구적 지정 전략에 매우 중요하다.

비록 지정 전략을 구사하는 모든 게임 참가자가 중대하고 강력한 국가가 될 가능성이 있다고 할지라도, 모든 중대하고 강력한 국가들이 자동으로 지정 전략적 게임 참가자가 되는 것이 아니라는 점을 처음부터 분명히 인식할 필요가 있다. 지정 전략적 게임 참가자를 변별해 내는 것은 상대적으로 쉬운 일인 반면, 중요한 국가를 제외시키는 것은 그보다 훨씬 신중할 필요가 있다.

최근의 국제 정세로 볼 때, 유라시아의 지도 위에서 적어도 다섯 개의 중요한 지정 전략적 게임 참가자와 다섯 개의 지정학적 추축(이 중에서 두 국가는 부분적으로 게임 참가자로서 자격을 지니고 있다)을 변별해 낼 수 있을 것이다. 프랑스 · 독일 · 러시아 · 중국 · 인도가 중요하고 역동적인 게임 참가자인 반면, 영국 · 일본 · 인도네시아는 비록 중요한 국가이기는 하지만 게임 참가자로서 자격을 갖추고 있지는 못하다. 우크라이나 · 아제르바이잔 · 남한 · 터키 · 이란 등은 매우 중요한 지정학적 추축이나. 터키와 이란은 어느정도 그들의 제한된 역량을 동원하여 지정 전략을 구사하고 있다. 이들에 대한 더 자세한 설명은 뒤에 계속될 것이다. 우선 프랑스와 독일은 유라시아의 서쪽에서 중요하고 역동적인 지정 전략을 구사하고 있다. 두 국가 모두 유럽 통합의 비전에 따라 움직이고 있기는 하지만, 통합 유럽이 어느 정도 그리고 어떠한 방식으로 미국과 관계를 유지할 것인가에 관해서는 이견을 보이고 있다. 그러나 두 국가는 모두 유럽에서 뭔가 야심적이고 새로운 것을 만들어 내기를 원하고 있으며, 따라서 현상 타파적인 입장을 보이고 있다. 특히 프랑스는 통합 유럽에 대한 독자적인 지정 전략적 개념을 가지고 있으며, 이것은 매우 중요한 측면에서 미국의 개념과는 상이한 것이다. 프랑스는 러시아와 미국을 대립시키고, 영국과 독일을 맞부딪치게 만드는 책략을 구사하는 경향이 있다. 그리고 다른 한편으로는 독 · 불 동맹에 의존함으로써 자신의 약점을 보완하고자 한다.

더욱이 프랑스와 독일은 더욱 넓은 지역적 반경 내에서 영향력을 행사할 수 있을 만큼 충분히 강력할 뿐만 아니라 독자적인 목소리 또한 가지고 있다. 프랑스는 유럽 통합에서 중심적인 정치적 역할을 하고자 할 뿐만 아니라 공동 관심사를 지닌 지중해와 북아프리카를 잇는 국가군의 핵심이라고 자임하고 있다. 독일은 점차 자신이 유럽에서 가장 중요한 국가, 즉 경제 발전의 기관차이자 유럽연합의 지도국으로서 지위를 지닌다는 사실을 의식해 가고 있다. 독일은 새롭게 해방된 중부 유럽에 대해 특별한 책임감을 느끼고 있는데, 이것은 과거 독일 주도의 미텔유로파(Mitteleuropa, 중부 유럽—옮긴이)를 희미하게나마 상기시키는 것이다. 더욱이나 프랑스와 독일은 모두 러시아와의 협상에서 자신들이 유럽의 이익을 대변할 자격이 있다고 여기고 있다. 심지어 독일은 그 지리적 위치 때문에 적어도 이론상으로는 러시아와 특수한 상호 관계를 가질 만한 선택의 여지를 지니고 있다.

이와 대조적으로 영국은 지정 전략을 구사하는 게임 참가자가 아니다. 영국이 가질 수 있는 선택의 폭은 너무나 좁다. 영국은 유럽의 미래에 대한 야심적인 비전을 가지고 있지도 못하며, 영국 자체의 상대적 쇠퇴는 전통적으로 영국이 수행했던 유럽 대륙의 균형자적 역할마저도 감축시키고 말았다. 유럽 통합에 대한 영국의 애매모호한 태도 그리고 미국과의 특수 관계(점차 쇠퇴하고 있는)에 대한 애착은 적어도 유럽의 미래 문제에 있어서 만큼은 영국의 입지를 축소시켜 놓았다. 대체로 런던은 유럽 내의 게임에서 철수한 상황이다.

유럽연합 집행위원회의 고위 관료를 역임한 바 있는 로이 덴맨 경의 회고록에 따르면, 유럽연합 구성에 관한 초벌 검토가 이루어졌던 1955년 메시나(Messina) 회의[2] 때부터 영국 대표는 다른 유럽 국가 대표들에게 영국의 소극적 입장을 다음과 같이 명확히 전달했다.

---

2) 1954년 프랑스 국회가 유럽방위공동체조약을 인준하지 않자 장 모네가 유럽석탄철강공동체에 사표를 제출하고 새로운 유럽 정치 체제를 설립하기 위해 제안했던 국제 회의.—옮긴이.

"당신들이 토의를 벌이고 있는 미래의 조약은 합의에 이를 가능성이 없다. 설사 합의에 이른다고 하더라도 그것을 실행에 옮기지는 못할 것이다. 설사 실행에 옮긴다 하더라도 영국의 입장에서 그것은 전적으로 받아들일 수 없는 것이다. 또 만납시다. 행운을 빕니다."[3]

약 40년 이상이 지난 오늘날까지 위와 같은 격언은 유럽 통합에 대한 영국의 기본 태도를 잘 설명해 준다. 1999년 1월로 예정되어 있던 경제 · 금융 통합에 참여하기를 꺼렸던 영국의 태도는 유럽의 운명과 자국의 운명을 동일시하고 싶어하지 않는 그들의 입장을 잘 드러내 준다. 그와 같은 태도의 실체는 1990년대 초 다음과 같이 잘 요약된 바 있다.

· 영국은 정치적 통합이라는 목표를 기부한다.
· 영국은 자유 무역에 기초한 경제적 통합 모델을 선호한다.
· 영국은 유럽공동체라는 틀 밖에서 이루어지는 대외 정책과 안보 협력을 선호한다.
· 영국은 유럽공동체에 대해 영향력을 최대로 행사해 본 적이 거의 없다.[4]

확실히 영국은 미국에게 여전히 중요하다. 영국은 영연방을 통해 일정정도 세계적 영향력을 유지하고 있는 것이 사실이지만, 더 이상 부단히 움직이고 있는 열강도, 야심적인 비전을 갖고 움직이는 나라도 아니다. 영국은 미국의 주요한 지지국이며 매우 충실한 동맹국이고 중요한 군사 기지인 동시에 중요한 정보 활동 분야에서 밀접한 협력자이다. 영국과 우정은 계속

3) Roy Denman, *Missed Chances* (London: Cassell, 1996).
4) Robert Skidelsky, "Great Britain and the New Europe," David P. Calleo · Philip H. Gordon eds., *From the Atlantic to the Urals* (Arlington, Va.: 1992), p. 145.

유지해야 하겠지만, 영국의 정책이 지속적인 관심의 대상이 되지는 못한다. 영국은 지정 전략에 있어서 과거의 빛나는 월계관에 만족하는 은퇴한 게임 참가자이며, 프랑스와 독일이 주요한 활동가로서 참여하는 유럽의 모험에 대해서는 대체로 초연한 입장을 견지하고 있다.

북대서양조약기구 혹은 유럽연합에 소속된 다른 중간 규모의 유럽 국가는 미국의 지도에 따르거나 독일 혹은 프랑스 뒤에 조용히 줄을 서고 있다. 이들의 정책은 광범위한 지역적 영향을 미치지 못하고 있으며, 자신들의 기본적 동맹 관계를 변화시킬 만한 위치에 있지 못하다. 현단계에서 이들은 지정 전략적 게임 참가자도 아니며 지정학적 추축도 아니다. 이 점은 중부 유럽에서 북대서양조약기구와 유럽연합의 가장 중요한 후보 국가인 폴란드 경우도 마찬가지다. 폴란드는 지정 전략적 게임 참가자가 되기에는 너무 약하다. 폴란드가 취할 수 있는 유일한 선택은 서쪽으로 통합되는 것이다. 구러시아 제국의 소멸과 폴란드가 지니고 있는 대서양동맹과의 유대 그리고 부상하는 유럽연합은 일찍이 폴란드가 누려 본 적이 없는 유리한 안보 상황을 제공해 주고 있으며, 다른 한편으로 폴란드의 전략적 선택의 폭을 제한하기도 한다.

국가 구조의 약화와 내환의 지속에도 불구하고 러시아가 주요한 지정 전략적 경쟁국이라는 사실은 두말할 나위가 없다. 러시아의 존재 자체는 과거 소련 영역이던 광대한 유라시아 지역의 독립 국가들에게 막대한 영향을 미치고 있다. 러시아는 야심적인 지정학적 목표를 가지고 있으며 점차 그것을 공개적으로 표명해 나아가고 있다. 일단 힘을 회복하게 된다면 러시아는 동쪽과 서쪽의 인접국에게도 막대한 영향을 미치게 될 것이다. 더욱이 러시아는 미국과의 관계에서 친구인지 아니면 적인지 기본적인 지정 전략적 선택을 해야만 한다. 이런 측면에서 러시아는 유라시아 대륙에서 커다란 선택권을 지니고 있다고 느낄 것이다. 많은 것이 향후 러시아 국내 정치가 어떻게 전개될 것인가, 특히 러시아가 유럽의 민주주의 국가가 될 것인가 아니면 다시 유라시아의 제국이 될 것인가에 달려 있다. 어떤 경우든 간에 러시아는 비록 많은 '조각'을 잃었고, 유라시아 체스판의 주요 공간을 상실했음에도 불구하고 주요한 지정 전략적 경쟁 국으로 남는다.

러시아 경우와 마찬가지로 중국이 주요한 지정 전략적 게임 참가자라는 사실에는 이론의 여지가 있을 수 없다. 중국은 이미 주요한 지역 강국이며, 주요 강국으로 존재해 온 과거 역사와 중국을 세계의 중심으로 보는 관점에 비추어 보건대 훨씬 더 큰 야심을 가지고 있는 듯하다. 중국의 선택은 이미 아시아의 역학 관계에 커다란 지정학적 영향을 미치고 있으며, 중국의 경제적 역동성은 중국에게 더 큰 물리력과 점증하는 야망을 부추기고 있다. '거대 중국'(Greater China)이 부상하게 되면 대만 문제를 가만히 놔두지 않을 것이며, 이는 필연적으로 극동에서 미국의 지위에 영향을 미치게 될 것이다. 소련의 해체는 중국 서쪽에 일련의 새로운 국가를 출현시켰는데, 이들 국가에 대해 중국 지도자들은 결코 무관심하지 않다. 따라서 러시아 역시 중국이 세계 무대에 더욱 강력하게 등장함에 따라 커다란 영향을 받게 될 것이다.

유라시아 대륙의 동쪽 변방은 역설적 현상을 보여 주고 있다. 일본은 명확히 세계의 주요 강국이며, 미ㆍ일 동맹은 흔히 ―이것은 정확한 표현인데― 미국의 가장 중요한 쌍무 관계라고 정의된다. 세계 경제 일등국의 하나로서 일본은 분명 일급의 정치력을 행사할 수 있는 잠재력을 지니고 있다. 그러나 일본은 아직 이러한 방식으로 행동하고 있지 않다. 일본은 지역적 지배력에 대한 열망을 피하면서, 그 대신 미국의 보호 아래 있기를 선호한다. 유럽의 경우에서 영국과 마찬가지로 일본은 아시아 본토의 정치에 휘말려 들기를 원치 않고 있다. 비록 그 원인의 일부는 일본이 지역적 정치력을 발휘하는 것에 대한 다른 아시아인의 적대감 때문이기도 하지만.

일본의 자기 절제적인 정치적 초상으로 인해 미국이 일본 대신 극동 지역에서 중요한 안보적 역할을 수행하게 되었다. 따라서 일본은 지정 전략적 게임 참가자는 아니다. 비록 언제라도 그렇게 될 수 있는 명백한 잠재성—특히, 중국이나 미국이 현재의 정책을 바꾸게 될 경우—이 미국으로 하여금 미·일 동맹을 신중히 가꾸어 나아가도록 요구하고 있지만. 미국이 주목해야만 하는 것은 일본의 대외 정책이 아니다. 미국이 매우 섬세하게 접근해야 할 것은 일본의 자기 절제성이다. 미·일 정치 연대가 심각하게 약화될 경우, 그것은 이 지역의 안정에 직접적인 여파를 미치게 될 것이다.

인도네시아를 지정 전략적 게임 참가자의 목록에 넣지 않은 이유는 비교적 간단하다. 동남아시아에서 인도네시아는 가장 중요한 국가이기는 하지만, 상대적인 경제적 낙후성과 국내 정정의 불안정, 도서들의 산재성 그리고 금융권 내에서 소수의 화교가 중심 역할을 차지하는 데 따른 인종적 갈등 등으로 인해 이 지역 안에서조차 심대한 영향력을 발휘할 수 있는 능력을 제한받고 있다. 어느 시점에 이르러서는 인도네시아가 중국의 남진적 열망에 대한 중요한 장애물이 될 수도 있을 것이다. 그러한 가능성은 한때 인도네시아의 팽창을 두려워하다가 양국간의 더욱 밀접한 관계를 선호하게 된 오스트레일리아에 의해서도 인정되고 있다. 그러나 인도네시아가 지배적인 지역 국가가 되기 위해서는 정치적 안정과 경제적 성공의 시기를 거쳐야만 한다.

이와 대조적으로 인도는 지역 강국의 자리에 올라서고 있으며, 자국을 잠재적인 세계적 게임 참가자로 인식하고 있다. 인도는 또한 스스로를 중국의 경쟁국이라고 보고 있다. 이것은 어쩌면 인도의 장기적 역량에 대한 과대 평가일 수도 있지만, 인도가 남아시아 지역에서 가장 중요한 국가이며 일종의 지역적 패권 국가라는 사실은 의심할 여지가 없다. 더구나 인도는 반공식적인 핵 보유국이다. 인도가 핵을 보유하게 된 이유는 비단 파키스탄을 위협하기 위한 것만이 아니라 중국의 핵 역량을 견제하기 위한 것이었다. 인도는 인접 국가는 물론 인도양에 관해서도 스스로 자신의 지역적 역할이 어떠해야 하는가에 관한 지정 전략적 비전을 가지고 있다. 그러나 현단계에 인도의 야망이 유라시아 대륙에서 미국의 이익과 충돌하는 면은 단지 주변적인 차원에 불과하다. 따라서 지정 전략적 게임 참가자로서 인도는 적어도 러시아나 중국과 같은 정도의 지정학적 관심의 대상은 아니다.

우크라이나는 유라시아 체스판 위에 새로이 형성된 공간으로서 지정학적 추축이라고 할 만하다. 독립 국가로서 우크라이나의 존재 자체가 러시아를 변화시키는 데 기여하기 때문이다. 러시아는 우크라이나 없이 유라시아의 제국이 될 수 없다. 우크라이나 없이도 러시아가 제국의 지위를 노릴 수는 있지만 전적으로 아시아적인 제국이 될 수 있을 뿐이다. 러시아가 아시아 방면으로 나아가게 되면 최근 이룬 독립을 다시 잃게 되는 사태에 분노할 중앙아시아인—아마도 남쪽의 이슬람 동포국으로부터 지원을 받게 될—과 분쟁에 빠져드는 결과를 낳게 될 것이다. 최근 독립한 국가에 많은 관심을 기울이고 있는 중국 역시 중앙아시아 지역에 대한 러시아의 영향력이 회복되는 것을 좌시하지 않을 것이다. 그러나 만일 러시아가 우크라이나에 대한 지배력을 회복하게 되면, 5천 200만 명의 인구와 주요한 지하 자원, 더불어 흑해로 통하는 길을 확보하게 됨으로써 다시금 유럽에서 아시아에 이르는 제국 국가가 될 수 있을 것이다. 우크라이나의 상실은 중부 유럽에 즉각 영향을 미치게 될 것이고, 폴란드가 통합된 유럽의 동쪽 경계선상에 위치한 새로운 지정학적 추축으로 변화될 것이다.

아제르바이잔은 제한된 규모와 적은 인구에도 불구하고, 막대한 에너지 자원과 더불어 지정학적 중요성을 지니고 있다. 아제르바이잔은 카스피 해와 중앙아시아의 부(富)를 담고 있는 병의 마개와 같다. 만일 아제르바이잔이 전적으로 모스크바의 지배하에 들어간다면 중앙아시아 국가의 독립 자체가 거의 무의미해진다. 아제르바이잔의 독립이 무효화된다면 아제르바이잔의 원유 자원 역시 러시아의 통제 아래 들어가게 될 것이다. 러시아 영토를 거치지 않는 송유관에 의해 서방 시장과 연결되어 있는 독립 아제르바이잔은 많은 에너지 자원을 필요로 하는 선진국이 중앙아시아 국가의 풍부한 에너지 자원에 접할 수 있는 주요한 통로이기도 하다. 우크라이나 경우와 거의 똑같이 아제르바이잔과 중앙아시아의 미래 역시 러시아가 될 수 있는 것과 될 수 없는 것을 규정하는 데 핵심적이다.

터키와 이란은 러시아 세력이 후퇴한 상황을 이용하여 카스피 해와 중앙아시아 지역에 영향력의 증대를 꾀하고 있다. 이와 같은 이유로 해서 이들은 지정 전략적 게임 참가자로 간주될 수도 있다. 하지만 두 국가는 모두 심대한 국내 문제에 직면해 있어 지역적 역학 관계에 영향을 미치기에는 두 그 역량이 제한되어 있다. 이들은 서로 경쟁하는 위치에 있으며, 따라서 서로의 영향력을 부정한다. 예를 들면 터키가 영향력을 발휘하는 아제르바이잔에 대한 이란의 입장은 러시아에 훨씬 더 우호적이다.(이란 내 아제르바이잔인의 민족적 동요를 우려했기 때문에.)

터키와 이란은 지정 전략적 게임 참가자는 아니지만 일차적으로 중요한 지정학적 추축이다. 터키는 흑해 지역을 안정시키고 있고, 흑해로부터 지중해에 이르는 길목을 장악하고 있으며, 코카서스 지역에서 러시아를 견제하고, 이슬람 근본주의 운동에 대한 반대축을 제공해 주는 동시에, 남쪽 방면에서 북대서양조약기구가 닻을 내리고 있는 곳이다. 터키의 불안정은 발칸의 남쪽 지역에서 아주 많은 폭력 사태를 자아낼 수가 있으며, 코카서스 지역의 신생 독립국에 대한 러시아의 지배권 회복을 촉진시킬 우려가 있다. 이란은 아제르바이잔에 대한 애매모호한 태도에도 불구하고 중앙아시아 지역의 다양성을 안정시키는 데 기여한다. 이란은 페르시아 만의 동쪽 연안을 지배하고 있으며, 미국에 대한 이란의 적개심과는 상관없이 이란의 독립은 러시아의 장기적 위협에 맞서 페르시아 만에 걸린 미국의 이익을 보호하는 장벽이 되고 있다.

끝으로 남한은 극동 지역의 지정학적 추축이다. 남한이 미국과 맺고 있는 밀접한 관계는 미군이 일본에 대규모로 주둔하지 않고서도 일본을 보호할 수 있도록 해 주며, 따라서 일본이 독립적인 군사 강국으로 성장하는 것을 막는 역할을 하고 있다. 통일 혹은 중국 영향권으로의 편입 등으로 말미암아 남한의 지위가 변화하면, 극동에서 미국의 지위 역시 크게 변화할 것이고 일본의 지위도 마찬가지로 크게 변화할 것이다. 부연하자면 남한의 증대된 경제력으로 인해 남한은 어느 때보다도 중요한 '공간'이 되었고, 남한에 대한 통제는 더욱 값진 것이 되었다.

위에서 제시한 지정 전략적 게임 참가자와 지정학적 추축의 목록은 결코 영원한 것은 아니다. 이따금 몇몇 국가가 덧붙을 수도 빠질 수도 있을 것이다. 확실히 어떤 측면에서는 대만, 타이, 파키스탄 그리고 아마도 카자흐스탄이나 우즈베키스탄 등이 지정학적 추축의 목록에 들어갈 수 있을 것이다. 그러나 현단계에서는 그 어떤 경우도 적당치 못하다. 이들 나라의 지위에 변동이 생길 경우 역학 관계상의 주요한 변화가 수반되기는 하겠지만, 그것이 광범위한 촉매적 파장을 몰고 올지는 의문이다. 아마도 유일한 예외는 중국과 분리해서 본 대만의 경우일 것이다. 그러나 이것은 중국이 미국의 반대를 성공적으로 무릅쓰고 군사력을 동원, 대만섬을 점령함으로써 극동 지역에서 미국의 정치적 신뢰성에 훨씬 더 광범위한 위협을 가하는 경우로 한정될 것이다. 이러한 상황이 발생할 가능성은 매우 낮다. 하지만 그러한 고려는 미국이 대중 정책을 수립하는 데 있어 계속 염두에 두어야 할 점이다.

비판적 선택과 잠재적 도전

주요한 게임 참가자와 주요한 추축을 확인하는 일은 미국의 거대 전략상의 딜레마를 분명히 하고, 유라시아라는 거대 대륙에서 발생할 도전을 예측하는 데 도움을 줄 것이다. 이는 다음 장들에서 논의의 폭을 더 넓혀 전개하기에 앞서 다음과 같은 다섯 가지 쟁점으로 요약될 수 있다.

· 미국은 어떠한 종류의 유럽을 선호하고 지원할 것인가?
· 어떠한 종류의 러시아가 미국의 이익에 부합하는가, 미국은 그에 관해 무엇을 얼마나 할 수 있는가?
· 유라시아 중심부에서 부상하고 있는 새로운 '발칸'에 대한 전망은 무엇인가, 그곳에서 초래되는 위험을 최소로 줄이기 위하여 미국은 무엇을 해야만하는가?
· 중국이 극동에서 어떠한 역할을 맡도록 도와 주어야 하는가, 향후 사태의 전개가 미국과 일본에 대해 지니는 의미는 무엇인가?
· 미국의 이익에 가장 위험한 요소로 떠오를 수 있는 새로운 유라시아 연대는 무엇인가, 미국은 그것을 막기 위해 무엇을 해야 할 것인가?

미국은 항상 유럽연합의 대의에 충실한 지지를 고백해 왔다. 케네디 행정부 시절 이래로 되풀이되던 표준적 성명은 '동등한 동반자'(equal partnership)였다. 워싱턴의 공식 입장은 유럽이 단일 체제로 부상하여 세계적 지도력과 책임을 미국과 분담할 수 있을 정도로 강력해지기를 원한다는 것이었다.

이것이 적어도 이 주제에 관해 준비된 수사학이었다. 그러나 실제로 미국의 입장은 훨씬 덜 명확하고 덜 일관적이었다. 워싱턴은 진정으로 세계 문제를 분담할 수 있는 유럽을 원하는 것일까, 아니면 불평등한 동맹을 선호하는 것일까? 예를 들어 미국은 지리적으로 미국보다 유럽 쪽에 가깝고, 몇몇 유럽 국가가 오랜 이해 관계를 가져 왔던 지역, 이를테면 중동과 같은 지역에서 유럽과 지도력을 분담할 준비가 되어 있는가? 즉각 떠오르는 것은 이스라엘 문제이다. 미국은 이란-이라크 문제를 둘러싼 유럽과의 이견을 동반자 관계에서 처리하기보다는 상명하복의 관계에서 처리해 왔다.

유럽 통합에 대한 미국의 애매모호한 태도는 유럽 통합을 어떻게 정의할 것인가 하는 문제로까지 이어지고 있고, 특히 유럽의 어느 나라가 유럽 통합을 주도할 것인가 하는 문제로까지 확장되고 있다. 워싱턴은 유럽 통합에 관한 런던의 분열적 태도를 억지하지는 않았지만 분명 프랑스보다는 독일이 유럽에서 주도권을 행사하기를 바라고 있다. 프랑스 외교 정책의 전통적인 공세를 감안할 때 이 점은 이해할 만하다. 그렇지만 이와 같은 편향적 태도는 독일을 제어하기 위한 영·불 연대의 출현을 부추길 수 있을 뿐만 아니라 프랑스로 하여금 미국과 독일의 동맹을 상쇄하고자 모스크바에 추파를 던지도록 할 수도 있다.

진정으로 통합된 유럽의 출현은—특히 그것이 건설적인 미국의 지지와 더불어 이루어지게 된다면—미국과 유럽의 주요한 연결고리인 북대서양조약기구의 구조와 절차에 심대한 변화를 초래하게 될 것이다. 북대서양조약기구는 유럽 문제에 미국이 영향력을 행사할 수 있는 주요한 메커니즘을 제공해 줄 뿐만 아니라 정치적 비판의 대상이 되는 유럽 주둔 미군의 존립 근거가 되고 있기도 하다. 그러나 유럽 통합은 이러한 구조가 새로운 현실에 맞게 조정될 것을 요구하는 것이다. 그것은 전통적 표현에 따르면 패권 국가와 속방의 관계에서 둘 혹은 그 이상 국가들 사이의 동등한 동반자 관계에 기초한 동맹 관계로의 변화를 의미하는 것이다. 이러한 쟁점에 관한 논의는 대체로 회피되어 왔다. 그러나 1996년 초 북대서양조약기구 구조 내에서 서유럽 국가간의 군사 동맹인 서구동맹(WEU)의 역할을 신장시키기 위한 조용한 조처가 취해졌다. 따라서 유럽 통합을 선택한다면 북대서양 조약기구 구조의 광범위한 재조직이 불가피하며, 그것은 다시 동맹 구조 내에서 미국이 누려 온 일등적 지위의 약화를 가져 올 것이다.

간단히 말해서 유럽에 대한 미국의 장기적 지정 전략은 유럽 통합과 유럽과의 동반자 관계에 대해 명확한 입장을 가져야만 한다. 만일 미국이 진정으로 통합된, 따라서 더욱 독립된 유럽을 원한다면 미국은 유럽의 정치·경제적 통합을 추진하는 세력을 밀어 주어야만 한다. 이러한 전략은 또한 신성불가침적이기조차 했던 영·미 특수 관계의 잔재를 떨쳐 버리는 것을 의미한다.

유럽 통합에 관한 정책은 비록 유럽인과 더불어 진행된다 하더라도 유럽의 지리적 영역과 관련된 매우 민감한 주제를 건드릴 수밖에 없다. 유럽연합은 동쪽으로 얼마나 확장되어야 할 것인가? 그리고 유럽연합의 동쪽 경계선은 북대서양조약기구의 동쪽 경계선과 일치해야만 할 것인가? 전자는 좀더 유럽적인 차원의 결정을 요하는 문제이지만, 이 주제에 관한 유럽적 차원의 결정은 북대서양조약기구의 결정에 직접적인 영향을 미치게 될 것이다. 그러나 후자의 문제에는 미국이 관련되어 있고 북대서양조약기구 내에서 미국의 발언권은 아직 결정적이다. 중부 유럽 국가를 북대서양조약기구와 유럽연합으로 끌어들이고자 하는 합의가 증대하고 있음을 감안할 때, 이 문제는 발트해 연안의 공화국들과 우크라이나의 지위가 어떻느냐에 초점이 맞춰진다.

그러므로 이상에서 논의한 유럽의 딜레마와 러시아와 관련된 문제는 중요하게 중첩되어 있다. 러시아의 미래와 관련하여 유럽과 밀접하게 연결된 민주적 러시아를 선호한다고 대답하기는 쉬운 일이다. 민주적 러시아는 미국과 유럽이 공유하는 가치에 대해 더 동정적이고, 따라서 더욱 안정적이고 협력적인 유라시아를 만들기 위한 하위 동반자가 될 가능성이 높다. 그러나 러시아의 야심은 민주주의 국가로서 인정과 존중을 받는 것 이상이 될 수도 있다. 러시아의 대외 정책 부서(구소련의 관료로 구성된) 안에는 유라시아에서 특별한 역할을 수행하고자 하는 열망이 여전히 깊게 자리 잡고 있다. 이 열망대로 된다면 과거 소련에서 독립한 국가는 다시금 모스크바에 복속될 것이다.

이러한 맥락에서 러시아 정책 결정 구조 내의 유력 인사의 눈에는 우호적인 서구의 정책조차도 세계적 지위에 대한 러시아의 당연한 요구를 부정하려는 것으로 비치게 된다. 러시아의 두 지정학자는 이렇게 말한다.

"적어도 이론적 수준에서 미국과 북대서양조약기구 국가들―러시아의 자존심을 가능한 한 지켜 주지만 결코 확고하거나 지속적으로 지켜 주지는 않는―은 과거 소련에게 속해 있었고, 러시아로 하여금 세계 제2위 국가로서의 지위를 획득할 수 있으리라는 희망을 갖게 해 주는 지정학적 토대를 파괴하고 있다."

더욱이 미국은 그들에게 다음과 같은 정책을 추구하는 것으로 보여지고 있다.

"서방에 의해 조작되고 있는 유럽 공간의 새로운 조직은 본질적으로 이 부분의 세계에서 상대적으로 작고 약한 새로운 국가를 북대서양조약기구나 유럽연합 등과 같은 조직과의 밀접한 관계를 통해 지원한다는 사상에 기초하고 있다."[5]

위의 인용구들은 그것이 내포하고 있는 적개심에도 불구하고 미국이 직

---

5) A. Bogaturov · V. Kremenyuk, "Current Relations and Prospects for Interaction Between Russia and the United States," *Nezavisimaya Gazeta* (June 28, 1996).

면한 딜레마를 잘 규명해 주고 있다. 러시아에 대한 경제적 지원—필연적으로 러시아를 정치·군사적으로 강화하게 될—을 어느 정도까지 지속할 것인가? 러시아에 대한 지원과 동시에 어느 정도까지 러시아로부터 독립한 신생 국가가 자신의 체제를 보위하고 공고히 하도록 지원할 것인가? 러시아는 강력해지면서 동시에 민주적이 될 수 있는가? 만일 러시아가 다시 강력해진다면, 러시아는 잃어버린 제국의 영토를 되찾을 수 있을 것인가? 그리고 만일 그렇게 된다면 러시아는 제국이면서 동시에 민주주의 국가가 될 수 있을 것인가?

우크라이나와 아제르바이잔 같은 핵심적인 지정학적 추축에 대한 미국의 정책은 이러한 문제를 비켜 갈 수 없다. 그러므로 미국은 전술적 균형 및 전략적 목표와 관련해서 어려운 딜레마에 직면해 있다. 러시아의 내적 회복은 러시아의 민주화 그리고 궁극적으로는 러시아의 유럽화에 긴요하다. 그러나 러시아가 어떠한 형태로든 제국적 역량을 회복하게 되면, 그것은 우크라이나와 아제르바이잔을 위태롭게 만들 것이다. 더욱이 유럽연합과 북대서양조약기구가 확대됨에 따라 이 문제와 관련한 미국과 몇몇 유럽 국가간의 입장 차이가 나타날 수 있을 것이다. 유럽연합이나 북대서양조약기구에 러시아를 가입시키는 문제를 고려해야만 할 것인가? 그렇다면 우크라이나는 어떤가? 러시아를 배제시킬 경우—러시아인 사이에서 자기 충족적 예언을 빚어 내며—치러야 할 비용은 클 것이다. 그러나 유럽연합이나 북대서양조약기구를 희석시키는(러시아를 가입시킴으로써—옮긴이) 것 또한 매우 불안정한 것일 수가 있다.

또 다른 주요한 불확실성이 지정학적으로 유동성이 높은 유라시아 중심부에 드리워져 있다. 이러한 불확실성은 터키와 이란이라는 지정학적 추축의 위태로운 상황에 의해 극대화된다. 「지도 2-3」에서 보이는 바와 같이 흑해의 크리미아 반도로부터 동쪽으로는 러시아의 남부 변경과 중국의 신쟝

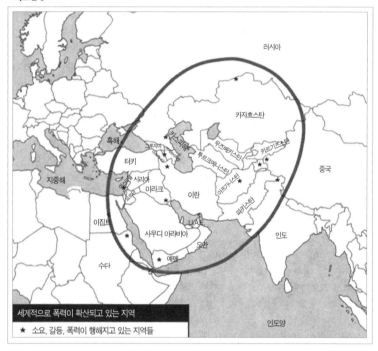

세계적으로 폭력이 확산되고 있는 지역
★ 소요, 갈등, 폭력이 행해지고 있는 지역들

에 이르는 지역, 아래쪽으로는 인도양과 서쪽의 홍해에 이르는 지역, 북쪽
으로는 동지중해에 이르는 지역에는 약 4억의 인구가 약 25개 국가에 걸쳐
분포되어 있다. 이들 국가는 종교적으로뿐만 아니라 인종적으로 이질성을
안고 있으며, 어떤 국가도 정치적 안정을 누리고 있지 못하다. 이들 중 몇몇
국가는 핵무장의 과정에 있다.

강렬한 증오심에 의해 찢겨지고 경쟁적인 열강에 둘러싸인 이 거대한 지
역은 민족 국가간의 전쟁 그리고 무엇보다 지리한 인종적·종교적 폭력 사
태로 말미암아 주요한 전투장이 될 가능성이 높다. 인도가 억지적 요소로
기능할지, 아니면 이러한 기회를 이용하여 파키스탄에 자국의 의지를 강요

하려 들지에 따라 지역적 갈등 구도에 커다란 영향을 미치게 될 것이다. 터키와 이란 내부의 긴장은 악화되고 있을 뿐 아니라 이들 국가가 이 화산 지대에서 행사할 수 있는 안정적 역할을 크게 감소시키고 있다. 이러한 양상은 중앙아시아 국가를 국제적 공동체에 끌어들이는 일을 더욱 어렵게 만들며, 페르시아 만 지역에서의 미국 중심적 안정 구도에 악영향을 미친다.

미국의 일등적 지위에 대한 이슬람 근본주의자의 도전 가능성 또한 이 불안정한 지역이 안고 있는 문제점의 하나이다. 미국적 생활 방식에 대한 종교적 적대감을 이용하여, 그리고 아랍-이스라엘간의 분쟁을 기화로 이슬람 근본주의자들은 몇몇 친서방적 중동 국가를 잠식하고 있고, 궁극적으로 미국의 지역적 이해, 특히 페르시아 만 지역에서 미국의 이해를 위협하고 있다. 그러나 정치적 응집체의 부재와 강력한 단일 이슬람 국가의 부재로 인해 이슬람 근본주의 운동은 지정학적 핵을 갖고 있지 못하며 단지 산발적인 폭력의 양상으로 표현될 가능성이 더 높다.

핵심적인 중요성을 지닌 지정 전략적 쟁점은 중국이 주요 강국으로 등장하는 점이다. 가장 매력적인 결과는 민주화되고 자유 시장화된 중국을 더욱 큰 아시아 지역 협력의 틀 내에서 포섭하는 것이다. 그러나 만일 중국이 민주화되지 않은 채 단지 경제적·군사적 강국으로서 성장만을 계속한다면? 인접 국가의 희망과 계산이 어떠하든지 간에 거대 중국이 출현할 수도 있는데 그것을 막고자 하는 어떠한 노력도 중국과 갈등을 격화시키고 말 것이다. 그러한 갈등은 미·일 관계에 긴장을 야기할 수도 있고―왜냐하면 일본이 중국을 봉쇄하려는 미국의 노력을 추종할지 확실하지 않기 때문에―일본의 지역적 역할에 대한 토쿄의 입장에 잠재적으로 혁명적인 영향을 미칠 수도 있을 것이다. 그것은 아마도 극동 지역에서 미국의 임재에 종언을 고하는 결과를 초래하게 될 것이다.

그러나 중국과 편안한 관계를 유지하는 것 또한 호된 대가를 강요할 것이다. 중국을 지역적 강국으로 받아들이는 것은 단순한 구호를 추인하는 차원의 문제가 아니다. 그것은 뚜렷한 실체를 요구하는 문제이다. 아주 직접적으로 표현해서 얼마나 큰 중국의 영향권을 인정할 것인가? 세계적 차원에서 중국을 성공적으로 포섭하기 위한 정책의 일환으로 미국은 어디까지 그것을 받아들여야만 하는가? 재부상하는 이 천자의 나라에 현재 중국의 정치적 반경 바깥에 있는 지역을 어느 정도까지 양도해야 하는가?

이러한 맥락에서 남한의 미군을 계속 유지하는 것은 특히 중요하다. 그것이 없이는 미·일의 방위 협력이 현재와 같은 형태로 지속되기를 기대하기 어렵다. 왜냐하면 일본이 군사적으로 지금보다 더 자립적이 되려고 할 것이기 때문이다. 그러나 한국 통일을 향한 어떠한 운동도 미군의 계속적인 남한 주둔을 방해할 가능성이 높다. 통일 한국은 영구히 미국의 군사적 보호를 빌려 들지 않을 가능성이 높기 때문이다. 그것은 바로 중국이 자신의 결정적인 무게를 한반도 통일 쪽에 실어 주는 대신 강력하게 요구할 대가이기도 하다. 요컨대 미국이 중국과의 관계를 어떻게 관리하느냐 하는 것은 필연적으로 미-일-한 삼각 안보 관계의 안정에 직접적인 영향을 미치게 될 것이다.

끝으로 미래에 있어 가능한 정치적 동맹과 관련된 문제를 짚고 넘어가야만 할 것이다. 과거에 국제 문제는 지역적 패권을 놓고 겨루는 개별 국가간의 경쟁에 크게 지배되었다. 그러기에 미국은 자국을 유라시아 바깥으로 몰아내려는, 따라서 미국의 세계적 지위를 위협하는 지역 동맹을 어떻게 다룰 것인가에 관한 확고한 입장을 가지고 있어야만 할 것이다. 그러나 그러한 동맹이 미국의 일등적 지위에 도전을 제기할지 그러지 않을지는 미국이 여기서 지적되는 주요한 딜레마에 얼마나 효과적으로 대처하느냐에 달려 있다.

잠재적으로 가장 위험한 시나리오는 중국, 러시아 그리고 아마도 이란이 합세한 거대한 동맹이 형성되는 일일 것이다. 이것은 이데올로기에 의해 통합된 것이 아니라 상호 보완적인 불만감에 의해 통합된 '반패권' 동맹이다. 이것은 그 규모나 영역면에서 과거 중·소 진영에 의해 제기되었던 도전을 상기시켜 줄 만하다. 그러나 이번에는 중국이 주도국이 되고 러시아가 추종국이 될 가능성이 높다. 이러한 가능성이 아무리 먼 미래의 이야기라고 할지라도, 이를 회피하기 위해서는 유라시아의 서쪽과 동쪽 그리고 남쪽에서 동시적으로 미국이 지정 전략적 기술을 구사할 필요가 있다.

지리적으로 훨씬 제한적이기는 하지만 잠재적으로 더 많은 영향을 미칠 수 있는 도전은, 극동 지역에서 미국의 지위가 붕괴하기 시작하고 일본의 세계관이 혁명적인 변화를 일으킬 경우 발생할 수 있는 중·일 동맹의 형태이다. 이것은 생산성이 가장 높은 두 국민을 결합시킬 것이고, 통합력 있는 반미 이념의 형태로 '아시아주의'를 활용할 것이다. 그러나 최근 그들의 역사적 경험에 비추어 볼 때 가까운 시일 내에 중국과 일본이 동맹을 형성할 가능성이 있어 보이지는 않는다. 장기적인 미국의 극동 정책은 이러한 가능성이 현실화되는 것을 확실하게 막는 것이어야 할 것이다.

역시 먼 이야기이기는 하지만 전적으로 배제할 수 없는 것은 독일과 러시아의 결탁 내지는 프랑스와 러시아의 결탁을 포함한 거대한 유럽 동맹의 가능성이다. 두 가지 모두 역사적 선례가 있던 것으로, 유럽 통합의 바퀴가 정지하게 될 경우 그리고 미국과 유럽의 관계가 심각하게 악화될 경우 발생할 가능성이 있다. 특히 유럽과 미국의 관계가 악화될 경우 유럽과 러시아가 미국을 대륙에서 축출하기 위해 결합할 가능성을 상정해 볼 수 있다. 현 단계에 이러한 변수가 현실화될 가능성은 희박하다. 미국이 커다란 실수를 범한다든지 주요한 유럽 국가가 극적인 반전을 취하지 않는 한 그러한 변수가 현실화되지는 않을 것이다.

미래가 어떠하든지 간에 유라시아 대륙에서 미국의 일등적 지위는 혼돈

내지는 적어도 간헐적인 폭력과 더불어 존립할 것이다. 잠재적으로 미국의 일등적 지위는 지역적 패권 국가 또는 신동맹으로부터 닥쳐 올 도전에 취약하다. 전쟁 위협에서 멀리 떨어져 있는 현재의 미국 중심적 세계 체제는 장기적 지정 전략에 의해 인도된 미국의 일등적 지위가 그에 부합하는 사회 정치 체제 위에 안착된 지역에서 미국 중심적 다자 구도와 연결될 때 안정적이 될 가능성이 높다.

제3장
민주적 교두보

　유럽은 미국과 자연스런 동맹 관계에 있다. 유럽은 미국과 같은 가치를 공유하고 있고 대체로 같은 종교적 전통을 나누어 가지고 있다. 유럽은 미국과 같은 민주정치를 실시하고 있고 대다수 미국인의 고향이기도 하다. 민족 국가(nation-state)들을 초국가적 정치·경제 연합체로 통합하는 실험을 통해 유럽은 민족주의 시대의 좁은 비전과 파괴적 열정을 넘어 훨씬 더 큰 탈민족 국가적 형태의 조직을 제시하고 있기도 하다. 유럽은 이미 전세계에서 가장 다층적으로 조직된 지역이다.(「표 3-1」 참조) 유럽이 정치적 통합에 성공하게 되면 하나의 민주적 지붕 아래에 미국과 견줄 만한 삶의 수준을 지닌 약 4억 인구의 단일체가 출현하게 된다. 이러한 유럽이 세계 강국이 되는 것은 필연적이다.

　유럽은 또한 민주주의가 점차 유라시아 깊숙이 확산되는 데 발판과 같은 역할을 수행한다. 유럽의 동진은 1990년대의 민주적 승리를 확고히 할 것이다. 정치·경제적 차원에서 그것은 또 한때 베드로의 유럽이라고 불리던 유럽의 문명적 영역에 부응하는 것이다. 베드로의 유럽은 서방적 기독교로부터 유래된 공통의 종교적 유산을 공유하고 있다. 그와 같은 유럽의 존재는 미국 진영과 소련 진영으로 분할되기 이전 그리고 민족주의 시대 이전으로까지 거슬러 올라가는 것이다. 그와 같은 유럽은 좀더 동쪽에 위치한 국

표 3-1 유럽의 국제 기구들

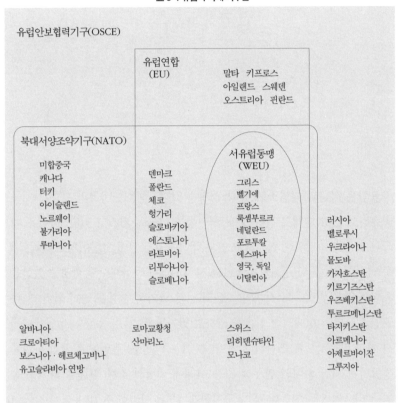

유럽안보협력기구(OSCE)

유럽연합
(EU)　　　　　 말타　키프로스
　　　　　　　 아일랜드　스웨덴
　　　　　　　 오스트리아　핀란드

북대서양조약기구(NATO)

미합중국　　　　　덴마크
캐나다　　　　　　폴란드
터키　　　　　　　체코
아이슬랜드　　　　헝가리
노르웨이　　　　　슬로바키아
불가리아　　　　　에스토니아
루마니아　　　　　라트비아
　　　　　　　　　리투아니아
　　　　　　　　　슬로베니아

서유럽동맹
(WEU)

그리스
벨기에
프랑스
룩셈부르크
네덜란드
포르투갈
에스파냐
영국, 독일
이탈리아

러시아
벨로루시
우크라이나
몰도바
카자흐스탄
키르기스스탄
우즈베키스탄
투르크메니스탄
타지키스탄
아르메니아
아제르바이잔
그루지야

알바니아　　　　　로마교황청　　　　스위스
크로아티아　　　　산마리노　　　　　리히텐슈타인
보스니아·헤르체고비나　　　　　　　모나코
유고슬라비아 연방

가에까지 흡수력을 발휘할 수 있을 것이고, 우크라이나, 벨로루시[1] 그리고 러시아 등과 연대의 그물망을 형성하면서 이들을 민주적 원리로 인도하는 동시에 이들과 더욱 밀접한 협력 관계를 구축할 수 있을 것이다. 궁극적으로 이와 같은 유럽은 미국의 후원을 받는 더 큰 유럽 안보 협력 체제의 핵심

---

1) 우크라이나는 키예프를 수도로 하는 구소련의 일원으로서 1991년 12월에 독립하였으며, 벨로루시는 민스크를 수도로 하는 구소련의 일원으로서 1991년 8월에 독립하였다. 벨로루시는 흔히 백러시아라고도 불린다. ─옮긴이.

적 기둥 가운데 하나가 될 수 있을 것이다.

그러나 무엇보다 먼저 유럽은 유라시아 대륙에서 미국의 핵심적 교두보이다. 유럽에서 미국의 지정 전략적 이해 관계는 지대하다. 대서양 동맹은 극동 지역에서의 미·일 동맹과는 달리 유라시아 대륙에 미국의 정치적 영향력과 군사력이 직접 행사될 수 있도록 해 준다. 아직까지 유럽의 동맹국들이 미국의 안전 보장에 크게 의존하는 현단계 미-유럽 관계에서 유럽의 확대는 자동으로 미국의 영향력을 확대해 줄 것이다. 역으로 긴밀한 범대서양적 연대 없는 유라시아에서 누리는 미국의 일등적 지위는 쉬 사라져 버리고 말 것이며, 대서양에 대한 미국의 통제력과 유라시아 깊숙히 미국의 힘과 영향력을 행사할 수 있는 역량은 심각한 제한을 받게 될 것이다.

그러나 문제는 진정한 의미에서 유럽적 '유럽'이 존재하지 않는다는 점이다. 그것은 비전이고 개념이며 목표이지 아직 실체는 아니다. 서유럽이 이미 공동 시장을 형성하고 있기는 하지만 단일한 정치적 실체와는 거리가 멀다. 정치적 유럽은 아직 출현을 기다리고 있는 상태이다. 만일 증거가 필요하다면 정치적 유럽의 부재를 다시 한 번 증명했던 보스니아 위기를 들 수 있을 것이다. 서유럽은 물론 갈수록 중부 유럽까지 과거의 속방과 조공국을 연상시키는 미국의 보호령으로 남는 것이 냉혹한 현실이다. 이것은 미국은 물론 유럽을 위해서도 결코 바람직한 상황이 아니다.

유럽의 내적 동력이 쇠퇴하는 현상은 일을 더욱 어렵게 만든다. 현존하는 사회 경제 체제의 정통성은 물론 이제 겨우 모습을 드러내고 있는 유럽적 정체성마저 위협받고 있는 것이다. 여러 유럽 국가에서 자신감의 위기와 창조력의 상실 그리고 더 큰 세계적 딜레마에 고립적이고 도피적으로 대처하려는 내향적 전망이 감지되고 있다. 대다수 유럽인이 강력한 유럽을 원하는지, 그리고 그에 필요한 것을 할 준비가 되어 있는지 자체가 불분명하다. 최근에는 많이 약화되기는 했지만 여전히 잔존하는 유럽의 반미주의는 신기하리만치 냉소적이다. 유럽인은 미국의 '패권'을 개탄하지만 그 그늘 아래서 안락함을 즐기고 있다.

유럽 통합을 향한 정치적 추동력은 한때 다음과 같은 세 가지 근원을 지니고 있었다. 파괴적인 두 번의 세계대전에 대한 기억, 경제적 회복에 대한 열망, 소련의 위협에 따른 불안감 등이 그것이다. 그러나 1990년대 중반에 이르러 이러한 추동력의 근원은 희미해지고 말았다. 경제적 회복은 대체로 성취되었다. 남은 문제가 있다면 유럽이 점차 경제적 역동성을 갉아 먹는 복지 체제의 과부하에 시달리고 있다는 점이며, 이러한 문제에 대한 어떠한 개혁의 시도도 개별적 이익에 기초한 격렬한 저항에 봉착함으로써 유럽의 정치적 관심을 내향적으로 만들고 있다는 것이다. 소련의 위협은 사라지고 없다. 반면 미국의 보호로부터 벗어나 독립을 쟁취하고자 하는 몇몇 유럽인의 열망은 아직 대륙적 통합을 위한 추동력으로 전환되지 못하고 있다.

유럽적 대의는 점차 유럽공동체와 그 후속체인 유럽연합이 창조한 거대한 제도적 기구에서 생성되는 관료적 모멘텀(momentum)에 의해 유지되고 있다. 통합의 이념이 아직까지 상당한 대중적 지지를 향유하고 있기는 하지만 점차 정열과 사명감이 떨어지는 미적지근한 것이 되고 있다. 일반적으로 오늘날 서유럽은 문제가 많고, 초점이 없으며, 안이함에 젖은 채 어떠한 거대한 비전도 나누어 갖지 못한 불안정한 사회의 인상을 준다. 유럽 통합은 점차 대의라기보다는 하나의 절차가 되고 있다.

아직까지도 유럽의 두 지도 국가, 즉 프랑스와 독일의 정치 엘리트는 진정으로 유럽적인 유럽을 만들려는 목표에 헌신하고 있다. 그러므로 이들은 유럽의 주요한 건축가이다. 이들은 함께 힘을 합해 그 역사와 잠재력에 부합하는 유럽을 만들어 낼 수 있었다. 그러나 각국의 엘리트는 어느 정도 상이한 비전과 구도에 헌신하고 있으며, 어떤 국가의 비전이나 구도도 다른 나라의 것을 압도하지 못하고 있다.

이러한 상황은 미국이 결정적으로 개입할 수 있는 특별한 기회를 마련해 준다. 그것은 유럽 통합을 위한 미국의 개입을 필수적으로 만들어 주는 것으로, 미국의 개입 없이는 유럽 통합의 바퀴가 정지되어 결국 좌절하고 말 것이다. 그러나 유럽 건설에 대한 미국의 개입이 효과적이려면, 어떠한 종류의 유럽을 선호하는가—동등한 동반자인가, 아니면 하위 동맹국인가—, 그것을 지원할 준비가 되어 있는가, 그리고 유럽연합과 북대서양조약기구의 궁극적 영역은 어떠해야 하는가 등에 관한 미국의 명확한 생각에 기초해야 한다. 그것은 또 유럽의 두 주요 건축가라고 할 수 있는 프랑스와 독일에 대한 신중한 관리를 요구한다.

영광과 구원

프랑스는 유럽을 통한 부활을 꿈꾸며, 독일은 유럽을 통한 구원을 희망한다. 이러한 상이한 동기가 프랑스와 독일이 각기 꿈꾸고 있는 유럽에 대한 대안의 실체를 규명해 준다.

프랑스에게 유럽은 과거 자신의 위대함을 되찾기 위한 수단이다. 제2차 세계대전 이전부터 프랑스 사상가들은 국제 문제에서 유럽의 중심성이 점차 쇠퇴하는 것을 우려해 왔다. 수십 년간의 냉전기를 통해 그와같은 우려는 '앵글로-색슨'의 서구 지배에 대한 분노와 서구 문화의 '미국화'에 대한 모멸감으로 전환되었다. 진정한 유럽의 창설—샤를르 드골의 표현에 따르자면, 대서양으로부터 우랄 산맥에 이르는—은 그와 같은 개탄스런 상태에 대한 치유책이었다. 그러한 유럽은 파리에 의해 주도되었기 때문에 프랑스에게 아직까지도 자신의 몫이라고 생각하는 영광을 동시에 가져다 줄 수 있었다.

독일의 경우 유럽에 대한 헌신은 국가적 구원의 기초이다. 반면에 미국과의 밀접한 연계는 독일의 안보에 있어 핵심적이다. 따라서 미국으로부터 더욱 확실하게 독립된 유럽이란 독일이 선택할 수 있는 사안은 아니다. 독일에게는 '구원+안보=유럽+미국'이라는 공식이 성립한다. 이러한 공식은 독일의 자세와 정책을 규정한다. 독일을 유럽의 충실한 시민이자 유럽 내에서 가장 강력한 미국의 지지자로 만들고 있는 것이다.

독일은 유럽에 대한 열렬한 헌신 속에서 역사적 정화와 도덕적·정치적 신뢰 회복을 기대하고 있다. 독일은 유럽을 통해 자신을 구원함으로써 자국에 대한 유럽의 공포와 분노를 자아내지 않으면서 자신의 위대함을 회복하려고 한다. 만일 독일이 자국의 이익을 추구한다면 다른 유럽인을 소원하게 만들 가능성이 크다. 만일 독일이 유럽의 공동 이익을 증진시킨다면 독일은 유럽의 지지와 존경을 모으게 된다.

냉전 시대의 주요한 쟁점과 관련해서 프랑스는 충실하고 헌신적이며 결의에 찬 동맹국이었다. 프랑스는 미국과 어깨를 맞대고 불리한 국면을 헤쳐 나갔다. 두 번에 걸친 베를린 봉쇄[2] 때나 쿠바 미사일 위기[3] 당시에 보여 준 프랑스의 완강한 태도에는 의심의 여지가 없었다. 그러나 북대서양조약기구에 대한 프랑스의 지지는, 프랑스의 정치적 정체성을 확립하고, 특히 프랑스의 세계적 지위와 유럽의 미래에 속한 문제에 관해서 행동의 자유를 갖고자 하는 프랑스의 열망으로 인해 약화되었다.

프랑스가 아직도 세계 열강이라고 생각하는 프랑스 정치 엘리트의 집착

---

2) 첫 번째 베를린 봉쇄는 1948년에 있었다. 제2차 세계대전 직후, 독일은 미·소·영·불 4개국에 의해 분할 관리되었고, 역시 4개국에 의해 분할 관리되던 베를린은 소련이 관리하던 지역(후일의 동독 영토) 안에서 고립된 섬 같은 위치에 있었다. 냉전이 심화됨에 따라 소련측은 미·영·불 3국 관리하의 서베를린 지역을 이어 주던 철도와 도로를 봉쇄하였다. 그러나 미국은 이에 맞서 공군기와 낙하산을 동원하여 서베를린 지역의 주민에게 생필품을 공급하는 '베를린 공수'를 단행하였다. 두 번째 베를린 봉쇄는 1961년 8월 13일 0시를 기해 동독 정부가 소련 후원하에 서베를린과 동베를린간의 통행을 차단하기 위한 철조망을 구축한 사건을 가리킨다. 두 번째 베를린 봉쇄는 당시 국제 정세는 물론 소련 내부의 권력 투쟁과도 밀접한 관련을 지닌 것이었다. — 옮긴이.

에는 일종의 강박 관념적 요소가 자리 잡고 있다. 1995년 5월 알랭 쥐뻬 (Alain Juppé) 당시 프랑스 수상이 국회에서 전임 수상들의 입장을 좇아 "프랑스는 세계 열강으로서 사명을 가질 수 있고 또 그래야만 한다"고 선언했을 때 청중들은 즉각적인 갈채를 퍼부었다. 자신의 핵 억지력을 가지고자 했던 프랑스의 완고함은, 그렇게 함으로써 프랑스가 행동의 자유로운 폭을 넓히고 동시에 서방 동맹 전체의 안전에 관련된 미국의 생사여탈적 결정에 영향력을 높일 수 있다는 관점에 기초한 것이었다. 프랑스가 자신의 지위를 신장시키고자 했던 것은 소련에 대해서가 아니었다. 왜냐하면 소련의 전쟁 역량에 비해 프랑스의 핵 억지력은 기껏해야 주변적인 영향력을 가질 뿐이었기 때문이다. 그 대신 파리는 자신이 갖고 있는 핵무기가 냉전의 극히 위험한 정책 결정 과정에서 프랑스에게 뭔가 역할을 부여해 줄 수 있을 것이라 생각했다.

프랑스적 사고 방식에서 핵무기를 보유한다는 것은 세계 강국이라는 자기 주장을 강화시키고, 전세계적으로 존중받는 발언권을 갖게 해 주는 것이었다. 그것은 분명히 유엔 안보리에서 거부권을 행사하는 5대국 — 모두가 핵 보유국인 — 중의 하나로서 프랑스의 지위를 강화해 주었다. 프랑스적 관

3) 소련이 카리브 해의 쿠바 섬에 미사일을 설치하려 했던 1962년에 발생한 사건. 1958년 말 바스티야 정권을 무너뜨린 피델 카스트로는 쿠바 혁명이 마르크스-레닌주의적 노선을 취할 것이라고 선언하였다. 존 케네디가 미국 대통령에 취임한 직후에 취한 조치 중 하나는 쿠바 망명객들의 반카스트로 상륙 작전을 후원하는 것이었다. 카스트로는 미국의 어떠한 침공도 막아 낼 수 있는 소련의 보호를 원했고, 후르시초프는 이 기회를 미국의 대륙간미사일 개발로 불리해진 군사적 균형을 회복하는 기회로 삼고자 했다. 후르시초프의 의도에 맞선 케네디의 강력한 대응으로 인해 세계는 극도의 긴장 속에서 며칠을 보냈다. 결국 이 사건은 후르시초프가 케네디의 요구에 순응하는 형식으로 종결되었지만, 후르시초프 역시 미국으로부터 다시는 쿠바를 침공하지 않겠다는 약속을 받아 냄과 아울러 터키에 배치되어 있던 미국 미사일의 철수를 요구함으로써 체면을 유지할 수 있었고, 실제로 이 미사일들은 사라졌다. 쿠바 위기는 너무나 위태로웠기 때문에 후르시초프와 케네디 모두를 불안하게 만들었다. 이에 따라 유사한 상황이 발생할 경우 즉각적인 통화가 가능한 '핫라인'의 설치에 대한 합의와 핵 위협을 감소시키기 위한 일련의 조치가 취해졌다. 이러한 조치의 하나가 1963년 공중에서의 핵실험을 금지한 핵실험부분금지조약의 체결이었다. — 옮긴이.

점에서 영국의 핵 억지력은 미국이 지닌 억지력의 연장일 뿐이다. 특히 이 점은 영국과 미국의 특수 관계에 따른 영국의 헌신적 태도나 독립적 유럽을 건설하려는 노력을 기피하는 영국의 태도를 고려할 때 더욱 그러했다.(프랑스인에게 프랑스의 핵 계획이 미국의 엄호로부터 큰 도움을 받았다는 사실은 전혀 문제가 되지 않았다.) 프랑스인의 심리에서 볼 때, 프랑스는 유일하게 핵무기를 보유한 진정한 유럽 국가이기 때문에, 프랑스의 핵 억지력은 대륙적 지도 국가로서의 지위를 공고히 해 주는 것이었다.

프랑스의 세계적 야심은 프랑스어를 사용하는 아프리카 지역에서 특별한 안보적 역할을 수행하고자 하는 그들의 결의에 찬 노력에서도 표현되었다. 오랜 지구전 끝에 베트남과 알제리를 잃는 등 광대한 제국을 포기했음에도, 태평양군도에 대한 지속적 통제권(프랑스의 핵실험을 둘러싸고 쟁점이 되었던)과 더불어 그러한 안보적 사명감이 계속해서 수행해야 할 세계적 역할에 대한 프랑스 엘리트들의 확신을 강화시켰다. 실제로는 중급 수준의 후기 제국적 유럽 열강에 불과한 현실에도 불구하고 말이다.

이 모든 것은 유럽의 지도 국가가 되겠다는 프랑스의 요구를 뒷받침해 준다. 스스로 주변화되고 있는데다 본질적으로 미국에 부속되어 있는 영국과 냉전 기간 내내 분단 상태였고 아직도 20세기 역사 때문에 장애를 느끼는 독일을 대신해서, 프랑스는 유럽의 이념을 붙잡고 그것과 자신을 동일시하면서, 유럽을 프랑스적 유럽 개념에 따라 짜맞출 수 있었다. 주권적 민족 국가의 개념을 최초로 발명하고 민족주의를 시민 종교로 만든 프랑스는 자신이야말로 독립되고 통합된 유럽의 구현체라고 당연하게 여기고 있다. ― 과거 '조국'(la patrie)에 바치던 것과 같은 정서적 헌신과 함께. 프랑스가 이끄는 유럽의 영광은 곧 프랑스의 영광일 수 있다는 것이다.

역사적 숙명감에 의해 형성되고 독특한 문화적 자부심에 의해 강화된 이처럼 각별한 소명감은 주요한 정책적 함의를 지니고 있다. 프랑스가 자신의

프랑스와 독일의 지정학적 특수 이해가
걸려 있는 권역

■ 프랑스의 특수 이해권
■ 독일의 특수 이해권

영향권 안에서 유지되어야 한다고 생각하는 주요한 지정학적 공간―적어
도 자국보다 강한 국가에 의해 지배되는 것을 막아야만 하는―은 지도 위
에 반원형으로 그려 보일 수 있다. 그것은 「지도 3-1」에서 보이는 바와 같이
이베리아반도, 서지중해의 북쪽 연안 그리고 독일을 넘어 중동부 유럽까지
이다. 그것은 프랑스의 안보를 위한 최소한의 반경일 뿐 아니라 프랑스에
정치적 이익을 안겨 주는 핵심 지역이다. 남쪽 국가들의 확실한 지원과 독
일의 확실한 후원에 의해서만 프랑스 주도하에 독립적 통합 유럽을 건설한
다는 목표가 효율적으로 추구될 수 있다. 그리고 그와 같은 지정학적 궤도
내에서 가장 관리하기 어려운 나라가 갈수록 강력해지는 독일임은 의심의

여지가 없다.

프랑스적 관점에서 독립적인 통합 유럽이라는 중심 목표는 프랑스가 주
도하는 유럽 통합과 더불어 미국이 대륙에서 구가하는 일등적 지위를 점차
감소시킴으로써만 성취될 수 있는 것이다. 그러나 만일 프랑스가 유럽의 미
래를 주도하고자 한다면 프랑스는 단계적으로 유럽 문제에 대해 워싱턴이
행사하는 정치적 지도력에서 벗어나야 하고, 다른 한편 독일을 참여시키는
동시에 독일을 제어하지 않으면 안 된다. 여기서 빚어지는 프랑스의 딜레마
는 다음과 같이 이원적인 것이다. 어떻게 유럽에 대한 미국의 안보적 약
속—프랑스가 아직 핵심적이라고 인정하는—을 보존하는 한편 점차 미국
의 그림자를 축소시킬 수 있을 것인가, 그리고 어떻게 유럽에 대한 독일의
지도력을 배제하면서 유럽 통합의 정치 · 경제적 엔진으로서 독 · 불의 동
반 관계를 유지할 것인가?

만일 프랑스가 진정한 세계 강국이라고 한다면 프랑스의 중심 목표를 추
구하는 데 있어 이러한 딜레마를 해결하기란 어려운 일이 아닐 것이다. 독
일을 제외하면 다른 어떤 유럽 국가도 그러한 야심과 사명감을 가지고 있지
않다. 심지어 독일조차도 독립적인(미국으로부터) 통합 유럽에서 프랑스의
지도력을 인정하는 쪽으로 기울 수 있다. 하지만 그것은 오직 프랑스가 세
계 강국으로 느껴지고, 독일은 할 수 없지만 미국은 할 수 있었던 안전 보장
을 프랑스가 제공해 줄 수 있을 때에만 가능한 것이다.

그러나 독일은 프랑스가 지닌 힘의 한계를 잘 알고 있다. 경제적으로 프
랑스는 독일보다 훨씬 약하며, 그렇다고 군사적으로 1991년 걸프전에서 보
인 바와 같이 아주 유능한 것도 아니다. 프랑스의 힘은 아프리카의 위성 국
가들 내에서 발생하는 쿠데타를 분쇄시키기에는 충분하지만 유럽을 보호
해 줄 수는 없으며, 유럽에서 멀리 떨어진 곳에서까지 의미를 갖지는 못한
다. 프랑스는 더도 아니고 덜도 아니고 중급 수준의 유럽 국가에 불과하다.

따라서 유럽을 건설하기 위해서 독일은 기꺼이 프랑스의 비위를 맞췄지만 유럽의 진정한 안전을 확보하기 위해서 프랑스의 지도를 맹목적으로 추종하지는 않는다. 독일은 계속해서 유럽 안보에서 미국이 차지하는 중심적 위치를 강조했던 것이다.

프랑스의 자존심을 건드리는 이와 같은 현실은 독일 통일 이후 더욱 명확하게 드러나고 있다. 당시까지 독 · 불 협력은 독일의 경제적 역동성에 편안하게 올라탄 프랑스의 정치적 지도력이라는 외양을 보여 주고 있었다. 그와 같은 관계는 두 국가 모두에게 적합한 것이다. 그것은 독일에 대한 유럽의 전통적인 공포심을 떨쳐 주었고, 유럽 건설이 경제적으로 역동적인 서독의 뒷받침을 받는 프랑스에 의해 주도된다는 인상을 낳음으로써 프랑스의 환상에 격을 높여 주고 또 그것을 강화시켜 주는 효과가 있었다.

독 · 불 화해는 그것이 안고 있던 잘못된 인식에도 불구하고 유럽을 위해 긍정적인 것이었고, 그 중요성은 아무리 강조해도 지나치지 않는다. 그것은 지난한 유럽 통합 과정을 위한 결정적인 토대를 제공해 주었다. 또한 전적으로 미국의 이익과 양립하는 것이었고, 유럽에서 초국가적 협력을 진작시키기 위한 미국의 장기적인 개입과도 보조를 맞춘 것이었다. 독 · 불 협력의 붕괴는 유럽을 치명적으로 후퇴시킬 수 있으며, 유럽에서 미국이 누리는 지위에도 재앙이 될 수 있다.

미국의 묵시적 지지는 독일과 프랑스가 유럽 통합을 진전시키는 것을 가능하게 만들어 줄 것이다. 더욱이 독일의 통일은 유럽적 틀 안에 독일을 묶어 두려는 프랑스의 욕구를 증대시키고 있다. 이에 따라 1990년 12월 6일, 프랑스 대통령과 독일 수상은 유럽연방이라는 목표에 헌신하기로 약속했고, 열흘 후 정치적 연합을 논의하고자 로마에서 열린 정부간 회담에서는—영국의 미온적 태도에도 불구하고—정치적 연합에 관한 조약의 초안을 유럽공동체 소속 12개 국가의 외무장관에게 분명히 위임했던 것이다.

그러나 독일 통일은 유럽 정치의 양상을 극적으로 변화시켰다. 그것은 러시아의 지정학적 패배이면서 프랑스의 지정학적 패배였다. 통일 독일은 더 이상 프랑스의 하위 동반국이 아닐 뿐만 아니라 자동으로 독일을 서유럽의 명백한 최강국으로 만들어 주었고, 주요한 국제 기구에 대한 커다란 재정적 기여를 통해 부분적인 세계 강국으로 발돋움시켜 주었다.[4] 새로운 현실은 독일과 프랑스의 상호 관계에 환멸을 자아내고 있다. 독일은 이제 미래의 유럽에 대한 자신의 비전을 가질 수 있고 또 가지고자 한다. 그 비전은 여전히 프랑스와 동반 관계를 이루는 가운데서 가지는 것이지만 더 이상 프랑스의 피보호국 처지에서는 아니다.

프랑스에게 있어 감소된 정치적 지렛대는 다음과 같은 몇 가지 정책적 영향을 낳고 있다. 프랑스는 과거 미국의 지배에 맞서 기피하는 자세를 보였던 북대서양조약기구 안에서 더 큰 영향력을 확보해야만 했다. 그리고 다른 한편으로 훨씬 더 큰 외교적 행보를 통해 상대적인 약점을 보완하고자 했다. 프랑스는 북대서양조약기구로의 복귀를 통해 미국에 더 큰 영향력을 행사할 수 있게 되었다. 모스크바나 런던과 이따금 친선을 확인함으로써 미국은 물론 독일에게 외부적 압력을 가했다.

따라서 프랑스는 항의라기보다는 책략이라는 견지에서 다시 북대서양조약기구의 통솔 구조로 들어간 것이다. 1994년에 접어들면서 프랑스는 사실상 다시 북대서양조약기구의 정치·군사적 결정에 적극적으로 참여하는 활동적 국가가 되었다. 1995년 후반에 들어와서는 외무장관과 국방장관이 다시 북대서양조약기구의 정기 회합에 참석하였다. 그러나 그 대가로 한때 이 구조에 전적으로 속해 있던 프랑스는 미국의 지도력과 유럽 국가들의 참여 사이에서 더욱 큰 균형을 확보하기 위한 구조 개혁의 의지를 재확인했

---

4) 예를 들면 전체 예산에서 차지하는 비중에서 볼 때, 독일은 유럽연합의 28.5%, 북대서양조약기구의 22.8%, 유엔의 8.93%를 부담하며, 세계은행과 유럽부흥은행(EBRD)에서도 큰 몫을 차지하고 있다.

다. 프랑스인은 유럽 국가들이 이 구조에서 더 높은 지위와 더 큰 역할을 갖기를 원했다. 1996년 4월 8일 프랑스 외무장관 에르베 드 샤레트(Hervé de Charette)는 "프랑스의 기본 목표(다시 합류하는)는 대서양 동맹 내에서 실제로 신뢰할 만하고 정치적으로 유럽적 정체성을 눈에 띄게 확보하는 데 있다"는 성명을 발표하였다.

이와 동시에 파리는 미국의 대유럽 정책에 제약을 가하기 위해 러시아와의 전통적 유대를 전술적으로 활용하고, 독일이 유럽의 제일 국가로 성장하는 것을 막기 위해 과거의 영 · 불 연합을 부활시킬 준비를 아주 잘 갖춰 놓고 있다. 1996년 여름 프랑스 외무장관은 다음의 언명을 통해 그와 같은 의사를 분명히 했다. "만일 프랑스가 국제적 역할을 수행하고자 한다면 러시아가 다시금 주요 열강의 반열에 오르도록 도움으로써 그 강력한 존재로부터 이익을 얻어 내야 할 것이다." 러시아 외무장관 역시 다음과 같이 말함으로써 이에 화답했다. "세계 모든 지도 국가 가운데 프랑스야말로 러시아와의 관계에서 가장 건설적인 태도를 지니고 있다." 5)

그러므로 초기 프랑스가 보여 준 북대서양조약기구의 동진에 대한 미온적 태도는 부분적으로 미국과의 줄다리기에서 유리한 고지를 차지하기 위한 전술이었던 셈이다. 엄밀히 말해서 미국과 독일이 모두 북대서양조약기구의 팽창을 적극적으로 지지한 나라이기 때문에 프랑스로서는 냉정하게 처신하거나 침묵하는 것이 좋았고, 미국과 독일이 쥔 이니셔티브가 러시아에 초래할 수 있는 잠재적 영향을 우려하는 목소리를 내는 한편 모스크바의 상황에 가장 민감한 유럽 국가로서 처신하는 것이 합당한 일이었다. 몇몇 중부 유럽 국가에게는 러시아가 동유럽을 자신의 영향권 안에 두는 것에 프랑스가 반대하지 않는 듯한 인상마저 주었다. 그러므로 프랑스는 러시아 카

---

5) *Le Nouvel Observateur*, (1996년 8월 12일자)에서 재인용.

드로 미국을 견제했을 뿐 아니라 독일에게 결코 포착하기 어렵지 않은 메시지를 전달했으며, 북대서양조약기구의 개혁과 관련한 프랑스의 제안을 미국으로 하여금 호의적으로 고려하게 만드는 압력을 증대시켰던 것이다.

궁극적으로 북대서양조약기구의 확대는 16개 동맹 국가의 만장일치를 필요로 할 것이다. 파리는 그와 같은 만장일치에 도달하려면 자신의 묵인이 핵심적일 뿐 아니라 다른 성원 국가의 반대를 피하기 위해서도 자신의 실질적 지원이 필요하다는 것을 알고 있었다. 그러므로 프랑스가 북대서양조약기구의 확대에 대한 지지 문제를 대서양 동맹 내의 역관계와 기본 조직을 변화시키는 데 있어 자국의 의지를 충족시키기 위한 인질로 삼고자 했음은 분명하다.

애초에 프랑스는 유럽연합의 동진에 대해서도 마찬가지로 미적지근한 태도를 보였다. 이와 관련된 논의를 주도했던 것은 독일이었고, 미국도 지지하기는 했지만 북대서양조약기구를 확대하는 문제에서처럼 적극적이지는 않았기 때문이다. 프랑스는 북대서양조약기구 안에서조차 유럽연합을 확대하면 구공산권 국가들에게 훨씬 적합한 우산이 제공된다고 주장하는 경향을 보였음에도 불구하고, 독일이 중부 유럽을 더욱 신속하게 포괄하는 유럽연합의 확대를 추진하자마자 기술적 우려를 제기하면서 유럽연합 국가들이 지중해 남쪽 연안 국가들에 대해서도 동등한 관심을 보여야 한다고 요구하기 시작했다.(이러한 입장 변화는 1994년 11월 독·불 정상 회담에서부터 나타나기 시작했다.) 후자에 대한 프랑스의 강조는 북대서양조약기구에 속한 남유럽 국가들의 지지를 끌어모으는 데 성공했고, 그 결과 프랑스의 협상 능력을 극대화시킬 수 있었다. 그러나 그 대가로 프랑스가 주도하는 유럽의 지정학적 비전과 독일이 주도하는 유럽의 지정학적 비전 사이의 간격이 벌어지게 되었는데, 이러한 간격은 1996년 후반 폴란드의 유럽연합 및 북대서양조약기구 가입을 프랑스가 뒤늦게 승인함으로써 겨우 부분적으로나마 좁혀질 수 있었다.

　역사의 변화하는 맥락을 감안할 때 그와 같은 간격은 불가피한 것이었다. 제2차 세계대전이 끝난 이래로, 민주 독일은 분단된 유럽의 서쪽에서 유럽공동체를 건설하는 데 독·불간의 화해가 필요하다는 점을 인정해 왔다. 그러한 화해는 또한 독일의 역사적 재활을 위해서도 중요한 것이었다. 그러므로 프랑스의 주도권을 인정하는 것은 당연히 치러야 할 대가였다. 그와 동시에 소련의 위협 앞에 취약했던 서독으로서는 미국에 대한 충성이야말로 생존의 필수적인 전제 조건이었고, 이 점은 프랑스조차도 인정했다. 그러나 소련이 붕괴한 뒤, 더 크고 더 단합된 유럽을 건설하기 위해 프랑스에 복속하는 것은 더 이상 절박한 것도 필요한 것도 아니었다. 프랑스와 독일의 동등한 동반 관계—사실상 통일 독일을 더 강한 동반국으로 하는—는 파리에게 있어 정당한 것 이상이다. 그러므로 프랑스는 독일이 범대서양적 동맹국이자 보호국인 미국과 일차적인 안보적 연결 고리를 갖고자 하는 것을 받아들이지 않을 수 없을 것이다.

　냉전의 종식과 더불어 그와 같은 연결 고리는 독일에게 새로이 중요한 문제가 되었다. 과거에 그것은 외부의 그러나 매우 가까이에 있는 위협으로부터 독일을 보호해 주었고, 나라의 궁극적 통일을 위한 필수 전제 조건이었다. 소련이 가고 독일이 통일되면서 미국과의 연결 고리는 독일에 하나의 우산을 제공해 주고 있는데, 이 우산 아래서 독일은 이웃 국가를 위협하지 않으면서 중부 유럽에서 더욱 공개적으로 지도력을 발휘할 수 있는 것이다. 아메리칸 커넥션은 선행(善行)의 보증서 이상의 기능을 수행하고 있다. 그것은 독일에 이웃한 국가에게 독일과의 친밀 관계가 미국과의 더 친밀한 관계를 의미한다는 확신을 심어 주고 있다. 이 모든 것은 독일로 하여금 아주 손쉽게 자신의 지정학적 우선 순위를 결정하도록 해 주었다.

　유럽에 안착해 있는데다 미군의 주둔을 통해 안보를 보장받음과 동시에 침략성을 버린 독일은 새로 해방된 중부 유럽 국가들을 유럽의 구조 안에 끌어들이는 데 기여할 수 있을 것이다. 이것은 과거 독일 제국주의가 추구했던 미텔유로파가 아니라 독일의 투자와 무역으로 촉진되는 선의의 경제적 재건을 위한 공동체로 나아가게 할 수 있을 것이다. 독일은 또 이 새로운 미텔유로파가 궁극적으로 유럽연합과 북대서양조약기구에 공식적으로 참여할 수 있도록 돕는 후원자의 역할도 수행할 수 있을 것이다. 독일은 더욱 결정적인 지역적 역할을 수행하는 데 핵심 발판을 제공해 주는 독·불 동맹에 참여하는 것은 물론 더 이상 특수 이익의 반경 내에서 자신을 주장하는 데 소극적일 필요가 없는 것이다.

유럽의 지도 위에서 볼 때 독일의 특수 이익이 미치는 영향권은 장방형으로 그릴 수 있다. 그것은 서쪽으로는 당연히 프랑스를 비롯하여, 동쪽으로는 새로이 해방된 중부 유럽의 구공산권 국가들, 발트해 연안의 공화국들, 우크라이나와 벨로루시를 포함, 심지어 러시아에까지 이르는 지역이다.(「지도 3-1」 참조) 여러 측면에서 이 영향권은 건설적인 독일의 문화적 영향력이 미치는 역사적 반경에 상응하는 것으로서, 민족주의 시대 이전 중동부 유럽과 발트해 연안의 공화국들에 거주했다가 제2차 세계대전중에 쓸려 나간 독일의 도시민과 농민에 의해 가꾸어졌던 것이다. 더욱 중요한 것은 프랑스의 특수 관심 지역(앞에서 논의했던)과 독일의 특수 관심 지역을 앞의 지도에서처럼 합해 본다면, 그것은 사실상 유럽의 서쪽 한계와 동쪽 한계를 규정하고 있다는 점이다. 그 중첩 부분은 유럽의 핵심을 이루는 독·불 연대의 결정적인 지정학적 중요성을 부각시켜 준다.

중부 유럽에 대한 독일의 역할에서 결정적인 돌파구는 1990년대 중반 독일과 폴란드의 화해로 마련되었다. 처음 주저했던 독일은 미국의 격려하에 오데르-나이스(Oder-Neisse) 경계선을 폴란드와의 영구한 국경선으로 공식 인정하였다. 이것은 독일과 더 친밀한 관계를 발전시키는 데 폴란드가 지니고 있던 가장 중요한 장애물을 제거한 것이었다. 상호간에 우호와 용서의 제스처가 교환된 이후 독일과 폴란드의 관계는 극적인 변화를 겪었다. 양국간의 교역이 폭발적으로 늘었을 뿐만 아니라(1995년 폴란드는 러시아를 제치고 독일에 있어 동방 제일의 교역국이 되었다) 독일은 폴란드가 유럽연합에 가입하는 것을 적극 후원하게 되었고, 미국과 더불어 폴란드가 북대서양조약기구에 가입하는 것을 적극적으로 지원하게 되었던 것이다. 머지않아 폴란드와 독일간의 화해가 중부 유럽에서 과거 독·불 화해가 서유럽에 미친 것과 같은 영향을 미치게 되리라고 해도 과언이 아니다.

폴란드를 통해 독일의 영향력은 발트해 연안국(리투아니아, 에스토니아, 라트비아 등을 말함―옮긴이)으로 북진하고, 동시에 우크라이나와 벨로루시로 동진할 수 있게 되었다. 더욱이 독일과 폴란드간의 화해가 지니는 의미는 이따금씩 폴란드가 유럽의 미래를 논의하는 중요한 독·불 협상에 동참함으로써 더욱 증폭되고 있다. 이른바 바이마르 삼각 관계(Weimar Triangle, 프랑스, 독일, 폴란드간 최초의 고위급 3자 회담이 이루어졌던 독일의 도시 이름을 따서 명명됨)는 유럽 대륙에서 잠재적으로 중요한 지정학적 축을 창조했다. 이것은 민족적 정서가 매우 강한 3개 국가의 1억 8천만 인구를 포괄하는 것이다. 한편으로 이것은 중부 유럽에서 독일의 지위를 높여 주었지만, 다른 한편으로 독일의 역할은 3자 회담에 프랑스와 폴란드가 참여함으로써 어느 정도 균형을 잡게 되었다.

중부 유럽이 쉽게 독일의 지도력을 인정한 것은―이는 특히 독일보다 작은 중부 유럽 국가의 경우에 그러한데―독일이 유럽의 주요한 기구를 동쪽으로 확대시키는 데 적극적으로 노력했기 때문이다. 그러한 노력을 통해 독일은 서유럽적 세계관에 깊게 뿌리 박혀 있던 지난 날과는 사뭇 다른 역사적 사명을 수행했던 것이다. 서유럽적 세계관에서는 독일과 오스트리아 동쪽에서 발생하는 사건은 진짜 유럽의 관심사가 아닌 것으로 받아들여 왔었다. 이러한 태도—18세기 초 보링브로크 경[6]은 동쪽에서 발생하는 정치적 폭력은 서유럽인에게 아무런 의미가 없다고 역설했다—는 1938년 뮌헨 위기 당시 부활한 바 있고, 1990년대 중반 보스니아 사태중에 영국인과 프랑스인 사이에서 비극적으로 재현된 바 있다. 이 태도는 아직도 유럽의 미래와 관련하여 진행되는 토론의 수면 아래 잠복해 있다.

이와 대조적으로 이제 독일에서 유일한 토론의 주제는 북대서양조약기구를 먼저 확장시킬 것인가, 아니면 유럽연합을 먼저 확장시킬 것인가 하는 문제이다. 독일의 국방장관은 전자를 선호하고 외무장관은 후자를 옹호하고 있다. 이론의 여지없이 독일은 더욱 크고 더욱 통합된 유럽의 사도가 되었다. 독일 수상은 2000년에 유럽연합이 1차 확대될 것이라고 언급했고, 독일의 국방장관은 최초로 북대서양조약기구 창설 50주년이 동맹의 농진에 있어 가장 상징적인 날짜라고 제안하였다. 따라서 유럽의 미래에 관한 독일의 개념은 주요한 유럽 동맹국과는 다르다. 영국은 더 큰 유럽을 선호하는데, 그것은 영국인이 유럽의 확대 속에서 그 단일성을 희석시킬 수 있는 수단을 보고 있기 때문이다. 프랑스인은 유럽의 확대가 독일의 지위를 신장시킬 것을 두려워하고, 따라서 더욱 협애한 기초를 지닌 통합을 선호한다. 독일은 두 가지 모두를 지지했고, 이에 따라 중부 유럽에서 독자적 기반을 획득했다.

미국의 중심 목표

미국에서 중요한 쟁점이 되고 있는 것은 독·불 연대에 기초한 유럽, 생동력을 지닌 유럽, 미국과 연결 고리를 유지하는 유럽, 협력적인 민주적 국

---

6) Lord Bolingbroke, *History of Europe, from the Pyrenean Peace to the Death of Louis XIV* 참조.

제 체제를 확장하는 유럽, 따라서 미국의 세계 일등적 지위를 효과적으로 행사하는 문제가 달려 있는 유럽을 어떻게 건설할 것인가 하는 점이다. 따라서 이것은 단지 프랑스와 독일을 놓고 양자택일하는 문제가 아니다. 프랑스나 독일 중 어느 한 국가만 빠져도 더 이상 유럽은 존재할 수 없을 것이다.

이상의 논의를 통해 대략 다음과 같은 세 가지 결론이 도출된다.

1. 유럽 통합의 대의에 대한 미국의 동참은 유럽의 역동성을 좀먹는 유럽 내부의 사기 및 목적 의식의 위기를 보완하기 위하여, 미국이 궁극적으로는 진정한 유럽의 통합을 원하지 않는다는 유럽인의 광범위한 불신을 극복하기 위하여 그리고 유럽인의 실험에 필수적인 민주적 열정을 첨가하기 위하여 불가피하게 요구되고 있다. 이것은 궁극적으로 유럽을 미국의 세계적 동반자로서 받아들이는 것에 관해 미국이 확고한 입장을 가질 것을 요구한다.

2. 단기적으로 프랑스 정책에 대한 전술적 반대와 독일의 지도력에 대한 지지는 정당화된다. 장기적으로 만일 진정한 유럽이 구현된다면, 유럽 통합체는 좀더 뚜렷한 유럽의 정치 · 군사적 정체성을 가져야만 할 것이다. 이것은 점진적으로 범대서양적 제도 내의 역학 관계와 관련해서 프랑스의 관점을 받아들일 것을 요구한다.

3. 프랑스도 독일도 그 자신의 힘만으로 유럽을 건설하거나 러시아와의 관계 속에서 유럽의 애매한 지리적 영역을 분명히 할 수 있을 정도로 강력하지 못하다. 이것은 유럽의 영역을 획정하고, 유럽 체제 내에서 우크라이나와 발트 해 연안국의 지위—이것은 특히 러시아와의 관계에서 매우 민감한 주제인데—를 결정하는 데 역동적이고 목적이 분명하며 확고한 미국의 동참을 요구한다.(이상 고딕 강조는 저자)

지도상에서 광대한 유라시아 땅덩어리를 슬쩍 보기만 해도 두드러지게 드러나는 것은 미국에게 유럽이라는 교두보가 지닌 지정학적 중요성이다.—그 소박한 지리적 규모와 함께. 이 교두보의 보존과 민주주의의 발판으로서 유럽을 확대하는 것은 미국의 안보와 직결된다. 전세계적 안정과 민주주의의 확산에 대한 미국의 관심 그리고 이러한 문제에 대한 유럽의 무관심(프랑스가 스스로 세계 열강이라고 자임하고 있음에도 불구하고) 사이의 간격을 좁힐 필요가 있으며, 이를 위해서는 유럽이 지금보다 더 연합된 성격을 지녀야만 한다. 다양하고 완강한 민족적 전통으로 인해 유럽은 결코 단일 민족 국가가 될 수 없다. 그러나 유럽은 서로간에 공유하고 있는 민주적 가치를 반영하는 공통의 정치 제도를 통해 자신의 이해를 보편화하고, 유라시아 공간에 동거하는 다른 국가들에 그 흡수력을 발휘할 수 있다.

유럽인에게 남은 문제는 자신들이 대내적 사회 문제에 함몰될 위험이 있나는 것이다. 유럽의 경제적 회복은 외면적 성장에 따르는 장기적 비용을 은폐시켜 왔다. 이러한 비용은 경제적으로뿐만 아니라 정치적으로도 손상을 입힌다. 서유럽이 갈수록 더 직면하는 정치적 정통성과 경제적 역동성의 위기—서유럽이 극복해 낼 수 없는—는 국가가 후원하는 사회 구조에 깊게 뿌리 박혀 있다. 이러한 사회 구조는 국가의 가부장적 간섭주의, 보호주의 그리고 연고주의 등과 친화력을 지닌 것이다. 그 문화적 결과는 도피적 물신주의와 정신적 공황의 결합으로서, 이런 상황은 극단적 민족주의자와 교조적 이데올로그에 의해 이용되기 쉬운 것이다.

이러한 상황이 갈수록 더 심화된다면 민주주의와 유럽의 이념에 치명적인 것이 될 수 있다. 사실상 이 두 가지는 긴밀하게 연결된 것으로서, 유럽의 새로운 문제—이민 문제든, 미국이나 아시아와의 경제·기술적 경쟁의 문제든, 현존하는 사회 경제 구조의 안정적 개혁의 문제든—는 점차로 대륙적 차원에서만 효과적으로 해결될 수 있다. 각 부분의 산술적 합보다 큰 유럽—즉 민주주의의 진흥과 기본적 인간 가치의 확산에 있어서 세계적 역할을 자임하는 유럽 — 은 정치적 극단주의나 편협한 민족주의, 혹은 사회적 물신주의와는 양립하기 어려운 유럽이다.

현재 진행중인 유럽 통합의 노력이 실패했을 경우에 유럽의 지정학적 안정과 그 안에서 차지하는 미국의 입지를 우려하면서, 독일과 러시아간의 개별적 타협에 대해 과거와 같은 공포심을 가질 필요도 없고, 모스크바에 대한 프랑스의 전술적 추파가 빚어 낼 결과를 과장할 필요도 없다. 유럽 통합의 실패는 전통적인 유럽의 행보를 부분적으로 부활시킬 것이다. 유럽 통합이 실패하게 되면 러시아와 독일은 각기 독자적인 지정학적 전망을 갖게 될 것이다. 유럽의 현대사가 시사해 주는 바와 같이 두 나라 중 어느 나라도 안정적 성공을 거둘 것 같지는 않다. 그러나 적어도 독일은 자신의 국익을 규정하는 데 훨씬 더 확고하고 분명한 태도를 취하게 될 것이다.

최근 독일의 이익은 유럽 및 북대서양조약기구의 이익과 일치되며 후자에 힘입어 신장되고 있기조차 하다. 좌파동맹 90/녹색[7]의 대변인조차 북대서양조약기구와 유럽연합의 확대를 옹호하였다. 그러나 만일 유럽의 통합과 확대가 장애에 부딪히게 되면, 유럽 '질서'에 대해 지금보다 민족주의적인 관념이 독일에서 일어나면서 유럽의 안정을 해칠 가능성이 있다. 기민당의 지도적 의원이자 헬무트 콜의 후계자로까지 지목되는 볼프강 샤우블(Wolfgang Schauble)은 다음과 같은 언급을 통해 그러한 심리의 일단을 내비친 바 있다. "독일은 더 이상 동방에 대한 서방의 방벽이 아니다. 우리는 유럽의 중심이 되었다." 아울러 그는 다음과 같은 날카로운 지적을 덧붙였다. "중세의 오랜 기간 독일은 유럽에 있어 질서 **창조**(고딕 강조는 저자)에 개입한 바 있다."[8] 이러한 전망에서 볼 때 미텔유로파는 — 독일이 경제적 우월성을 지닌 유럽적 지역이 되는 대신 — 독일이 공개적으로 일등적 지위를 구

---

7) the leftist Alliance 90/Greens. 1990년 냉전 체제의 붕괴를 맞이하여 대안적 질서를 모색하기 위하여 동독 출신 지식인과 서독의 녹색당원이 주도하여 만든 정치 연합. — 옮긴이.

가하는 지역이 될 뿐 아니라 동서 양쪽에 대한 독일의 일방적인 정책의 기반이 될 수도 있다.

그렇게 되면 유럽은 더 이상 미국 세력의 교두보나 민주적 세계 체제의 유라시아로의 확장을 위한 잠재적 발판이 아니다. 이것이 바로 유럽 통합에 대해 미국이 명백하고 분명한 지원을 계속해야 하는 이유이다. 비록 미국은 유럽의 경제적 회복기와 범대서양적 안보 동맹 체제 안에서 유럽 통합과 유럽에서의 초국가적 협력에 대한 지지를 천명해 오기는 했지만, 또한 정치·경제적 쟁점과 관련해서 마치 유럽연합보다는 개별 유럽 국가와 협상하기를 선호하는 것처럼 행동했다. 이따금씩 유럽 정책 결정 과정에서 발언권을 가지고자 했던 미국의 고집은, 미국의 지도를 따를 때는 유럽을 지원하지만 유럽적 정책을 수립하고자 할 때는 그렇지 않다는 유럽인의 의심을 키워 주었다. 이것은 잘못 전달된 메시지이다.

유럽 통합에 대한 미국의 공약은—1995년 미국과 유럽의 마드리드 공동 성명을 통해 강력히 재천명되었듯이—유럽이 진정한 유럽이 되는 데에 따른 결과를 미국이 수용할 준비가 되어 있다고 단지 천명하는 것만이 아니라 실제로 그렇게 행동할 때에야 비로소 공허한 메아리가 되지 않을 것이다. 궁극적 결과는 오늘날처럼 유럽이 우호적이기는 하지만, 어디까지나 미국에 비해 하위에 있는 동맹국이 아니라, 미국과 대등한 동반 국가가 되는 상황을 수반할 수 있다. 그리고 진정한 동반 관계는 결정의 분담뿐만 아니라 책임의 분담을 의미하는 것이다. 그러한 대의를 위한 미국의 지원은 범대서양적 대화를 활성화시킬 것이고, 진정으로 의미 있는 유럽이 세계에서 수행할 수 있는 역할에 유럽인이 더욱 집중하게 만들 것이다.

어느 시점에 가서는 진정으로 통합되고 강력해진 유럽연합이 세계 정치

8) *Politiken Sondag*, (1996년 8월 12일자).

에서 미국의 경쟁자가 되는 경우도 생각해 볼 수 있다. 그때 유럽은 확실히 만만치 않은 경제 · 기술적 경쟁자일 것이며, 중동을 비롯한 여타 지역에서 유럽이 가지는 지정학적 이익은 미국의 이익과 심각하게 다를 수도 있을 것이다. 그러나 사실 그와 같이 강력하고 단일한 유럽은 가까운 시일 내에 출현할 가능성이 없다. 미합중국이 형성될 당시에 미국을 지배하던 상황과는 달리 유럽 민족 국가들이 원상태로 돌아갈 수 있는 탄성력에는 깊은 역사적 뿌리가 있고 초국가적 유럽을 향한 열정은 눈에 보이게 쇠퇴하였다.

향후 10년 혹은 20년 내의 뚜렷한 대안은 대륙적 통합을 추구하면서—비록 우물쭈물하면서 간헐적으로라도—확대되고 통합된 유럽이거나, 현재의 통합 상태와 지정학적 지평에서 크게 벗어나지 못한 교착적 유럽—중부 유럽이 그 어떤 나라의 영향권에도 속하지 않은 채—이 될 것이다. 혹은 그와 같은 교착 상태의 결과 과거의 적대감이 되살아나면서 점차로 균열된 유럽이 될 수도 있다. 교착 상태에 빠진 유럽에 있어 유럽에 대한 독일의 자기 동일시가 현저하게 약화되고, 독일의 국가 이익이 더욱 민족적으로 규정될 것은 분명하다. 미국에게는 말할 것도 없이 첫 번째 옵션이 최선이지만, 그러기 위해서는 강력한 미국의 지원이 필요하다.

유럽 건설이 주춤하는 현단계에서 미국은 복잡한 쟁점들, 이를테면 유럽연합이 대외 정책을 결정하는 데 있어 다수결의 원칙을 도입할 것인가(독일에 의해 특히 지지되고 있는 입장), 유럽 의회가 결정적 입법권을 갖고 브뤼셀의 유럽연합 집행위원회가 실질적인 유럽의 행정부가 될 것인가, 유럽 경제 · 금융 통합의 시간표를 늦춰야만 할 것인가, 유럽이 광범위한 연합이 될 것인가, 아니면 연방제로 이루어진 내부 핵심과 좀더 느슨한 외곽을 가진 다층적 실체가 될 것인가 등의 문제에 직접 말려드는 것을 피할 필요가 있다. 이러한 문제는 유럽인 스스로가 타개해 나아가야 할 것들이다. 그리고 이 모든 문제점은 고르지 않게 풀려 나갈 가능성이 높고, 휴지기를 겪으면서 궁극적으로는 복잡한 일괄 타협을 통해서만 타개될 수 있을 것이다.

그럼에도 불구하고 2000년까지 경제 · 금융적 통합이 이루어지리라 보는 것은 합당한데, 그것은 우선 현재 15개 국가 중 6개 내지 10개 국가들 사이에서 먼저 이루어질 것이다. 이것은 금융적 차원을 넘어 유럽의 경제적 통합을 가속시킬 것이며, 나아가 유럽의 정치적 통합을 강화할 것이다. 따라서 단일 유럽은 간헐적인 방식으로 더욱 통합된 내부와 더욱 느슨한 외곽을 가지고 점차 유라시아 체스판의 주요한 정치적 행위자가 될 것이다.

어떤 경우든 미국은 느슨하고 광범위한 유럽연합을 선호하는 듯한 인상을 주어서는 안 되지만, 말과 행동을 통해 궁극적으로 유럽연합을 미국과 북대서양조약기구에 의해 연결된 유럽 국가들로 구성된 지역적 공동 시장으로가 아니라 전세계적 수준의 정치 안보적 동반자로 대할 용의가 있다는 의지를 천명해야 한다. 동반자 관계라는 수사학을 넘어 그와 같은 공약에 대한 신뢰도를 높이려면 유럽과 더불어 쌍방향적인 범대서양적 정책 결정 구조를 만들어 내기 위한 공동 노력을 제안할 수도 있을 것이다.

동일한 원리가 북대서양조약기구에도 적용된다. 북대서양조약기구의 보전은 범대서양적 연결 구조에 핵심적이다. 이 점에 관해서는 미국과 유럽간에 절대적인 합의가 존재한다. 북대서양조약기구 없는 유럽은 대외적으로 취약할 뿐만 아니라 거의 즉각적으로 정치적 균열을 겪을 수도 있다. 북대서양조약기구는 유럽의 안보를 보장할 뿐만 아니라 유럽 통합의 추구를 위한 안정적 틀을 제공해 준다. 이것이 유럽에서 북대서양조약기구를 역사적으로 그토록 중요하게 만들고 있는 것이다.

그러나 유럽이 점진적으로 통합됨에 따라 북대서양조약기구의 내부 구조와 절차 또한 이에 적응하지 않으면 안 된다. 이 점에 관한 프랑스인의 지적은 일리가 있다. 하나의 초강대국에 기초한 15개의 의존적 국가로 이루어진 동맹이 진정한 유럽과 병존하기를 기대할 수는 없다. 일단 유럽이 자신의 진정한 정치적 정체성을 갖기 시작하고, 유럽연합이 점차 초국가적 정부의 기능을 담당하게 되면 북대서양조약기구는 1+1(미국+유럽연합)의 공식에 따라 개조되지 않으면 안 될 것이다.

이 모든 것이 결코 하룻밤 사이에 이루어지지는 않을 것이다. 다시 말하지만 그와 같은 방향으로의 진전은 머뭇거리는 속도로 이루어질 것이다. 그러나 그러한 진전은 현재의 동맹 구조 내에 반영되어야만 하며, 그러한 적응의 부재는 더 이상의 진전에 장애가 될 것이다. 그와 같은 방향으로의 중요한 진전은 북대서양조약기구의 1996년 결정에 의해 이루어졌다. 이 결정에 의해 공동의 신속 대응군이 구성될 수 있는 기초가 마련되었고, 그럼으로써 북대서양조약기구의 병참뿐만 아니라 북대서양조약기구의 지휘와 통제, 통신 그리고 정보에 기초한 순수하게 유럽적인 군사 행동의 가능성이 열리게 되었다. 미국은 북대서양조약기구 안에서 서구동맹(WEU)의 역할을 증대시키고자 하는—특히 지휘와 정책 결정과 관련해서—프랑스의 요구에 더 많이 부응함으로써 유럽 통합에 대한 미국의 순수한 지원 의지를 표현할 수 있을 것이고, 유럽의 궁극적 자화상과 관련해서 미국과 프랑스 사이에 존재하는 간격을 다소나마 좁힐 수 있을 것이다.

장기적으로는 WEU가 다기한 지정학적·역사적 이유로 인해 북대서양조약기구 가입을 원하지 않는 몇몇 유럽연합 국가를 끌어안는 것이 가능할 것이다. 핀란드, 스웨덴, 심지어는 오스트리아가 이러한 경우가 될 수 있는데 이들은 이미 WEU의 업저버 자격을 갖추고 있다.[9] 다른 국가 또한 북대

---

9) 핀란드와 스웨덴에서 북대서양조약기구 가입의 가능성을 논의하는 영향력 있는 목소리가 들리기 시작했다는 점에 주목할 필요가 있다. 1996년 5월, 스웨덴 언론은 핀란드 방위군사령관이 핀란드 땅에 북대서양조약기구군을 배치할 수 있는 가능성에 관한 문제를 제기했다고 보도했다. 1996년 8월 스웨덴 의회의 국방위원회는 스웨덴이 북대서양조약기구 가입국만이 참여하는 서구무기연합(WEAG, Western European Armaments Group)에 가입할 것을 권고하였는데, 이는 북대서양조약기구와의 훨씬 긴밀한 안보 협력을 지향하는 징후를 보여 주는 행동이었다.

서양조약기구로 가는 예비 단계로 여기고 WEU와의 연결을 추구할 수 있다. WEU도 어느 시점에 가서는 장차의 유럽연합 국가들과 관련해서, 북대서양조약기구에서 시행하는 평화 프로그램을 위한 파트너십을 모방할 수 있을 것이다. 이 모든 것이 범대서양 동맹의 공식 영역을 넘어서 유럽의 넓은 안보 협력망을 구축하는 데 도움을 줄 수 있을 것이다.

그러는 동안 좀더 크고 단결된 유럽이 출현하기까지―가장 좋은 상황을 가정한다 하더라도 그것이 곧 이루어지지는 않을 것이고―미국은 더욱 크고 단결된 유럽이 출현할 수 있도록 프랑스 및 독일과 긴밀하게 협력해야 할 것이다. 따라서 미국에 있어 프랑스와 관련된 중요한 정책적 딜레마는 계속해서 미·독 관계를 양보하지 않으면서 어떻게 프랑스를 긴밀한 대서양적 정치·군사적 통합에 끌어들일 것인가 하는 것이다. 한편 독일과 관련된 미국의 중요한 정책적 딜레마는 영국과 프랑스를 비롯한 다른 유럽 국가의 우려를 자아내지 않으면서 어떻게 대서양적 유럽에서 독일의 지도력을 미국에 맞게 활용하는가 하는 것이다.

동맹의 미래 모습에 대해 미국이 좀더 뚜렷한 유연성을 가지는 것은 궁극적으로 대서양 동맹의 동진을 위해 프랑스적 지원을 더 크게 동원하는 데 도움이 될 것이다. 장기적으로 독일의 양쪽에서 군사적으로 통합된 북대서양조약기구 지역은 독일을 더욱 확고하게 다자적 틀에 묶어 둘 것이며, 이것은 프랑스와 관련해서 매우 주요한 사안이다. 더욱이 대서양동맹의 확대는 바이마르 삼각 동맹(독일, 프랑스 그리고 폴란드간의)이 향후 유럽에서 독일의 지도력을 견제하는 미묘한 수단이 될 수 있는 개연성을 높여 준다. 비록 폴란드가 북대서양조약기구에 참여하기 위해 독일의 지원에 의존하지만(그리고 북대서양조약기구의 동진에 대한 프랑스의 우물쭈물한 태도에 분노하고 있지만), 일단 폴란드가 북대서양조약기구에 가입하면 프랑스와 폴란드가 동일한 지정학적 전망을 공유하게 될 가능성이 높다.

어떤 경우든지 워싱턴은 유럽의 정체성이나 북대서양조약기구의 내부 업무와 관련해 프랑스와 부딪치는 것이 단지 단기적인 사안에 불과하다는 사실을 망각해서는 안 된다. 더 중요한 것은 프랑스가 민주적 독일을 끝까지 유럽에 묶어 두는 중요한 업무를 분담하는 동반자라는 사실을 명심하는 것이다. 이것이 독·불 관계의 역사적 역할이며, 유럽연합과 북대서양조약기구의 동진은 공히 유럽의 핵심인 독·불 관계의 중요성을 증대시키게 될 것이다. 끝으로 프랑스는 미국의 대유럽 정책에서 기초적 지정 전략에 장애가 될 수 있을 만큼 강력하지 못하며 독자적으로 유럽의 지도국이 될 만큼 강력하지도 않다. 그러므로 프랑스의 괴벽과 짜증에 관용을 베풀어야 한다.

아울러 프랑스가 북아프리카와 불어권 아프리카 국가들에게 건설적 역할을 수행하는 것에 주목할 필요가 있다. 프랑스는 모로코와 튀니지의 핵심 동반자이며 알제리에게는 안전판의 역할을 하고 있다. 그와 같은 프랑스의 개입에는 충분한 국내적 이유가 있다. 현재 프랑스에는 약 500만 명에 이르는 이슬람교도가 거주하고 있는 것이다.(이것은 현재 한국의 가톨릭 인구보다도 많은 숫자이다.─옮긴이) 따라서 프랑스에는 북아프리카의 안정과 질서정연한 발전에 중요한 이해 관계를 가지고 있는 것이다. 그러나 그러한 이해 관계는 유럽의 안보라는 더 넓은 이해 관계와 맞물려 있다. 프랑스의 사명감이 없다면 유럽의 남쪽 제방은 훨씬 불안정하고 위태로울 것이다. 남부 유럽의 모든 국가들은 점차 지중해 남쪽 연안의 불안정이 제기하는 정치·사회적 위협을 우려하고 있다. 그러므로 지중해 건너편에서 어떠한 일이 일어나고 있는가에 관한 프랑스의 지대한 관심은 곧 북대서양조약기구의 안보적 관심에 해당하는 것이다. 이러한 사항은 미국이 이따금씩 특별한 지도적 지위에 대한 프랑스의 과도한 요구에 직면할 때 반드시 고려해야 할 것이다.

독일은 또 다른 문제이다. 독일의 지배적 역할은 부정될 수 없지만, 유럽에서 독일의 지도적 지위를 공인하는 데는 신중하지 않으면 안 된다. 몇몇 유럽 국가에게서 독일의 지도적 지위는 방편적인 것일 수 있고―유럽의 동진을 위한 독일의 이니셔티브를 높이 평가하는 몇몇 중부 유럽 국가와 같이―, 그것은 서유럽인에게 미국의 일등적 지위 안에 갇혀 있는 한 용인될 수도 있을 것이다. 그러나 장기적으로 유럽 건설이 독일의 지도력에 기초할 수는 없다. 너무나 많은 기억이 아직 살아 있고, 너무나 많은 공포심이 수면 위로 떠오를 가능성이 있다. 일단 베를린에 의해 건설되고 지도되는 유럽은 상정하기 어렵다. 이것이 독일이 프랑스를 필요로 하는 이유이며, 유럽의 독·불 연대를 요구하는 이유이고, 미국이 독일과 프랑스 중에 하나를 취사 선택할 수 없는 이유이다.

북내서양소약기구의 확대와 관련해서 중요한 것은 그것이 유럽 자신의 확대와 총체적으로 연결된다는 점이다. 만일 유럽연합이 지리적으로 더 큰 공동체가 된다면―좀더 긴밀하게 통합된 독일과 프랑스라는 지도적 핵심과 덜 통합된 외곽으로 구성되는―그리고 만일 그와 같은 유럽이 자신의 안보적 기반을 계속해서 미국과의 동맹에서 구한다면, 지정학적으로 가장 노출된 부분, 즉 중부 유럽을 유럽의 나머지 부분이 범대서양적 동맹을 통해 향유하는 안전감을 공유하는 데서 노골적으로 배제할 수 없을 것이다. 이에 관해서는 미국과 독일이 의견 일치를 보고 있다. 그들에게 확대를 위한 충동은 정치적이고 역사적이며 건설적인 것이다. 그것은 러시아에 대한 적대감에 의해 추동되는 것도 아니며, 러시아에 대한 공포에 의해 추동되는 것도 아니고, 러시아를 고립시키고자 하는 열망에 의해 추동되는 것도 아니다.

그러므로 미국은 유럽의 동진을 진작시키는 데 특히 독일과 긴밀하게 협조해야 한다. 이 점과 관련한 미국과 독일의 협력 그리고 공동의 지도력은 매우 중요하다. 만일 미국과 독일이 함께 다른 북대서양조약기구 동맹국을 고무하고, 러시아와 효율적인 타협을 위해 협상을 벌인다면 ― 그리고 러시아가 그 타협에 응한다면(4장 참조) ― 아울러 유럽 건설의 임무가 모스크바의 반대에 복속될 수 없다는 올바른 확신 속에서 단호하게 행동한다면 유럽의 확대는 이루어질 수 있을 것이다. 미국과 독일이 힘을 합쳐 압력을 가하는 것은 특히 모든 북대서양조약기구 국가의 만장일치를 획득하는 데 필요하다. 어떠한 북대서양조약기구 국가도 미국과 독일이 함께 압력을 가한다면 그것을 거부할 수 없을 것이다.

궁극적으로 이러한 노력에 문제가 되는 것은 유럽에서 미국의 장기적 역할이다. 새로운 유럽은 아직 형성중에 있으며, 만일 새롭게 형성될 유럽이 지정학적으로 '유럽-대서양' 공간의 일부로 남아 있게 된다면 북대서양조약기구의 확대가 매우 중요하다. 만일 미국에서 시작된 북대서양조약기구의 확대를 위한 노력이 지지부진하게 된다면 유라시아 전체에 대한 미국의 포괄적 정책은 가능하지 않을 것이다. 그 실패는 미국의 지도력에 대한 신뢰도를 떨어뜨릴 것이다. 그것은 유럽의 확대라는 개념을 분쇄하고 말것이다. 그것은 중부 유럽인을 낙담시킬 것이다. 그리고 최근 잠자고 있거나 혹은 사멸해 버린 중부 유럽에 대한 러시아의 지정학적 열망을 다시 불타오르게 할 수도 있다. 서방 세계에서 그것은 유라시아 안보 구조 내에 진정으로 유럽적인 기둥을 세우고자 하는 전망에 치명타를 입히는 자충수가 될 수도 있다. 미국으로서는 그것이 지역적 패배일 뿐만 아니라 세계적 패배가 될 것이다.

유럽 확대에 있어서 기본 지침은 현존하는 범대서양적 체제 바깥에 있는 어떠한 열강도 충분한 자격을 가진 유럽 국가가 유럽 체제 ― 범대서양적 안보 체제에서도 마찬가지로 ― 에 참여하는 것에 거부권을 가져서는 안 된다는 것이고, 충분한 자격을 가진 유럽 국가가 유럽연합이나 북대서양조약기구에 가입하는 것을 원천적으로 배제해서는 안 된다는 것이어야 한다. 특히 극히 취약한 상태에서 점차 자격을 갖춰 가고 있는 발트해 연안 국가들 또한 궁극적으로 이 두 조직에 가입할 수 있다는 것을 알고 있어야 하며, 가입 과정에서 이들의 국가 주권이 결코 위협받을 수 없다는 것 또한 알게 해 주어야 한다.

근본적으로 서방 세계—특히 미국과 서구 동맹 국가—는 1996년 5월 15일 바클라브 하벨(Václav Havel)이 웅변적으로 제기한 다음의 문제에 대답을 해야만 한다.

"나는 유럽연합도 북대서양동맹도 가입을 희망하는 모든 국가에게 하루 아침에 문을 열 수 없다는 것을 안다. 양자가 가장 확실하게 할 수 있는 것—그리고 너무 늦기 전에 해야만 하는 것—은 공동 가치를 공유한다고 여겨지는 전체 유럽에게 그들이 결코 폐쇄적 클럽이 아니라는 확신을 심어 주는 것이다. 유럽연합과 북대서양동맹은 **점진적인 확대를 위한 시간표를 포함**하여 그러한 시간표의 논리적 근거를 설명해 주는 명확하고 상세한 정책을 마련해야 할 것이다." (고딕 강조는 저자)

유럽의 역사적 시간표

현단계에서 유럽의 동쪽 경계선을 확고하게 정의하거나 최종적으로 고정할 수 없다고 할지라도 광의의 유럽은 기독교 전통에서 유래된 문명을 공유하고 있다. 협의의 유럽은 서유럽으로서 로마와 그 역사적 유산에 연결되어 있다. 그러나 유럽의 기독교 전통은 또한 비잔틴과 러시아정교를 포함한다. 따라서 문화적으로 볼 때 유럽은 베드로의 유럽보다 큰 것이며, 베드로의 유럽은 다시 서유럽보다 크다. 비록 최근 서유럽이 유럽의 정체성을 독

지도 3-2

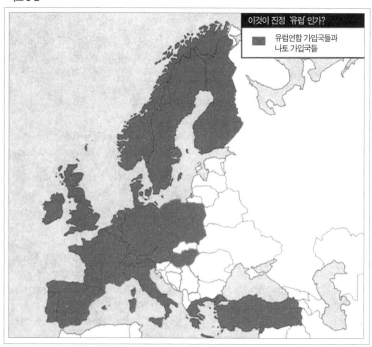

점하고 있기는 하지만. 「지도 3-2」를 얼핏 훑어보기만 해도 현재의 유럽이 결코 완전한 유럽이 아니라는 것을 확인할 수 있다. 더욱이 현재의 유럽과 러시아 사이에 위치한 불안정한 지역은 서유럽과 러시아 모두에게 흡입 효과를 발휘하여 필연적으로 긴장과 경쟁을 낳는다.

서유럽으로 한정된 샤를르마뉴의 유럽은 냉전 기간중의 필요에 따라 의미를 부여받은 것이었지만, 현재 그와 같은 유럽은 비정상적인 것이다. 그 이유는 현재 부상하는 유럽이 하나의 문명권인 점에 덧붙여서 공동의 생활 방식과 생활 수준 그리고 민주적 절차를 공유하는 정치체이지, 종교적 혹은 영토적 갈등을 짊어지고 있는 것은 아니기 때문이다. 현재 공식적으로 조직되어 있는 유럽은 실제적인 잠재성에 훨씬 못 미치는 것이다. 서구 베드로 전통을 공유하며 선진적이고 정치적인 안정을 보이는 중부 유럽 국가들, 특히 체코공화국, 폴란드, 헝가리 그리고 아마도 슬로베니아 등은 '유럽'과 대서양 안보 체제의 성원이 될 자격과 의지를 갖추고 있다. 최근의 상황을 보면 1999년까지 북대서양조약기구는 폴란드, 체코 그리고 헝가리 등지로 확장될 가능성이 높아 보인다. 이와 같은 중대한 첫 단계 이후 북대서양조약기구의 후속적 확장은 유럽연합의 확장과 더불어 진행되거나 그것을 수반할 가능성이 높다. 유럽연합의 확장은 자격을 갖추어 나가는 단계에서나 자격 조건을 심사하는 데 있어 더욱 복잡한 과정을 포괄한다.(「표 3-2」 참조) 따라서 중부 유럽의 몇몇 국가를 유럽연합에 받아들이는 것은 2002년 전에는 이루어질 것 같지 않고 아마도 훨씬 뒤의 일이 될 것이다. 그럼에도 불구하고 북대서양조약기구에 가입한 3개 국가가 유럽연합에 가입한 뒤에는 유럽연합과 북대서양조약기구는 공히 발트 공화국과 슬로바키아, 루마니아, 불가리아, 슬로베니아, 그리고 궁극적으로는 우크라이나의 가입 문제를 논의하지 않으면 안 될 것이다.

궁극적으로 유럽연합에 가입할 수 있으리라는 전망이 이미 장래 가입 후보국의 국내외 문제와 그들의 행동 양식에 건설적인 영향을 미치고 있다. 유럽연합과 북대서양조약기구가 공히 소수 민족의 권리와 성원 국가간의 영토 문제(터키와 그리스 사이의 분쟁만으로도 족하다⁾)와 관련된 분쟁을 떠맡지 않으려 한다는 것에 대한 인식은 슬로바키아, 헝가리 그리고 루마니아 등에서 유럽협의회(Council of Europe)¹¹⁾가 제시하는 표준에 부응하고자

---

10) 이는 키프로스 분쟁을 시사하고 있다.—옮긴이.
11) 1949년 개별 국가 차원을 넘어서 민주주의, 인권 그리고 법치의 신장을 목적으로 서유럽 10개 국가가 설립한 기구. 현재 프랑스의 스트라스부르에 본부를 두고 있으며, 유럽의 인권적 표준을 제시하고 감독하는 역할을 수행하고 있다. 유럽연합 내의 Council of the European Union이나 European Council과는 전혀 다른 기구이다.—옮긴이.

표 3-2 유럽연합의 멤버십: 가입 신청에서 가입에 이르기까지

가입을 희망하는 유럽 국가가 유럽연합이사회(the Council of the European Union)에 가입 신청을 제출

↓

유럽연합이사회는 유럽연합집행위원회에 해당 가입 신청에 대한 의견을 송부해 줄 것을 요청

↓

유럽연합집행위원회는 해당 가입 신청에 대한 의견을 이사회에 송부

↓

이사회는 만장 일치로 가입을 위한 협상을 시작할 것인가를 결정

↓

집행위원회가 제안하고 이사회가 만장 일치로 채택하는 과정을 거쳐 협상중에 있는 가입 신청국에 대한 유럽연합의 입장을 확정

↓

유럽연합은 이사회의 의장을 대표로 하여 가입 신청국과의 협상을 진행

↓

유럽연합과 가입 신청국이 가입을 위한 조약문의 초안에 합의

↓

조약문의 초안을 이사회와 유럽의회에 제출

↓

유럽의회는 절대 다수의 찬성을 통해 가입 조약문을 승인

↓

이사회는 만장 일치로 가입 조약문을 승인

↓

기존 가입국과 새로운 가입국이 가입 조약을 공식 체결

↓

기존 가입국과 새로운 가입국이 가입 조약 비준

↓

비준 이후, 가입 조약 발효

자료: C.S.I.S. US-EU-Poland Action Commission

하는 자극제가 되고 있다. 오직 민주주의 국가만이 자격을 갖출 수 있다는 좀더 일반적인 원리에 있어서도 이 점은 마찬가지이다. 배제되지 않고자 하는 열망이 새로운 민주주의를 강화하는 중요한 역할을 수행하고 있는 것이다.

어떤 경우에든지 유럽의 정치적 통합과 안보가 불가분의 관계에 있다는 점을 분명히 해야 한다. 현실적으로 미국과의 공동 안보 장치 없이는 진정으로 통합된 유럽을 상정하기 어렵다. 그러므로 유럽연합에 가입하는 절차를 시작했거나 가입을 위한 협상에 초대된 국가는 사실상 자동적으로 북대서양조약기구의 보호를 받고 있다고 추정할 수 있을 것이다.

따라서 유럽을 확대하는 과정과 범대서양 안보 체제를 확장하는 절차는 신중한 단계를 거쳐 진행될 것이다. 미국과 서유럽의 노력이 계속될 것이라고 가정한다면 이러한 단계에 대한 추론적이기는 하지만 현실적이고 신중한 시간표는 다음과 같을 것이다.

1. 1999년까지 최초의 새로운 중부 유럽 국가들이 북대서양조약기구에 가입하게 될 것이다. 그러나 2002년 혹은 2003년 전까지는 이들 국가가 유럽연합에 가입할 수 없을 것이다.

2. 다른 한편으로 유럽연합은 발트 해 연안 국가들의 가입과 관련한 협상을 전개할 것이며, 북대서양조약기구 또한 이들 국가와 더불어 루마니아의 가입에 관한 논의를 전개할 것이다. 이들의 북대서양조약기구 가입은 2005년까지 완수될 것이다. 이 단계의 어느 시점에서 다른 발트 해 연안 국가들이 가입 자격을 갖추게 될 수도 있다.

3. 발트 해 연안 국가들의 가입은 스웨덴과 핀란드로 하여금 북대서양조약기구 가입을 고려하도록 부추기게 될 것이다.

4. 2005년과 2010년 사이 어느 시점에서 우크라이나—만일 이 나라가 국내

지도 3-3

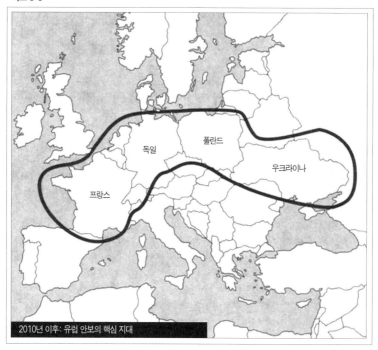

프랑스
독일
폴란드
우크라이나

2010년 이후: 유럽 안보의 핵심 지대

개혁에 성공을 거두고 중부 유럽과 좀더 밀접한 정체성을 공유하는 데 성공한
다면―가 유럽연합과 북대서양조약기구 가입 문제를 놓고 진지한 협상에 임
할 채비를 갖추게 될 것이다.

이 과정에서 유럽연합과 북대서양조약기구 내에서 프랑스-독일-폴란
드의 협력이, 특히 방위 영역에서 상당 수준 강화될 것이다. 그와 같은 협력
은 궁극적으로 러시아와 우크라이나를 포괄하는 더 넓은 안보 장치 내에서
서구적 핵심이 될 수 있을 것이다. 우크라이나의 독립과 관련하여 갖는 독
일과 폴란드의 특수한 지정학적 이익을 감안할 때, 우크라이나가 점차 프랑

스-독일-폴란드간의 특수 관계 안으로 끌려들어 갈 가능성이 높다. 2010년까지는 약 2억 3천만 인구를 포괄하는 프랑스-독일-폴란드-우크라이나간의 정치적 공조가 유럽의 지정 전략적 깊이를 고양하는 동반 관계로 발전할 수 있다.

이상의 시나리오가 순조로운 형태로 이루어질지 아니면 러시아와 긴장이 심화되는 가운데 이루어질지가 매우 중요하다. 러시아에 대해서는 계속 유럽으로의 문이 열려 있다는 확신과 더불어 궁극적으로 범대서양 안보 체제에 참여할 수 있는 문이 열려 있다는 확신을 심어 주어야 하며, 미래의 어느 시점에 새로운 범유라시아 안보 체제에 참여할 수 있다는 확신을 심어 주어야 한다. 이러한 확신에 대한 신뢰도를 높이기 위해 러시아와 유럽간에 다양한 협력 고리가 모든 분야에 신중하게 육성되어야만 한다.(유럽에 대한 러시아의 관세 그리고 이와 관련한 우크라이나의 역할은 다음 장에서 더욱 폭 넓게 논의될 것이다.)

만일 유럽이 통합과 확장에 성공을 거둔다면 그리고 그 동안 러시아가 민주주의를 공고히 하고 사회적 근대화를 이루는 데 성공한다면 러시아는 유럽과 더욱 유기적인 관계를 맺을 자격을 갖추게 될 것이다. 이것은 다시 범대서양 안보 체제와 범유라시아 안보 체제의 합병을 가능하게 할 것이다. 그러나 현실적으로 러시아의 공식적 가입 문제는 상당 기간 동안 제기되지 않을 것이며, 그것이 바로 의미 없이 문을 닫아 놓아서는 안 되는 근거이기도 하다.

요컨대 얄타의 유럽은 갔다. 이제 베르사이유의 유럽으로 회귀하지 않는 것이 중요하다. 유럽 분할의 종언이 민족 국가간의 분쟁으로 가득 찬 유럽으로의 회귀로 치닫는 것이 되어서는 안 되며, 더욱더 크고 잘 통합된 유럽의 출발점이 되어야만 한다. 그러한 유럽은 확장된 북대서양조약기구 구조를 통해 강화되고, 러시아와의 건설적 안보 관계를 통해 더 많은 안정을 확보해야 한다. 그러므로 유럽에서 미국 지정 전략의 중심 목표는 다음과 같이 매우 단순하게 요약될 수 있다. 진정한 범대서양적 동반 관계를 통해 유라시아 대륙 내 미국의 교두보를 공고히 함으로써 확장중에 있는 유럽이 유라시아에 대해 민주적이고 협력적인 국제 질서를 투사하는 더욱 역동적인 발판이 되도록 해야 한다는 것이다.

제4장
블랙홀

1991년 후반 세계 최대의 영토를 지닌 국가의 해체는 유라시아 중심부에 '블랙홀'을 남겨 놓았다. 마치 지정학자들이 그토록 중요시해 왔던 '심장부'(heartland)가 갑자기 세계 지도 위에서 사라져 버리는 듯했다.

이 새롭고 당혹스러운 상황은 미국에 중대한 위협을 제기하고 있다. 당연히 미국이 긴박하게 처리해야 할 임무는 아직까지도 막강한 핵무기를 보유한 채 쓰러져 가는 국가들이 적대적인 독재 국가가 되거나 정치적 무정부 상태에 빠질 가능성을 줄여 나가는 것이다. 그러나 장기적 임무가 여전히 존재하는데, 어떻게 러시아의 민주적 변화와 경제적 회복을 뒷받침하는 한편으로 새로운 유라시아 제국의 출현을 피할 수 있느냐 하는 것이다.(새로운 유라시아 제국의 출현은 거대한 유로-대서양 체제를 형성하고자 하는 미국의 지정 전략적 목표를 가로막을 것이다. 미국이 의도하는 거대한 유로-대서양 체제 안에서 러시아는 안정적이고 비위협적인 존재가 될 수 있을 것이다.)

러시아가 처한 새로운 지정학적 상황

소련의 붕괴는 단기적으로나마 징기스칸의 영토에 버금 가는 지역을 포괄했던 중·소 공산 블록이 균열되어 온 역사적 과정의 최종 국면이다. 징기스칸 제국에 비견될 수 있었던 현대의 유라시아 블록은 매우 짧은 기간 동안 지속되었을 뿐이다. 티토의 유고슬라비아는 일찌감치 이탈했고, 처음부터 공산 진영에 대한 충성보다는 민족적 열망이 강할 수 있음을 시사했던 마오쩌뚱의 중국 역시 불복적 태도를 보임으로써 민족적 열망이 이념적 연대보다 강함을 증명했다. 중·소 블록은 약 10년간 지속되었고 소비에트연방은 약 70년간 존속되었다.

그러나 지정학적으로 더욱 중요한 의미를 지닌 것은 수세기 동안 지속되어 온 모스크바 중심의 대러시아 제국의 해체이다. 이 제국의 해체는 소련 체제 일반의 정치·경제·사회적 실패로 가속되었다. 소련 체제가 안고 있던 질환은 체제적 비밀성과 자기 고립에 의해 임종의 순간까지 거의 은폐되었다. 그러므로 세계는 외면상 갑작스러워 보였던 소련 체제의 붕괴에 당혹했다. 1991년 12월 초의 2주일 동안 러시아, 우크라이나 그리고 벨로루시 공화국의 정상들은 소비에트연방이 해체되었음을 선언했고, 그 대신 발트 해 연안 국가들을 제외한 과거 소비에트연방의 모든 공화국을 포괄하는 느슨한 정치적 실체―독립국가연합(CIS)이라 불리는―로 대체되었다. 소련 대통령은 사임을 해야만 했고, 크렘린 궁전에 나부끼던 소련 깃발은 영원히 사라졌다. 끝으로 러시아연방―오늘날 1억 5천만 인구를 포괄하고 있는 러시아 국가인―은 과거 소련의 사실상 후계자로 부상한 반면, 다른 공화국들―또 다른 1억 5천만 인구를 대표하는―은 다양한 수준에서 그들의 독립적 주권을 주장했다.

소비에트연방의 붕괴는 기념비적인 지정학적 혼란을 야기했다. 단지 2주일 동안, 러시아 인민들―일반적으로 외부 세계보다도 소련의 임박한 붕괴 사실을 더 몰랐던―은 갑자기 자신들이 더 이상 범대륙적 제국의 주인이 아니라는 사실을 발견했고, 러시아의 국경은 과거 1800년대 초 그들이 거주하던 코카서스 지방과 1800년대 중반의 중앙아시아로, 그리고 서쪽 국경은—무엇보다 극적이고 고통스러운 일이겠지만—1600년대 공포의 왕 이반의 통치 시대로 축소되었다. 코카서스의 상실은 새로이 부상하는 터키의 영향력에 대한 공포를 낳고, 중앙아시아의 상실은 이 지역의 거대한 에너지 자원 및 지하 자원과 관련한 박탈감과 더불어 이슬람의 잠재적 위협에 대한 우려를 낳았다. 그리고 우크라이나의 독립은 러시아가 범슬라브적 정통성과 관련된 공통적 표준의 유일하고 거룩한 담당자라는 러시아적 요구의 핵심을 위협하는 것이었다.

수세기 동안 짜르 제국에 점령되어 온 공간과 약 4분의 3세기 동안 러시아가 지배하는 소련에 점령되었던 공간은 이제 약 열 두 개 국가로 채워져 있다. 이들은 대개 (러시아를 제외하고는) 진정한 주권을 행사할 준비가 거의 되어 있지 않으며, 규모면에서도 5천 200만 인구를 지닌 우크라이나에서부터 350만 인구에 불과한 아르메니아에 이르기까지 극히 다양하다. 이들 국가의 생존 가능성은 불확실하고, 새로운 현실에 적응하려는 러시아의 의지도 마찬가지로 불확실하다. 러시아인이 겪고 있는 역사적 충격은 러시아어를 하는 약 2천만 인구가 외국에 속하게 되었다는 점이다. 이들이 속해 있는 국가의 지배 엘리트는 수십 년 동안 어느 정도 강제성을 띠고 진행되어 온 러시아화에 맞서 갈수록 더 민족적 정체성을 주장하고 있다.[1]

러시아 제국의 붕괴는 유라시아의 한가운데에 권력 공백을 만들어 놓았다. 신생 독립 국가들은 취약할 뿐만 아니라 혼돈에 빠져 있고, 러시아 자체에도 대격변으로 인한 대규모 체제 위기가 발생하고 있다. 특히 정치적 격변과 더불어 과거 소련의 사회 경제적 모델을 해체하기 위한 노력이 병행되

---

1) 신생 국가에서 러시아어는 제1공용어의 자리를 내주고 있다. 이러한 현상은 고려인과 같이 러시아어를 매개로 다른 민족과 공존했던 소수 민족에게 새로운 언어에 적응하든가 아니면 러시아공화국 쪽으로 이주하든가 하는 양자택일을 강요한다. — 옮긴이.

고 있다. 국가적 상처(trauma)는 타지키스탄에 대한 러시아의 군사 개입으로 덧나고 있다. 이 지역에 대한 러시아의 개입은 신생 국가를 이슬람인이 접수하는 데 대한 두려움에 기인한 것이었다. 특히 정치·경제적으로 비싼 값을 치르는 체첸 지역에 대한 잔인하고 비극적인 개입으로 러시아가 겪는 국가적 상처는 더 커지고 있다. 이 모든 것 가운데 가장 고통스러운 것은 러시아의 국제적 지위가 심각하게 하락했다는 점이다. 세계의 양대 초강대국의 하나에서 이제는 기껏해야 제3세계의 지역적 패권 국가의 하나로 간주되고 있을 뿐이다. 아직까지 상당한 수준의 핵무기를 보유하고 있기는 하지만 그나마도 점차 골동품화하는 게 현실이다.

지정학적 공백은 러시아가 겪고 있는 사회 경제적 위기의 규모에 의해 극대화되고 있다. 약 4분의 3세기에 걸친 공산 지배는 러시아인에게 전례 없는 생물힉적 손실을 입혔다. 많은 수의 새능 있고 모험적인 개인이 살해되거나 굴라그(Gulag)에서 사라져 갔다. 이런 인구는 수백만 명을 헤아린다. 아울러 20세기에 들어 이 나라는 제1차 세계대전을 통해 엄청난 피해를 입었을 뿐만 아니라, 내전 기간중에도 살육을 겪어야 했고, 제2차 세계대전중에도 살상과 약탈을 경험해야만 했다. 공산 지배 체제는 경직된 교조를 강요하는 한편, 이 나라를 외부 세계로부터 고립시켰다. 러시아의 경제 정책은 환경에 대한 관심에서 멀리 있었고, 그 결과 인민의 환경과 건강은 크게 위협받았다. 러시아의 공식적 통계에 따르면 1990년대 중반 단지 40퍼센트의 신생아만이 건강한 생활 세계에서 태어나고, 취학 1년째 아동 가운데 약 5분의 1이 심리적 퇴행을 겪고 있는 것으로 나타났다. 남성 인구의 평균 수명은 57.3세로 낮아졌고 사망자 수가 출생자 수를 능가하고 있다. 사실상 러시아의 사회적 조건은 중급 수준의 제3세계 국가와 동일한 상태이다.

20세기 러시아인이 겪어야 했던 공포와 환란은 말로 다할 수 없다. 러시

124

아에서 정상적인 문명 생활을 영위할 수 있었던 가족은 거의 없었다. 다음과 같은 일련의 사건이 초래했을 사회적 여파를 생각해 보자.

- 1905년 러시아의 참패로 끝난 러일 전쟁.
- 1905년 대규모 도시 폭동에 불을 지핀 1차 '프롤레타리아' 혁명.
- 1914~1917년간 수백만 명의 사상자와 막대한 경제적 손실을 초래한 제1차 세계대전.
- 1918~1921년간 수백만 명의 인명을 살상하고 국토를 황폐화시킨 내전.
- 1919~1920년간 러시아의 패배로 끝난 폴란드와의 전쟁.
- 1920년대 초 굴라그의 설치와 혁명 이전기 엘리트들의 몰살 그리고 러시아로부터의 대규모 인구 이동.
- 1930년대 초반과 중반의 산업화와 집단화. 대규모 기근을 수반하고, 우크라이나와 카자흐스탄 등지에서 수백만 명의 사망자를 발생시켰다.
- 1930년대 중반과 후반의 대숙청. 수백만 명이 강제 노동 수용소에 유폐되었고, 약 100만 명이 총살당했으며, 수백만 명이 혹사로 인해 사망했다.
- 1941~1945년간의 제2차 세계대전. 수백만 군인과 민간인의 인명을 살상했고, 대규모의 경제적 손실을 입었다.
- 1940년대 후반에 재개된 스탈린의 공포 정치. 다시 대규모 구금과 더불어 연속적인 처형을 낳았다.
- 1940년대 후반부터 1980년대 후반까지 40년에 걸쳐 진행된 미국과의 군사 경쟁이 수반한 사회적 빈곤 효과.
- 1970년대와 1980년대 소련의 힘을 카리브해, 중동 그리고 아프리카 등지에 뻗치려고 했던 노력이 수반한 경제적 소진.
- 1979년과 1989년 사이 소련을 쇠약하게 만들었던 아프가니스탄 전쟁.
- 소련의 갑작스런 붕괴에 따른 사회적 무질서, 고통스런 경제 위기 그리고 체

지도 4-1

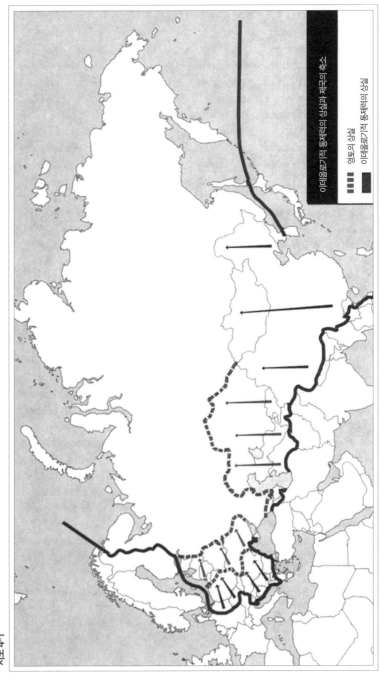

이데올로기적 통제력의 상실과 제국의 축소

영토의 상실

이데올로기적 통제력의 상실

첸 지역에 대한 수치스럽고 피비린내 나는 전쟁.

러시아의 내적 상황에서 발생하는 위기, 특히 러시아의 정치 엘리트들이 감내하기 어려운 국제적 지위 하락뿐만 아니라 러시아가 처해 있는 지정학적 상황 역시 부정적 영향을 미치고 있다. 소비에트연방이 붕괴한 이후 러시아는 서부 국경 방면에서 심각한 지정학적 영향력의 감소를 경험하고 있다.(「지도 4-1」 참조) 1700년대 이래 러시아의 통제하에 있던 발트 해 연안 국가들이 독립하였고, 이에 따른 리가 항구와 탈린 항구의 상실로 발트 해에 대한 러시아의 접근이 제한되면서 러시아가 겨울에 바다로 나갈 수 있는 출구가 더욱 감소되었다. 비록 러시아가 벨로루시와 같이 고도로 러시아화된 신생 독립국에서 가까스로 정치적 지배력을 유지하고 있기는 하지만 벨로루시 역시 민족주의에 감염될 가능성이 높다. 또 과거 소비에트연방의 국경 너머에서는 바르샤바조약기구가 붕괴하면서 폴란드를 필두로 한 과거 중부 유럽의 위성 국가들이 급속히 나토와 유럽연합 쪽으로 기울고 있다.

가장 문제가 되는 것은 우크라이나의 상실이다. 우크라이나가 취하는 독립 국가적 모습은 러시아인으로 하여금 자신들의 정치적 · 인종적 정체성을 다시금 되돌아 보게 만들고 있을 뿐만 아니라 러시아가 겪고 있는 엄청난 지정학적 후퇴를 나타내 준다. 300여 년에 걸친 러시아 제국의 역사로부터 우크라이나의 결별은 잠재적으로 풍부한 농공업 기반의 상실과 인종적으로나 종교적으로 러시아인과 매우 유사한 5천 200만 인구의 상실을 의미하는 것이다. 이것은 다시 말해서 러시아를 진정으로 크고 자신감 넘치는 제국으로 만들어 줄 수 있을 만큼의 자원인 것이다. 우크라이나가 독립하면서 흑해에 대한 러시아의 지배권도 끝나고 말았다. 흑해 연안 우크라이나의 오데사 항구는 러시아가 지중해 방면과 교역을 벌이는 데서 출구 역할을 담당했었다.

우크라이나는 지정학적 추축이다. 우크라이나의 상실은 러시아의 지정 전략적 옵션을 크게 제한한다. 발트 해 연안 국가들과 폴란드를 상실했다고 하더라도 우크라이나에 대한 영향력만이라도 유지한다고 하면, 러시아는 남쪽의 비슬라브 지역과 남동쪽의 구소련 영역을 지배함으로써 계속 유라시아의 리더 자리를 추구할 수 있다. 그러나 우크라이나와 그곳의 5천 200만 슬라브인 없이 러시아가 유라시아 제국을 재건하려는 시도는 러시아로 하여금 비슬라브인과의 지리한 민족적·종교적 분규에 휩싸이게 만들 가능성이 높다. 체첸인과의 전쟁은 단지 그 한 예에 불과하다. 더욱이 러시아의 줄어드는 출생률과 중앙아시아의 폭발적인 출생률을 감안한다면, 우크라이나 없이 러시아의 힘에만 의존한 새로운 유라시아적 정치 체제는 해가 지날수록 덜 유럽적이고 더 아시아적인 러시아를 만든다. 우크라이나는 지정학적 추축일 뿐만 아니라 지정학적 촉매이기도 하다. 우크라이나가 러시아에 선수를 침에 따라 독립국가연합(CIS)을 소비에트연방을 존속하기 위한 단순한 치장으로 만들려 했던 러시아의 의도는 불가능해졌다. 1991년 우크라이나는 독립을 선언했을 뿐만 아니라, 일종의 쿠데타를 일으켜 우크라이나에 주둔하던 소련 군대에 대한 통제권을 확보했던 것이다. 우크라이나의 독자적인 정책 결정은 러시아를 당황하게 했고, 처음에는 소극적이던 다른 독립 국가들이 따라오게끔 전례를 만들었던 것이다.

발트 해에서처럼 흑해에서 러시아가 지배적 지위를 잃은 것은 비단 우크라이나를 상실했기 때문만은 아니다. 그것은 코카서스 지역에서 그루지아, 아르메니아 그리고 아제르바이잔 등이 독립함으로써 과거 터키가 이 지역에서 지녔던 영향력을 회복할 기회가 커졌기 때문이기도 하다. 1991년 이전 흑해는 러시아 해군력이 지중해로 진출하기 위한 출발점이었다. 1990년대 중반에 이르러 러시아에게 남은 것은 약간의 흑해 연안과 흑해함대의 잔류 부대를 크리미아 반도에 주둔시키는 문제를 놓고 우크라이나와 벌여야 했던 협상뿐이었다. 반면 러시아는 나토와 우크라이나가 합동으로 전개하는 해상 및 상륙 훈련과 흑해 지역에 증대되는 터키의 영향력을 지켜보아야만 했다. 그뿐 아니라 러시아는 터키가 자국에 대한 체첸인의 저항에 상당한 원조를 제공했다는 의혹을 떨쳐 버릴 수 없었다.

더 멀리 동남쪽에서는 카스피 해와 중앙아시아를 둘러싼 엄청난 지정학적 격변이 유사한 상황을 낳고 있었다. 소련의 붕괴 이전, 카스피 해는 이란 영토에 속한 약간을 제외하면 사실상 소련의 호수였다. 강력한 민족주의적 성향을 지닌 아제르바이잔이 독립함에 따라—유전을 노리는 서방의 열렬한 투자가들에 의해 뒷받침되면서—그리고 카자흐스탄과 투르크메니스탄이 독립함에 따라 러시아는 카스피 해의 자원을 노리는 다섯 국가 중 하나로 전락하고 말았다. 러시아는 더 이상 카스피 해의 자원이 자신의 처분에 맡겨져 있다고 장담할 수 없게 된 것이다. 중앙아시아 국가들의 독립은 몇몇 지역에서 러시아의 남쪽 국경이 천 마일 이상 후퇴했음을 의미하는 것이다. 새로운 독립 국가는 광대한 광물 자원과 유전을 보유하게 되었으며, 이것은 외국인의 관심을 모으고 있다. 엘리트는 물론 머지않아 이들 국가의 대중도 더욱 민족주의적이 될 것이며, 아마도 더욱 이슬람적인 대외관을 가지게 될 것이다. 막대한 자연 자원을 가진 카자흐스탄의 2천만 인구는 카자흐인과 슬라브인으로 양분되어 있는데 이들간의 언어적·민족적 갈등은 더욱 심화될 것이다. 비교적 동질적인 2천 500만 인구를 지니고 있으며, 지도자들이 과거 역사의 영광을 유달리 강조하는 우즈베키스탄의 경우는 갈수록 탈식민지적 지위를 더욱 강력하게 요구하고 있다. 러시아와의 직접적인 접촉에 있어 카자흐스탄이 방패 역할을 해 주는 지리적 위치의 투르크메니스탄의 경우는 과거 세계 시장과 교류하려면 러시아에 의존해야 했던 관계에서 벗어나 이란과 활발한 연대를 모색하고 있다.

외부적으로 터키, 이란, 파키스탄 그리고 사우디 아라비아 등에 의해 뒷받침되는 중앙아시아 국가들은 러시아와 경제적으로 통합되어 있음으로써 혜택을 누려 왔음에도 불구하고 많은 러시아인의 기대와는 달리 자신들의 정치적 주권을 양보하려 하지 않았다. 따라서 이들 국가와 러시아의 관계에서 어느 정도 긴장감과 적대감은 피할 수 없을 것이며, 체첸인과 타지키스탄의 경우에서 보이는 바와 같이 더욱 심각한 상황이 발생할 가능성도 배제할 수 없다. 러시아인은 러시아 남쪽 국경에 걸쳐 존재하는 이슬람 국가(여기에 터키, 이란 그리고 파키스탄을 덧붙여서)와의 분쟁 가능성을 심각하게 우려한다. 끝으로 제국이 해체될 무렵 러시아는 비록 영토적·정치적 변화를 동반한 것은 아니었지만 극동 지역에서 새롭고 불길한 지정학적 상황에 직면해야 했다. 수세기 동안 중국은 러시아에 비해 약하고 후진적이었다. 적어도 정치적·군사적 영역에서는 그랬다. 나라의 장래를 걱정하고 지난 십년간의 극적인 변화에 당혹해 하는 러시아인 중에서 러시아보다 더 선진적이고 더 역동적이며 더 성공적인 길을 걷는 중국을 무시할 수 있는 사람은 없다. 12억 인구의 역동적 에너지와 결합된 중국의 경제력은 두 국가간의 역사적 등식을 근본적으로 바꾸어 놓았고, 시베리아의 광활한 공간은 거의 중국의 식민 정책에 추파를 던지고 있는 실정이다.

이와 같은 현실은 극동 지역에 대한 러시아의 안보 감각뿐만 아니라 중앙아시아에 대한 러시아의 이해 관계에도 영향을 미친다. 머지않아 이러한 전개 양상이 지니는 의미는 러시아의 우크라이나 상실이 지니는 지정학적 중요성을 능가하게 될 것이다. 그것이 지니는 전략적 의미는 공산 체제 이후 최초의 주미 러시아 대사를 역임했고, 후일 두마(Duma, 러시아 의회를 말함—옮긴이) 외교위원회 위원장이 된 블라디미르 루킨이 다음과 같이 잘 표현한 바 있다.

"과거 러시아는 유럽에는 뒤쳐졌지만 아시아의 선두 주자임을 자처했다. 그러나 이 후 아시아는 훨씬 빠른 속도로 발전했다. 우리는 '근대적 유럽'과 '후진적 아시아' 사이에 놓여 있기보다는 두 개의 '유럽' 사이에 있는 이상한 중간 지대를 차지하고 있는 느낌이다."[2]

요약하자면 최근까지 거대한 영토적 제국이자 유럽 중심부로부터 남중국해에 이르는 이념적 블록의 리더였던 러시아는 문제 많은 민족 국가로 전락하고 말았다. 외부 세계로 쉽게 이어질 수 있는 지리적 접근로는 차단되었으며, 서쪽, 남쪽 그리고 동쪽에 인접해 있는 국가와 소모적 분쟁에 노출되어 있다. 단지 사람이 살기도 어렵고 접근하기도 힘든, 거의 항상 얼어붙어 있는 북쪽 공간만이 지정학적으로 안전할 뿐이다.

지정 전략의 요술경

제국의 해체를 맞이한 이후 러시아는 불가피하게 역사적 · 전략적 혼돈기를 겪어야만 했다. 소련의 충격적인 붕괴, 특히 거대한 러시아 제국의 예기치 못한 해체는 러시아에서 러시아 정신의 탐구 열풍을 불러일으켰으며, 현존하는 러시아의 역사적 역할이 무엇인지에 관한 광범위한 토론을 촉발시켰고, 여러 강대국에서는 제기조차 되지 않는 다음과 같은 문제를 둘러싸고 공적 · 사적인 논쟁이 벌어지게 되었다. 곧 러시아는 무엇인가? 러시아는 어디에 있는가? 러시아인이 된다는 것은 무엇을 의미하는가?

이 문제들은 단지 이론적인 것에 그치지 않는다. 이에 대한 응답은 심각한 지정학적 의미를 담고 있다. 러시아는 순전히 러시아적 인종에 기초한 민족 국가인가, 아니면 영국이 잉글랜드 이상의 존재이듯이 더욱 큰 외연

---

2) Vladimir Lukin, "Our Security Predicament," *Foreign Policy* 88 (Fall 1992), p. 60.

을 지닌 개념이고, 따라서 제국을 지향하는 것인가? 무엇이 '역사적·전략적 그리고 인종적으로' 러시아에게 합당한 국경인가? 독립한 우크라이나는 그와 같은 역사적·전략적 그리고 인종적 견지에서 보았을 때 일시적 이탈로 보아야 할 것인가? (많은 러시아인은 그렇게 생각하고 싶어한다.) 러시아인이 되기 위해서는 인종적으로 러시아인(Russkyi, 로스키)이 되어야 하는 것인가, 아니면 인종적으로는 아니지만 정치적으로 러시아인 (즉 잉글리쉬가 아닌 브리티쉬의 의미를 지닌 로시아닌[Russyanin])이 될 수 있는 것인가? 예를 들면 옐친과 몇몇 러시아인은 체첸인이 러시아인으로 간주될 수 있고, 또 그래야만 한다고 주장했던 것이다.(비극적 결과를 가져 왔지만.)

소련이 붕괴되기 1년 전, 다가오는 미래를 내다보던 몇 안 되는 러시아인 가운데 한 사람은 다음과 같이 확언한 바 있다.

"만일 러시아인이 생각할 수 없었던 비극적인 재난이 닥쳐서 국가가 쪼개지고, 지난 천 년의 역사에 의해 약탈당하고 기만당해 왔던 인민들이 갑자기 홀로 서게 된다면, 그리고 최근의 '형제들' 이 가산을 챙겨 그들의 '민족적 생명선' 을 타고 사라져 버린다면, 우리는 더 이상 갈 곳이 없다.······

정치적·경제적 그리고 정신적으로 '러시아의 이념' 을 체현한 러시아의 국가성은 새롭게 건설되어야 할 것이다. 지난 천년왕국과 한순간에 사라져 버린 70년의 소련 역사를 통해 최선의 것을 끌어 모아야 할 것이다."[3]

하지만 과연 어떻게 할 수 있을 것인가? 러시아인이 받아들일 수 있으면서도 현실적인 해답을 찾는 일의 어려움은 러시아라는 국가 자체가 겪어 왔

---

3) Aleksandr Prokhanov, "Tragedy of Centralism," *Literaturnaya Rossiya* (January 1990), pp. 4~5.

던 역사적 위기로 인해 더 복잡하게 되었다. 거의 모든 역사에서 러시아의 국가는 영토적 팽창과 경제적 발전의 도구였다. 러시아에서 국가는 스스로를 서구적 전통에서처럼 민족적 도구로 자리 매김하기보다는 종교적·지정학적 혹은 이데올로기적 견지에서 다양하게 정의되는 '러시아적 이념'과 관련된 특수한 초국적 사명의 실행자로 자리 매김해 왔다. 그런데 이제 러시아의 국가가 영토적으로 수축하여 거의 러시아인만을 반영하는 수준이 됨에 따라 그와 같은 사명과의 갑작스런 결별이 이루어지게 된 것이다.

더욱이 소련 붕괴 이후 러시아의 국가(말하자면 그 '핵심')가 겪는 위기는 대외적으로는 제국적 사명을 박탈당하고, 대내적으로는 근대화론자(그리고 그들을 지원하는 서방의 컨설턴트)가 러시아의 사회적 후진성과 유라시아의 다른 선진 지역과 벌어지는 격차를 해소하기 위하여 러시아에서 국가가 담당했던 전통적 역할, 즉 사회적 부의 중재자이자 소유자이며 관리자로서의 역할을 포기할 것을 요구하면서 더욱 복잡성을 띠게 되었다. 결국 러시아에서 국가가 담당했던 대내외적 역할의 혁명적 변화가 요구되었던 것이다. 이것은 러시아적 삶의 양식의 국내적 패턴에 근본적인 변화를 요구하는 것이었을 뿐만 아니라 지정학적 방향 감각을 상실한 러시아 정치 엘리트들의 분열을 조장하는 것이기도 했다.

이처럼 당혹스러운 환경 속에서 "러시아는 어디로 갈 것인가? 러시아는 무엇인가?"라는 질문이 다양한 응답을 제공했으리라는 점은 쉽게 짐작할 수 있다. 러시아의 광대한 유라시아적 위치는 러시아 엘리트로 하여금 지정학적 사고를 하게 해 주었다. 공산 체제 이후 러시아 최초의 외무장관을 역임했던 안드레이 코지레프(Andrei Kozyrev)는 러시아가 새로운 국제 환경에서 어떻게 행동할 것인가를 정의하면서 그와 같은 사고 양식을 재확인해 주었다. 소련이 붕괴된 지 한 달이 채 안 되어 그는 다음과 같이 언급한 바 있다. "구세주의를 청산함으로써 우리는 실용주의로 향하는 길을 닦았다.…… 우리는 지정학이 이데올로기를 대체하고 있다는 점을 재빨리 이해했다."[4]

소련 붕괴 이후 러시아에는 대략 세 개의 커다란(부분적으로 중첩되는) 지정학적 옵션이 떠올랐는데, 각각의 옵션은 궁극적으로 미국에 대한 러시아의 지위와 관련된 것으로서 국내적인 변수를 포괄하고 있었다. 당시 다양한 사상적 흐름을 이러한 옵션에 따라 정리해 보면 다음과 같다.

1. 미국과의 '성숙한 전략적 파트너십'에 우선 순위를 두는 입장이다. 이것은 그 지지자들에게 전지구적 공생(global condominium)을 위한 코드처럼 취급되었다.
2. 러시아의 중심적 관심 분야로 '가까운 외국'을 강조하는 입장이다. 여기에는 모스크바가 지배하는 경제적 통합 형태를 옹호하는 사람들뿐만 아니라 궁극적으로는 일정 정도 제국적 통제를 회복하는 것을 기대하고, 따라서 미국 및 유럽을 견제할 수 있을 만큼의 힘을 창출하고자 했던 사람들이 포함된다.
3. 유라시아에서 미국이 누리는 우위를 감소시키려는 목적에서 고안된 유라시아 반미 동맹 같은 형태를 포괄하는 역동맹을 추구하는 입장이다.

비록 첫 번째 입장이 옐친 대통령의 새로운 통치 그룹을 지배하기는 했지만, 두 번째 옵션 또한 곧바로 정치적 주목을 받았다. 그것은 부분적으로 옐친의 지정학적 우선 순위에 대한 비판의 형태를 띠었다. 세 번째 입장이 목소리를 내기 시작한 것은 좀더 나중인 1990년대 중반쯤으로서, 그것은 소련 체제 이후 러시아의 지정 전략이 불분명하고 실패작이었다는 감각이 팽배해지는 것에 대한 반작용이었다. 위의 세 가지 입장은 모두 적절하지 못했고, 현재 러시아가 지닌 힘과 국제적 잠재력 그리고 대외적 관심에 대

---

4) *Rossiyskaya Gazeta*지와의 회견 (1992년 1월 12일).

한 요술경적 견해로부터 도출된 것임이 역사적으로 판명되었다.

　소련 붕괴 직후 옐친이 취했던 초기 입장은 러시아 정치 사상에 있어 오래 전부터 내려온, 그러나 결코 전적으로 성공을 거둔 적이 없는 '서구화' 개념을 대표하는 것이었다. 즉 러시아는 서방에 속해 있으며 서방의 일부가 되어야만 하며 국내적 발전에도 가능한 한 서방을 많이 모방해야 한다는 것이었다. 이 견해는 옐친 자신과 그의 외무장관에 의해 뒷받침되었는데 옐친은 과거 러시아 제국의 유산에 대해서는 공개적인 비난을 서슴지 않았다. 1990년 11월 19일 키에프에서 옐친은 이렇게 선포했다.

　"러시아는 새로운 제국의 중심이 되기를 열망하지 않는다.…… 러시아는 오랜 기간에 걸쳐서 그와 같은 역할을 수행해 온 만큼 다른 누구보다도 그러한 역할이 지니는 유해성을 잘 알고 있다. 러시아가 이것을 통해 얻은 것이 무엇인가? 러시아인이 더 자유로워졌는가, 더 부유해졌는가, 더 행복해졌는가?…… 역사는 다른 민족을 지배하는 민족은 행복할 수 없다는 것을 우리에게 가르쳐 주었다."

　서방 국가, 특히 미국이 러시아 지도부에 고의적으로 취한 우호적인 태도는 소련 체제 이후 러시아 외교 부서 내의 '서구화론자'에 대한 격려의 원천이었다. 러시아 지도부의 친미적 성향은 강화되었으며 사적인 멥버십에 유혹되었다. 러시아의 새로운 지도자들은 세계 유일 강국의 최고 정책 결정자들과 이름을 부르며 교류하는 것에 흡족해 했고, 자신들도 초강대국의 리더라는 자기 기만에 쉽게 빠져들었다. 미국인이 워싱턴과 모스크바간의 '성숙한 전략적 파트너십'이라는 슬로건을 내걸 때, 그것은 러시아인에게 과거의 경쟁 관계를 대체하는 미·러간의 새로운 민주적 콘도미니엄이 출범한 것으로 비쳐졌다.

그와 같은 콘도미니엄은 규모면에서 전지구적인 것일 수도 있었다. 이를 통해 러시아는 소련의 법률적 계승자일 뿐만 아니라 진정한 평등에 기초한 전지구적 협력의 파트너가 될 수도 있었다. 러시아의 새로운 지도자들이 끊임없이 주장했던 것처럼 그것은 여타 세계가 러시아를 미국과 동등한 국가로 인정해야만 함을 의미하는 것일 뿐 아니라 어떠한 세계적 문제도 러시아의 참여 내지 승인 없이는 해결될 수 없음을 의미하는 것이었다. 비록 공개적으로 언급되지는 않았지만 이러한 환상이 암묵적으로 담고 있었던 것은 중부 유럽이 러시아와 특수한 정치적 친밀성을 지닌 지역으로 남게 되거나 혹은 그렇게 남기를 자원할 수도 있다는 생각이었다. 이것은 바르샤바조약기구 및 코메콘⁵⁾의 해체가 과거 이들 기구를 구성했던 국가가 나토나 EU 편으로 기울어지는 사태로 이어지지는 않을 것이라는 생각이었다. 그러는 동안 서방의 원조는 러시아 정부로 하여금 국가를 경제로부터 빼내고 민주적 제도를 공고히 하는 방향으로 국내 개혁을 수행하게 해 줄 것이라고 기대되었다. 러시아의 경제적 회복, 미국의 동등한 파트너라는 특수 지위 그리고 러시아가 발휘하는 순수한 매력 등은 독립국가연합에 속해 있는 신생 독립 국가로 하여금—러시아가 위협을 가하지 않는 것에 감사하고, 점차로 러시아와의 연합이 주는 이익을 깨달음으로써—러시아와 더욱 밀접한 경제적 관계를 맺도록 부추길 것이며, 나중에는 정치적 통합도 자극함으로써,

5) 냉전 초기 소련은 서유럽에 대한 미국의 마샬 플랜에 대항하고자 경제 공동체를 구상하였고, 1949년 1월 '타스코뮈니케'(Tass communiqué)는 '소련과 인민민주주의 국가' 간의 광범위한 경제 협력을 조직화하기 위한 '경제상호원조회의'(Council for Mutual Economic Assistance: CMEA 혹은 COMECON)의 설립을 발표하였다. 소련의 발의에 따라 일차로 불가리아, 체코슬로바키아, 동독, 헝가리, 폴란드, 루마니아 등이 참여했던 코메콘에는 이 후 알바니아(1949, 1961년에 활동 정지), 몽고(1962), 쿠바(1972), 베트남(1978) 등이 추가로 가입하였다. 1949년 4월 26일 제1차 총회(모스크바)로부터 1959년 12월 제12차 총회(소피아)에서 CMEA 헌장(Charter)이 정식으로 채택되기까지 12회의 회합을 가졌던 CMEA 총회는 '가맹국의 생산물을 일정하게 규격화하는 노력, 무역·차관 및 투자에 의한 상호 원조, 블록 내 경제의 조정과 경제적 교환' 등을 목적으로 하는 사회주의적 국제 분업의 방침을 확립하는 한편, 각 가맹국으로부터 완전하고도 상세한 정기 보고를 받고 각 가맹국에 관찰 요원 혹은 권고자를 파견하며 각 가맹국은 "그 권고에 복종할 의무"를 가진다고 규정하였다.—옮긴이.

러시아의 영역과 힘을 증대시킬 수 있으리라고 보았던 것이다.

이러한 접근이 지니고 있던 문제는 그것이 대내외적 현실주의를 결여했다는 점이다. '성숙한 전략적 파트너십'이라는 개념은 듣기 좋은 말이기는 하지만 동시에 기만적인 것이다. 미국은 러시아와 세계적 권력을 나누어 가질 의향도 없었고, 설사 진정으로 그것을 원했다 하더라도 그럴 수가 없었다. 새로운 러시아는 단지 너무 약했을 뿐만 아니라 4분의 3세기 동안에 걸친 공산 지배로 너무나 황폐해 있었으며, 진정한 세계적 파트너가 되기에는 사회적으로 너무나 뒤떨어져 있었다. 워싱턴의 관점에서 볼 때 독일, 일본 그리고 중국은 최소한 러시아와 동등한 중요성과 영향력을 지닌다. 더욱이 유럽, 중동 그리고 극동 등지에서 미국이 지니는 국가 이익은 결코 러시아의 그것과 같은 것일 수가 없었다. 일단 차이점이 부상하게 되자, 정치적 권력과 재정적 수단 그리고 기술적 이노베이션과 문화적 매력 등에서의 불균형이 '성숙한 전략적 파트너십'을 공허하게 만들어 버렸다. 그리고 점점 더 많은 러시아인에게 그것은 자신들을 기만하기 위해 고안된 것으로 취급되었다.

아마도 그와 같은 절망은 좀더 일찍—미·러 사이의 밀월 기간중에—미국이 나토 확대라는 개념을 포용함과 동시에 러시아에게 '거부할 수 없는 협상 조건', 즉 러시아와 나토의 특수한 협력 관계를 제시했더라면 피할 수도 있었을 것이다. 미국이 명확하고 단호하게 대서양 동맹을 확장하는 개념을 포용했더라면—러시아가 어떠한 형태로든 이 과정에 포함되어야 한다는 조건을 달면서—'성숙한 전략적 파트너십'에 대한 모스크바의 실망감과 더불어 크렘린 내부의 '서구화론자'의 지위가 점차로 약화되는 것을 피할 수 있었을지도 모른다.

그와 같은 일이 이루어졌어야 했던 시점은 1993년 후반, '러시아의 이익'과 일치하는 방향으로 대서양 동맹에 참여하고자 하는 폴란드의 관심을 옐친이 공인한 무렵이었다. 당시 클린턴 행정부는 여전히 '러시아 우선 (Russia first) 정책'을 펼치고 있었기 때문에 2년을 더 고심했지만, 그 동안 크렘린은 논조를 바꾸어 나토 확대 쪽으로 기우는 미국의 정책에 점차 적대적이 되어 갔다. 1996년 마침내 워싱턴이 더 광대하고 안정적인 유로-애틀랜틱 공동체를 형성하기 위한 중심 목표로 나토 확대를 결정했을 때는 러시아인이 이미 마음의 빗장을 걸고 강력하게 반대하는 입장으로 돌아선 상태였다. 그러므로 1993년은 역사적 기회를 상실한 해였다고 볼 수 있을 것이다.

물론 모든 러시아인이 나토 확대가 정당성을 결여하고 있고 불순한 동기를 가지고 있다고 보는 것은 아니다. 확실히 몇몇 반대자는—특히 러시아 군부 내의—나토 확장을 유럽 성장의 일부로 보는 것이 아니라, 여전히 적대적인 미국 주도의 동맹이 러시아 쪽으로 전진하는 것으로 보는 냉전적 사고를 취하고 있다. 몇몇 러시아 외교 엘리트는—사실상 대부분이 과거 소련의 관료였던—미국이 유라시아에 발을 붙여서는 안 된다는 장기적 전망을 고수하면서, 나토 확장이 영향권을 확대하려는 미국의 열망에 의해 주도된다고 보고 있다. 반대 의견의 일부는 비록 중부 유럽이 일시적으로 떨어져 나가기는 했지만, 일단 러시아가 건강을 회복하기만 하면 언젠가는 모스크바의 지정학적 영향권으로 회귀할 것이라는 희망에 근거한다.

그러나 러시아의 많은 민주주의자 역시 나토의 확대로 러시아가 유럽 바깥에 방치되어 정치적으로 추방되고, 유럽 문명의 제도권 안에 속할 가치가 없는 존재로 여겨지는 것을 우려한다. 문화적 불안감은 나토 확대를, 러시아를 고립시켜 다양한 적 앞에 방치하는 서방의 장기적 정책의 절정이라고 보게 만들어 정치적 공포심을 가중시켰다. 더욱이 러시아의 민주주의자는 중부 유럽인이 지난 반세기 동안 모스크바에 지배당했던 사실에 얼마나 분노하고 있는가는 물론 이들이 얼마나 유럽-대서양 체제에 편입되기를 원하고 있는가를 이해하지 못했다.

러시아 내 서구화론자가 겪는 좌절과 약화는 어쩌면 불가피한 것이었는지도 모른다. 내분을 겪고 있는데다 외무장관은 물론 대통령조차 일관성 있는 지정 전략과 관련된 리더십을 발휘하지 못하는 상황에서 러시아의 새로운 엘리트들은 러시아가 진정 유럽에서 원하는 것을 명확하게 정의하지 못했고, 러시아의 약화로 인한 현실적 제약을 제대로 측정하지도 못했다. 국내 정치에서는 언제든지 싸울 준비가 되어 있는 모스크바 민주주의자는 민주적 러시아가 범대서양적 민주 공동체의 확장에 반대하지 않으며, 그러한 공동체와 연대하기를 원한다고 대담하게 선언하지 못했다. 미국과 세계적 지위를 분점한다는 환상은 모스크바 정치 엘리트로 하여금 러시아가 처한 지정학적 위치의 특권—과거 소련의 영역에서뿐만 아니라 과거 중부 유럽의 위성 국가와도 관련한—이라는 개념을 좀처럼 포기하지 못하게 만들었다.

이러한 전개 양상은 1994년 무렵부터 발언권을 회복한 민족주의자, 그리고 이 당시부터 옐친의 중요한 국내 기반이 되었던 군부에게 유리한 것이었다. 점점 더 커지고 있으며 때로는 위협적이기조차 한 이들의 반작용—중부 유럽인의 열망에 대한—으로 인해 나토의 보호막을 획득하고자 하는 과거 위성 국가의 결의는 더욱 강해지고 있을 뿐이었다.

워싱턴과 모스크바 사이의 간격은 크렘린이 스탈린 시대에 점령했던 모든 것에 대한 권리를 포기하려 하지 않으면서 더욱 확대되었다. 서방 세계의 여론, 특히 스칸디나비아뿐 아니라 미국의 여론도 발트 해 연안 공화국에 대한 러시아의 애매모호한 태도에 불안감을 가지고 있었다. 이들의 독립을 인정하고 독립국가연합(CIS)에 가입할 것을 압박하지는 않았지만, 러시아의 민주적 지도자들조차 곧잘 스탈린 통치기에 이곳에 이주한 러시아 이민의 특권을 보호하기 위해 위협적 수단에 의존했다. 발트 해 연안 공화국이 소련에 편입되는 계기가 되었던 1939년 나치와 소련의 비밀 조약을 크렘린이 부정하기를 원하지 않음으로 해서 분위기는 더욱 어두워졌다. 소련이 무너지고 5년이 지난 후에도 크렘린의 대변인은 1940년 발트 국가가 자발적으로 소련에 '참여했다'(joined)고 강변하였다.(1996년 9월 10일 공식 성명을 통해서)

소련 체제 이후 러시아 엘리트들은 과거 소련의 공간에서 러시아가 중심 역할을 회복하는 것을 서방 세계가 지원해 주리라, 적어도 그것을 방해하지는 않으리라 기대했었다. 그러므로 이들은 신생 독립 국가가 독립을 공고히 하는 것을 서방 세계가 기꺼이 돕는 데 분노했다. 미국의 대외 정책에 관한 러시아의 한 고참 분석관은 "미국과의 대결은 회피해야만 하는 옵션"이라고 경고하면서 다음과 같이 주장했는데 전적으로 틀린 말은 아니었다.

"미국은 유라시아에 있는 국가간의 관계를 전반적으로 재편하고자 한다.……유라시아 대륙에서 단일한 지도 국가는 존재하지 않도록 하고, 그 대신 상대적으로 안정적이고 강력한 여러 개의 중간 국가를 두고자 하는 것이다.…… 그러나 그것은 개별적으로는 물론 집단적 역량에서조차 미국에 비해 필연적으로 열등한 것이다."[6]

이러한 측면에서 우크라이나가 긴요하다. 미국과 우크라이나의 관계에 높은 우선 순위를 두고, 우크라이나가 민족 국가로서의 자유를 유지할 수 있도록 돕는다는 미국의 의도는—특히 1994년 이후—모스크바의 수많은 러시아인에게, 궁극적으로 우크라이나를 다시 연합의 지붕 아래로 끌어들이려 하는 러시아의 핵심적 이해 관계를 겨냥한 정책이라고 받아들여졌다.

---

6) A. Bogaturov, V. Kremenyuk(두 사람은 모두 미국 및 캐나다연구소의 고참 학자이다)의 주장. "The Americans Themselves Will Never Stop," *Nezavisimaya Gazeta* (1996년 6월 28일).

우크라이나가 어떤 형태로든 '재통합' 될 것이라는 점은 많은 러시아 정치 엘리트의 신조로 남아 있다.[7] 그 결과 우크라이나의 독립적 지위에 관한 러시아의 지정학적이고 역사적인 문제 제기는 제국적 러시아는 민주적 러시아가 될 수 없다는 미국의 관점과 충돌을 빚고 있는 것이다.

아울러 두 '민주주의 국가' 간의 '성숙한 전략적 파트너십'이 환상으로 판명된 데는 순전히 국내적인 이유도 있었다. 러시아는 미국의 실질적 파트너가 되기에는 지나치게 후진적이었고 공산 지배로 너무나 황폐화되어 있었다. 그와 같은 현실은 파트너십을 소리 높여 외치는 수사학으로 은폐될 수 없었다. 더욱이 소련 이후의 러시아는 단지 과거와 부분적으로 단절했을 뿐이었다. 거의 모든 '민주적' 지도자는—과거의 소련에 대해 진정으로 환멸을 느꼈다 할지라도—과거 소련 체제의 산물일 뿐만 아니라 과거 지배층의 상층부에 있던 사람들이다. 그들은 과거 폴란드나 체코의 경우에서 보이는 것처럼 반체제 인사는 아니었다. 소련 권력의 주요 기관은—비록 약화되었고, 사기가 떨어졌으며, 부패했지만—아직 건재했다. 공산주의적 과거가 여전히 지배하는 그와 같은 현실을 상징했던 것은 방부 처리한 시신을 보존해 놓고 있는 레닌 묘소였다. 이것은 마치 나치 이후의 독일이 민주적 슬로건을 외치는 과거 나치의 중간 간부에 의해 지배되면서, 베를린 중심에 히틀러의 시신을 안치해 놓은 묘소가 여전히 존재하는 듯한 모습이었다.

새로운 민주적 엘리트의 정치적 취약성은 러시아가 겪는 경제적 위기의

---

7) 예를 들어 『인터팩스』(Interfax, 1996년 11월 20일)에 따르면, 러시아의 수석보좌관인 드미트리 뤼리코프(Dmitryi Ryurikov)는 우크라이나의 독립을 '일시적 현상'으로 간주하는 것으로 알려졌다. 한편 모스크바의 『옵쉬차야 가제타』(Obshchaya Gazeta, 1996년 12월 10일)는 다음과 같이 보도했다. "가까운 장래에 우크라이나 동쪽의 사건들은 러시아에게 매우 어려운 문제를 안겨 줄 것이다. 대중적 불만이 표출될 것이고…… 이것은 러시아가 이 지역을 접수해 달라는 호소와 요구를 수반할 것이다. 적지 않은 모스크바 사람이 그러한 계획을 지지할 것이다." 러시아의 의향에 대한 서방 세계의 우려는 크리미아와 세바스토폴에 대한 러시아의 요구, 그리고 1996년 러시아 공영 텔레비전의 일기 예보 방송이 러시아 도시에 세바스토폴을 의도적으로 포함시키는 행위 등으로 인해 결코 완화되지 않고 있다.

규모와 흡사하였다. 대규모 개혁의 필요성 — 러시아라는 국가를 경제로부
터 철수시키는 것 — 은 서방 세계, 특히 미국으로부터의 지원에 대한 과도
한 기대를 낳았다. 비록 그러한 지원은 — 특히 독일과 미국으로부터의 — 점
차 거대한 규모를 갖기는 했지만, 최선의 상황하에서도 급속한 경제 회복을
뒷받침할 정도는 아니었다. 그에 따른 사회적 불만은 미국과의 파트너십이
미국에게는 이익이 되지만 러시아에게는 손해가 되는 속임수라고 주장하
는 비평가의 목소리를 높이는 데 기여하였다.

요컨대 소련 붕괴 직후 몇 년 동안에 걸쳐 존재했던 실질적인 세계적 파
트너십은 주관적이고 객관적인 선행 조건을 결여하고 있었다. 민주적 '서
구화론자' 는 너무 많은 것을 요구했을 뿐만 아니라 너무나 적은 것을 가져
다 주었다. 그들은 미국과의 평등한 파트너십 — 혹은 콘도미니엄 — 과 독립
국가연합에서의 상대적 재량권 그리고 중부 유럽이 지정학적으로 어느 한
편의 땅도 되지 않는 것 등을 원했다. 그러나 소련 역사에 대한 그들의 애매
모호한 태도와 세계 권력에 관한 현실주의의 결여, 경제적 위기의 심각성,
폭 넓은 사회적 지원의 부재 등으로 민주적 '서구화론자' 는 동등한 파트너
십이라는 개념이 함축하는 바 안정적이고 진정으로 민주적인 러시아를 가
져다 줄 수 없었다. 미국과의 진정한 파트너십이 생명력 있는 지정학적 옵
션이 되기 위해서는 먼저 러시아가 지속적인 정치적 개혁 과정을 겪어야만
했고, 민주적 안정화의 먼 길을 걸어야만 했으며, 마찬가지로 긴 사회 경제
적 근대화의 과정을 겪어야만 했고, 중부 유럽뿐 아니라 과거 소련 영역과
관련한 지정학적 관점에서 제국적 관점으로부터 민족 국가적 관점으로의
심도 있는 변화 등을 거쳐야만 했다.

이러한 상황에서 '인접 외국' (near abroad)에 대한 우선 순위가 친서방
적 옵션의 주요한 비판거리가 되고, 초기 대외 정책에 대한 대안으로 떠올
랐다. 이것은 '파트너십' 이라는 개념이 러시아에서 가장 중요하게 다뤄져

야만 했다는, 즉 과거 소련에 속해 있던 공화국과의 관계를 경시했다는 논리에 기초하고 있었다. '인접 외국'이란 표현은, 한번 소련에 점령된 지정학적 공간에 있어 모스크바가 정책 결정의 중심이 되는 틀을 짜는 것에 일차적 주안점을 두는 정책을 옹호하는 입장을 가리키는 축약어가 되었다. 이러한 전제에서 서방, 특히 미국에 집중하는 정책이 너무 많은 비용을 들이면서 너무 적은 것을 산출한다는 광범위한 합의가 존재한다. 그것은 단지 소련의 붕괴로 창출된 기회를 서방 세계가 쉽게 활용할 수 있도록 만들었을 뿐이라는 것이다.

그러나 '인접 외국'을 강조하는 유파 안에는 다기한 지정학적 개념이 공존한다. 그것은 경제적 기능주의자와 몇몇 '서구화론자'를 포함한 결정론자―CIS가 궁극적으로 모스크바에 의해 주도되는 유럽연합과 같은 형태로 발전할 것이라고 믿는―를 포괄할 뿐만 아니라, 경제적 통합을 단지 제국적 복원을 위한 여러 수단의 하나라고 보는 사람까지 포괄하고 있다. 이들은 경제적 통합을 통한 제국적 복원이 CIS의 우산 아래서 이루어질 수도 있고, 1996년 러시아와 벨라루시간에 마련된 특별 조약 내지 러시아·벨라루시·카자흐스탄 그리고 키르기즈스탄 사이에 맺어진 특별 조약에 따라 이루어질 수도 있을 것이라고 본다. 이 유파는 또한 슬라브 낭만주의자도 포괄하는데, 이들은 러시아·우크라이나·벨라루시, 러시아의 지속적인 역사적 사명 운운하는 약간 신비적인 유라시아주의자로 이루어지는 슬라브연합을 옹호한다.

좁은 관점에서 볼 때 '인접 외국'에 대한 우선 순위를 주장하는 입장은 러시아가 먼저 경제적 상호 의존을 강조하는 과거 소련의 정책으로 해서 러시아와의 유대를 억지로 육성시켜 온 신생 독립국과의 관계에 집중해야 한다는 지극히 합리적인 제안을 담고 있다. 이러한 주장은 경제적으로나 지정학적으로나 일리가 있다. 러시아의 새로운 지도자들이 흔히 이야기하는

'경제적 공동 공간'은 신생 독립국 지도자에 의해 무시될 수 없는 실체이다. 협력, 심지어 통합은 경제적 필수 사항이다. 따라서 소련의 해체에 잇따른 경제적 파괴와 균열을 막기 위해 CIS의 공동 기구를 발전시키는 것은 합당할 뿐만 아니라 바람직한 것이었다.

몇몇 러시아인에게 있어 경제적 통합을 증진시키는 것은 기능적으로 효과적인 것일 뿐만 아니라 이미 발생한 상황에 대한 책임감 있는 대응이었다. 유럽연합과 유추하는 것은 전후 소련 상황에 적합한 것처럼 인용되곤 했다. 제국의 복원을 공개적으로 반대하는 사람 중에는 좀더 부드러운 형태의 경제적 통합을 지지하는 사람들이 있었다. 예를 들면 1992년 8월 초 외교국방정책위원회가 발간한 「러시아를 위한 전략」이라는 영향력 있는 보고서에서 일군의 명사와 정부 관료는 '탈제국적이고 계몽적인 통합'이 소련 체제 이후의 '경제적 공동 공간'에 합당한 프로그램이라고 옹호하고 있다.

그러나 '인접 외국'에 대한 강조는 단지 지역적 경제 협력을 위한 선의의 독트린은 아니다. 그것이 지닌 지정학적 내용은 제국적 색채를 띤 것이었다. 상대적으로 온건했던 1992년의 보고서조차 회복된 러시아가 궁극적으로 서방 세계와 전략적 파트너십을 수립하는—동유럽, 중앙아시아 그리고 극동의 상황을 통제하는—역할을 맡게 될 것에 관해 언급하고 있다. 이러한 입장을 옹호하는 또 다른 사람들은 더 노골적이었다. 이들은 공개적으로 과거 소련 영역에 대한 러시아의 '배타적 역할'을 운운하고 서방 세계가 우크라이나와 다른 신생 독립국에 원조를 제공함으로써 반러시아 정책에 가담하고 있다고 비난했던 것이다.

전형적인, 그러나 결코 극단적이지는 않은 사례는 1993년 러시아 의회 내 대외관계위원회의 위원장이었고, 한때 미국과의 '파트너십'에 우선 순위를 둘 것을 옹호한 적이 있는 암바르츠모프(Y. Ambartsumov)가 개진한 주장이었다. 암바르츠모프는 공개적으로 과거 소련 영역이 배타적인 러시

과거 소련 영토에 남아 있는 러시아의 군사 기지

● 과거 소련 국경 근방의 기지들

아의 지정학적 영향권이라고 주장했던 것이다. 1994년 1월 암바르츠모프의 주장은 당시까지 친서방적 우선 정책을 정력적으로 옹호했던 안드레이 코지레프(Andrei Kozyrev) 외무장관에 의해 되풀이되었다. 코지레프는 러시아가 "수세기 동안의 이해가 걸린 이들 지역에 계속 군대를 주둔시켜야 한다"고 선언했던 것이다. 사실 1994년 4월 8일자 『이즈베스티야』는 러시아가 신생 독립국의 영토 내에서 28개가 넘는 군사 기지를 유지하는 데 성공했다고 보도하면서, 칼리닌그라드 · 몰도바 · 크리미아 · 아르메니아 · 타지키스탄 그리고 쿠릴 열도를 잇는 선(「지도 4-2」 참조)이 대략 과거 소련의 외곽선에 해당한다고 주장하였다.

1995년 9월 옐친 대통령은 독립국가연합에 관한 러시아의 정책적 목표를 다음과 같이 성문화한 공식 문서를 발표하였다.

"독립국가연합에 대한 러시아의 주요 목표는 세계 공동체 안에서 적절한 지위를 요구할 수 있는 역량을 지닌 정치·경제적으로 통합된 국가 연합을 건설하는 데…… 과거 소련 영토 위에서 이루어지는 새로운 국가간의 정치·경제적 관계의 체제를 형성하는 데 러시아를 주도적 국가로 확립하는 데 있다."

정치적 차원의 노력, 세계 체제에서 차지하는 '그것의' 자리가 함축하는 단수적 실체 그리고 새로운 정치적 실체 내에서 러시아의 지배적 역할 등이 강조되는 것에 주목해 보아야만 한다. 이러한 강조점과 맥을 같이해서 모스크바는 다음과 같은 사항을 주장했다. 러시아와 신생국간의 정치·군사적 유대를 강화할 것, 공동군사사령부를 창설할 것, 독립국가연합에 소속된 국가의 무장 병력을 조약을 통해 연계할 것, 독립국가연합의 외부 경계가 중앙(모스크바를 의미)의 통제를 받을 것, 러시아 군대가 독립국가연합 내의 평화 유지 활동에 결정적 역할을 수행할 것, 공동 외교 정책을 수립할 것 그리고 공동 외교 정책의 수립을 위한 중심 기관은 1991년 처음 민스크로 합의했던 것과는 달리 모스크바에 두고, 러시아 대통령이 독립국가연합의 정상 회담을 주재할 것 등.
그리고 이것들이 전부가 아니었다. 1995년 9월의 문서는 다음과 같이 선포하였다.

"인접 외국에서 러시아의 텔레비전과 라디오가 보장되어야 한다. 이 지역에서 러시아 신문의 보급이 지원되어야 한다. 그리고 러시아가 독립국가연합에 속한 각국 관료의 훈련을 맡아야 한다.

러시아와의 우호적 관계 속에서 독립국가연합의 젊은이를 교육할 필요성을 명심하면서 러시아를 구소련 지역의 교육적 중심으로 복원하기 위해 각별한 주의를 기울여야만 한다."

1996년 초 러시아 두마는 이러한 분위기를 반영하여 소련의 해체가 무효라는 선언을 하기에 이르렀다. 더욱이 같은 해 봄 러시아는 독립국가연합의 좀더 순응적인 국가들과 더욱 밀접한 정치·경제적 통합에 관한 두 건의 합의문을 체결하였다. 두 개의 합의문 중 하나는 허장성세의 분위기 속에서 체결된 것으로 러시아와 벨라루시를 새로운 '독립 공화국 공동체'로 묶는 것이었다.(이것을 지칭하는 러시아어 약자 'SSR'은 소련을 지칭하는 러시아어 약자 'SSSR'을 떠올리게 한다.) 러시아, 카자흐스탄, 벨라루시 그리고 키르기즈스탄 등에 의해 체결된 또 다른 조약은 장기적으로 '통합된 국가간의 공동체'를 건설할 것을 규정하고 있다. 이 두 가지 조치는 모두 독립국가연합 내에서 진행되는 통합 과정의 완만함에 대한 조급증과 끝까지 그것을 추진하고자 하는 러시아의 결의를 나타냈다.

독립국가연합의 중심적 메커니즘을 고양하고자 '인접 외국'을 강조한 것은 객관적인 경제적 결정주의와 주관적인 제국적 결의를 적절히 배합한 것이다. 그러나 이는 "러시아는 무엇이고, 러시아의 진정한 사명과 올바른 영역은 무엇이냐"라는, 끊임없이 제기되는 더욱 철학적이고 지정학적인 질문에 대한 대답은 제공해 주지 못한다.

갈수록 매력적으로 되고 있는 유라시아주의가—역시 '인접 외국'에 주안점을 두면서—채워 내고자 하는 공백이 바로 이것이다. 이 유파의 출발점—문화적이고, 심지어는 신비적이기조차 한 용어에 의해 정의되는—은 지정학적으로나 문화적으로나 러시아가 유럽 국가라기보다는 아시아 국가이며, 자체 내에 뚜렷한 유라시아적 정체성을 가지고 있다는 전제이다. 그러한 정체성은 중부 유럽과 태평양 연안 사이의 거대한 땅덩어리를 통제했던 러시아의 독특한 유산이며, 모스크바가 400년에 걸친 동진 정책을 통해 만들어 낸 제국적 국가성의 유산이다. 이 동진 정책은 거대한 비러시아 인구와 비유럽 인구를 러시아 안으로 흡수했고, 그럼으로써 독특한 성격을 지닌 유라시아적 정치 · 문화를 창출해 냈다.

독트린으로서의 유라시아주의는 구소련의 산물이 아니다. 이것은 19세기경에 처음 출현했지만, 20세기에 들어서 소련 공산주의에 대한 대안으로서 그리고 쇠퇴하는 서구에 대한 반작용으로서 더 널리 확산되었다. 특히 러시아 에미그레[8]는 적극적으로 소비에트주의에 대한 대안으로서 이 독트린을 전파했고, 소련 내 비러시아인의 민족적 각성이 더 큰 틀의 초국적 독트린을 필요로 한다는 점을 깨닫고 있었다.(공산주의의 붕괴가 과거 대러시아 제국까지 해체하는 결과를 피하기 위해서는.)

유라시아주의의 대표적 주창자였던 트루베츠코이 왕자는 1920년대 중반에 이미 다음과 같이 쓴 바 있다.

"공산주의는 사실상 이미 유럽과 미국을 지배하는 유물론적 준거틀을 러시아에 전파함으로써 러시아적 삶이 지닌 민족적 독특성과 정신적 토대를 파괴하는 유럽 중심주의가 쓰고 있는 또 하나의 가면일 뿐이다.

우리의 임무는 전적으로 새로운 문화를 창조하는 것이고, 유럽 문명을 모방하지 않은 우리 자신의 문화를 창조하는 것이다.…… 러시아가 유럽의 왜곡된 반영이기를 멈출 때, 러시아가 다시 그 자신, 즉 징기스칸의 위대한 유산을 의식적으로 계승하는 러시아-유라시아가 될 때."[9]

---

8) Russian émigrés, 소련 혁명에 반대하여 고국을 떠났던 러시아 이민을 지칭한다.—옮긴이.
9) N.S. Trubetzkoy, "The Legacy of Genghis Khan," *Cross Currents* 9 (1990), p. 68.

이러한 관점은 소련 체제 붕괴 이후 혼란에 빠진 많은 사람 사이에서 열렬히 추종되었다. 다른 한편 공산주의는 러시아적 정통, 영적이고 신비한 '러시아적 정신'을 배반했다는 심판을 받았다. 서구, 특히 미국이 부패한 것으로 보였고, 문화적으로 반러시아적으로 보였으며, 유라시아라는 거대한 땅에 대해 배타적 통제권을 요구하는 러시아의 역사적·지리적 요구를 거부하려는 것으로 보였기 때문에 서구 중심주의와의 단절이 이루어지기 시작했다.

유라시아주의는 역사가이자 지리학자이며 인종학자이기도 한 레프 구밀레프(Lev Gumilev)의 책을 인용함으로써 학문적 광택을 띠게 되었다. 구밀레프가 저술한 『중세 러시아와 거대한 스텝 지대』(*Medieval Russia and the Great Steppe*), 『유라시아의 리듬』(*The Rhythms of Eurasia*) 그리고 『역사 시대의 인종지리학』(*The Geography of Ethnos in Historical Time*) 등의 책은 유라시아가 러시아인 내에서 뚜렷한 개별적 특성을 지니는 '에스노(ethno)들'의 자연스러운 지리적 환경이며, 러시아인과 비러시아인이 거대한 스텝 지대에서 오랫동안 역사적으로 공생한 결과 형성된 것이며, 따라서 그곳에는 유라시아적인 독특한 문화적·정신적 정체성이 존재한다는 주장의 강력한 기반이 되고 있다. 구밀레프는 러시아인이 서구에 적응한다는 것은 그들 자신이 지닌 '에스노 및 영혼'을 상실하는 것에 다름 아니라고 경고했다.

이러한 관점은 일차적 수준의 러시아 민족주의자 사이에서 큰 반향을 불러일으키고 있다. 예를 들어 옐친의 부통령이었던 알렉산드르 루츠코이는 다음과 같이 말하기도 했다. "우리 나라의 지정학적 상황을 살펴보면 러시아가 아시아와 유럽을 잇는 유일한 다리라는 점이 분명해진다. 이 지역의 주인이 되는 자는 세계의 주인이 될 것이다."[10] 1996년 옐친에게 도전했던

---

10) Aleksandr Rutskoi, *L'Espresso* (Rome)과의 회견 (1994년 7월 15일).

공산당 지도자 겐나디 쥬가노프(Gennadii Zyuganov)는 자신의 마르크스-레닌주의에 대한 헌신에도 불구하고, 광대한 유라시아 공간에서 러시아 인민의 특별한 정신적 · 구세적 역할에 대한 유라시아주의의 신비적 주장을 포용하고 있다. 쥬가노프는 러시아가 유라시아에서 독특한 문화적 사명과 세계적 지도력을 행사하는 데 특혜적인 지리적 기반을 지니고 있다고 주장하였던 것이다.

유라시아주의의 훨씬 이성적이고 실용적인 버전은 카자흐스탄의 지도자, 누르술탄 나자르바예프(Nursultan Nazarbayev)에 의해 개진되었다. 국내적으로 토착 카자흐인과 러시아인 이주자 사이의 균열을 겪으면서 그리고 정치적 통합에 대한 모스크바의 압력을 희석시키기 위한 공식으로서, 나자르바예프는 '유라시아 연합'이라는 개념을 이미 체면을 상실하고 효율성을 상실한 독립국가연합을 내신하는 대안으로 내세웠던 것이다. 비록 더욱 전통적인 유라시아주의에서 보이는 바와 같은 신비적 요소가 보이지 않고, 러시아인에게 유라시아의 리더라는 특별한 사명을 부여하지도 않지만, 나자르바예프 버전 또한 유라시아—과거 소련과 유사한 지리적 규정을 받고 있는—가 정치적 차원으로 이어져야 하는 유기적 총체라는 관념으로부터 도출된 것이다.

어느 정도, 러시아의 지정학적 사고에 있어서 '인접 외국'에 높은 우선순위를 두려는 시도는 안보 · 경제적 측면에서 탈제국적 러시아와 신생 독립국 사이에 일정 수준의 질서와 적응이 절대적으로 필요하다는 의미에서 정당화되었다. 그러나 이러한 토의에 초현실주의적 색채를 입혔던 것은 자발적 방식(경제적 이유로 인한)으로 이루어지든, 궁극적으로 러시아가 자신이 상실한 권력을 회복하는 방식으로 이루어지든 간에—러시아의 특별한 유라시아적 혹은 슬라브적 사명은 말할 것도 없이—과거 제국의 정치적 '통합'(intergration)이 바람직할 뿐만 아니라 가능하다고 보는 고정 관념이었다.

　이러한 측면에서 유럽연합과 자주 비교하는 것은 핵심적인 차이를 무시한 것이다. 유럽연합의 경우는 독일의 특별한 영향력을 허용하고 있기는 하지만, 상대적 GNP, 인구 그리고 영토 등의 측면에서 다른 모든 국가를 압도하는 유일 강국에 의해 지배되지 않았다. 유럽연합은 민족적 제국의 후계자도 아니었고, 독립적 구성원들이 '통합'이라는 용어가 새로운 복속을 의미하는 코드가 아닐까 의심하지도 않았다. 만일 독일이 1995년 9월 러시아가 선포했던 것과 같은 방식에 따라서 유럽연합 내의 지도적 역할을 확대하고 공고히 하고자 할 경우, 다른 유럽 국가의 반응이 어떠할 것인지는 쉽게 상상할 수 있다.

　유럽연합과 비교하기에는 또 다른 한계가 있다. 개방적이고 상대적으로 선진적인 서유럽 경제는 민주적 통합을 이룰 준비가 되어 있다. 그리고 서구인 중 다수는 그와 같은 통합이 가져다 줄 정치·경제적 이익을 감지하고 있었다. 가난한 서유럽 국가들 또한 보조금 혜택을 얻을 수 있었다. 이와 대조적으로 신생 독립 국가들은 러시아를 정치적으로 불안정하다고 보고 있고, 러시아가 아직도 지배적 야심에 잠겨 있으며, 경제적으로는 자신들이 세계 경제에 참여하는 것을 저해할 뿐 아니라 절박하게 요구되는 해외 자본의 접근을 차단하고 있다고 보았다.

　'통합'이라는 모스크바의 개념을 반대하는 것은 우크라이나에서 특히 강하다. 우크라이나 지도자는 그러한 '통합'이, 특히 우크라이나 독립의 정통성을 유보하는 러시아적 관점에서 볼 때 궁극적으로 민족적 주권의 상실로 이어질 것임을 재빨리 깨달았다. 더욱이 신생 우크라이나에 대한 러시아의 강경책―우크라이나 국경을 승인하기 거부하고, 크리미아 반도에 대한 우크라이나의 권리에 의문을 제기하며, 세바스토폴 항구에 대한 치외법권적 통치권을 요구하는 등―은 각성하고 있는 우크라이나 민족주의를 뚜렷하게 반러시아적 방향으로 몰아붙였다. 신생 국가가 형성되는 핵심 기간을 통해 우크라이나인은 스스로의 국시를 반폴란드적이고 반루마니아적인 성향에서 전환하여, 특별한 슬라브 공동체(우크라이나와 벨라루시가 함께하는) 또는 유라시아연합을 명목삼아 더욱 통합적인 독립국가연합을 요구하는 '러시아의 제국적 전술'에 초점을 맞추게 되었다.

독립을 보전하고자 하는 우크라이나의 결의는 외부 지원에 의해 뒷받침되었다. 처음에는 서방, 특히 미국이 우크라이나의 독립이 지니는 지정학적 중요성을 인정하는 데 시간을 지체했지만, 1990년대 중반까지 미국과 독일은 모두 키에프의 독립적 정체성에 대해 강력한 후원자가 되었다. 1996년 7월, 미국의 국방장관은 다음과 같이 선언했다. "유럽 전체의 안정과 안보에 있어 우크라이나의 독립이 지니는 중요성은 아무리 강조해도 지나치지 않다." 한편 1996년 9월 독일 수상은―옐친 대통령을 강력하게 지지함에도 불구하고―다음과 같이 선언하기조차 했다. "유럽에서 우크라이나가 차지하는 견고한 위치는 더 이상 그 누구에 의해서도 도전받을 수 없다.…… 그 누구도 더 이상 우크라이나의 독립과 그 영토의 보전을 놓고 왈가왈부할 수 없을 것이다." 미국의 정책 결정자들은 미국과 우크라이나의 관계를 '전략적 파트너십'으로까지 묘사하기에 이르렀는데, 이것은 고의로 미국과 러시아의 관계를 묘사하는 용어를 떠올리도록 만든 것이다.

이미 언급한 바와 같이 우크라이나 없는 독립국가연합이나 유라시아주의에 기초한 제국적 복원은 더 이상 실현 가능한 옵션이 아니다. 우크라이나 없는 제국이란 더욱더 '아시아화'한 러시아, 유럽으로부터 멀리 떨어진 러시아를 의미한다. 더욱이 유라시아주의는 더 이상 갓 독립한 중앙아시아인에게 매력을 발휘하지 못하게 될 것이고, 모스크바와의 새로운 연합을 원하는 사람도 거의 없을 것이다. 특히 우즈베키스탄은 독립국가연합을 초국적 실체로 고양하는 것 그리고 러시아가 그것을 주도하는 데 우크라이나가 반대하는 것을 강력하게 지지했다.

　모스크바의 의도를 경계하는 독립국가연합의 다른 국가들 또한 우크라이나와 우즈베키스탄에 붙어서 더욱더 밀접한 정치·군사적 통합을 위한 러시아의 압력을 반대하거나 회피하는 경향을 보였다. 더욱이 민족 의식은 거의 모든 신생 국가에 심화되고 있었고, 이러한 자각은 모스크바에 대한 식민적 복속 관계를 단절하고 다양한 흔적을 걷어 내는 데 초점이 맞추어졌다. 따라서 인종적으로 취약한 카자흐스탄조차 다른 중앙아시아 국가와 더불어 키릴(Cyrillic) 문자를 버리고, 과거 터키가 그랬던 것처럼 라틴 문자 체계를 도입했던 것이다. 사실상 1990년대 중반까지 우크라이나에 의해 조용히 주도되어 온 블록은 우즈베키스탄, 투르크메니스탄, 아제르바이잔 등을 포괄하면서 독립국가연합을 정치적 통합의 도구로 사용하고자 하는 러시아의 노력을 견제했고, 여기에는 이따금씩 카자흐스탄, 그루지아 그리고 몰도바 등도 동참하였다.

　단지 경제적 측면의 통합을 주장하는 우크라이나의 입장은 실용적 의미를 지닐 수도 있는 '슬라브연합'이라는 개념마저 떨쳐 버리는 효과가 있었다. 몇몇 친슬라브주의자가 전파하고 알렉산드르 솔제니친의 지지를 받았던 슬라브연합이라는 아이디어는 우크라이나가 거부함에 따라 지정학적으로 무의미한 것이 되고 말았다. 벨라루시만이 러시아편에 남게 되었고, 카자흐스탄 북쪽의 러시아인 밀집 지대만이 슬라브연합의 잠재적 일부가 됨에 따라 카자흐스탄의 분할 가능성이 상정되었다. 이러한 옵션은 당연히 카자흐스탄의 새로운 지배자들을 안심시켜 주지 못했고, 반러시아적 방향으로 카자흐스탄의 민족주의를 추동시켰다. 벨라루시에 있어 우크라이나 없는 슬라브연합이란 러시아로의 편입을 의미할 뿐이었고, 따라서 더욱 휘발성 높은 이곳의 민족적 분노를 불러일으켰다.

　'인접 외국' 우선 정책에 대한 이러한 외부 장애물은 내부적 제약에 의해서도 강력하게 뒷받침되었다. 그것은 러시아인의 분위기였다. 과거 제국의 영역에 대한 러시아의 특수 임무를 강조하는 러시아 정치 엘리트의 정치 선전과 수사학에도 불구하고, 러시아인은 한편으로는 피곤함에 지쳐서 다른 한편으로는 순전히 상식에 입각해서 제국적 복원이라는 야심적 프로그램에 거의 열정을 보이지 않고 있다. 러시아인은 국경의 개방, 교역의 개방, 이동의 자유, 러시아의 특별 지위 등을 선호했지만 정치적 통합에 관해서는, 특히 경제적 비용이나 유혈 사태를 동반할 경우를 감안하여 거의 아무런 열광도 보여 주지 않았다. '연합'의 해체는 유감스러운 것이었고 복원이 바람직한 것이기는 했다. 그러나 체첸 지역에서의 전쟁에 대한 대중의 반응은 경제적 제재 혹은 정치적 압력 이상의 수단을 동원한 정책은 대중적 지지를 받기 어렵다는 것을 보여 주었다.

요컨대 '인접 외국' 우선 정책이 지닌 지정학적 부적절성은 러시아가 자신의 의지를 강요할 만큼 정치적으로 강력하지 못하고, 신생국을 유인할 만큼 경제적으로 매력적이지 못하다는 데 있다. 러시아의 압력은 이들로 하여금 단지 외부적 연결을 더 많이 갖도록 했을 뿐이었다. 무엇보다 먼저 서방 세계와의 연결이 모색되었고, 몇몇 경우에는 중국 그리고 남쪽의 핵심 이슬람 국가와의 연결도 추구되었다. 나토 확장에 맞서 러시아가 자신의 군사적 블록을 형성하겠다고 위협하자, "과연 누구와 더불어?"라는 질문이 제기되었다. 그리고 그 대답은, 아마도 기껏해야 벨라루시와 타지키스탄 정도일 것이라는 매우 고통스러운 것이었다.

신생국들은 러시아와의 완전히 합법적이고, 실제로 필요한 경제적 통합의 형태마저도 잠재적인 정치적 영향을 두려워한 나머지 점점 더 불신하는 경향을 보였다. 그와 동시에 러시아가 자임하는 유라시아적 사명과 러시아가 표방하는 신비적 슬라브주의조차 유럽, 더 넓게는 서방 세계 일반으로부터 러시아를 더욱 고립시키는 데 기여할 뿐이었고, 그럼으로써 소련 체제 이후의 위기를 영속화시켰으며, 오토만 투르크 제국의 붕괴시에 케말 아타투르크(Kemal Ataturk)가 취했던 것과 같은 노선에 따라서 러시아 사회를 근대화하고 서구화하는 것을 지체시키고 말았다. 따라서 '인접 외국'이라는 옵션은 러시아에게 지정학적 해답을 준 것이 아니라 지정학적 환상을 심어 주었을 뿐이다.

미국과의 공생이 아니라면 그리고 '인접 외국'이 아니라면 어떤 다른 지정 전략적 옵션이 러시아에게 열려 있었던 것일까? '민주적 러시아'를 위해 미국과의 세계적 평등성을 만들어 내지 못한 서구 지향적 정책—현실이라기보다는 슬로건에 가까웠던—의 실패는 민주주의자의 쇠퇴를 가져 왔다. 그 반면 구제국의 '재통합'(reintegration)이란 기껏해야 머나먼 가능성에 불과하다는 것을 인정함에 따라 몇몇 러시아의 지정학자는 유라시아에서 미국의 헤게모니적 지위에 대항할 일종의 역동맹을 구상하게 되었다.

1996년 초, 옐친 대통령은 서구 중심적 외무장관인 코지레프를 갈아치우고 그보다 경험이 풍부하며, 과거 공산 체제의 정통 국제 분석가였던 예브게니 프리마코프(Evgenniy Primakov)를 그 자리에 앉혔는데, 프리마코프의 장기적 관심 대상은 이란과 중국이었다. 몇몇 러시아 분석가는 프리마코프가 유라시아에서 미국의 일등적 지위를 감소시키는 것을 지정학적 목표로 삼는 세 국가간의 새로운 '반패권' 동맹을 만들고자 조급하게 노력할 것이라고 내다보았다. 처음 프리마코프의 방문 일정과 발언은 그러한 인상을 강화시켜 주었다. 더욱이 중국-이란간에 존재하던 기존의 무기 커넥션 그리고 핵 에너지 접근을 위해 노력하는 이란에 협력하고자 하는 러시아의 의향 등은 더욱더 밀접한 정치적 대화와 궁극적 동맹에 딱 맞는 구도를 제공해 주는 것처럼 보였다. 적어도 이론적으로 볼 때 그 결과는 슬라브 세계의 지도국과 가장 호전적인 이슬람 국가 그리고 세계에서 제일 인구가 많고 아시아에서 가장 강력한 국가 등을 잠재적 연합체로 끌어 모으는 것이었다.

그러한 역동맹 옵션의 필연적 출발점은 세계의 유일한 초강대국으로 부상한 미국에 대한 양국 정치 엘리트의 적대감에 기초하여 중국과 러시아간의 쌍방적 커넥션을 부활하는 것이었다. 1996년 초 엘친은 베이징을 방문하고 세계적 '패권' 경향을 비난하는 선언문에 서명함으로써 두 국가가 미국에 반대하여 단결할 수 있는 가능성을 시사했다. 같은 해 12월, 중국 수상 리펑의 답방 기간중에 양국은 국제 체제가 '유일 강국에 의해 지배되는 것'을 공동으로 반대한다는 성명을 되풀이하는 데서 나아가 기존 동맹의 강화를 추인했다. 러시아 분석가들은 이는 세계적 권력 관계의 긍정적 변화이며, 나토 확장을 후원하는 미국에 대한 적절한 응답이라고 보고 이러한 전개 양상을 환영했다. 중·소 동맹이 미국에 마땅한 응보를 가했다고 즐거워하는 소리조차 들려 왔다.

그러나 러시아와 중국 그리고 이란을 잇는 동맹은 미국이 중국과 이란을 동시에 적대시할 정도로 근시안적일 경우에만 발전 가능한 것이다. 확실히 그러한 가능성은 배제할 수 없고, 1995년과 1996년 사이 미국이 보여 준 행동은 테헤란 및 베이징과 동시에 적대적 관계를 갖고 싶어하는 것처럼 비쳤다. 그러나 이란과 중국은 모두 불안정하고 취약한 러시아와 전략적 운명을 같이할 준비가 되어 있지 않다. 양국 모두 그와 같은 동맹이 전술적 수준을 넘어서 발전하면 더 선진적인 세계—독점적 투자 역량과 절박하게 요구되는 신기술을 지니고 있는—로의 접근을 차단하는 결과를 가져 올 수 있는 위험성을 깨닫고 있다. 러시아는 반패권 동맹을 위한 진정으로 가치 있는 파트너가 되기에는 너무나 제공할 것이 없다.

사실 아무런 이념을 공유하지 않고, 단지 '반패권적' 감정에 의해 만들어진 연합이란 본질적으로 제1세계의 선진 부분에 대한 제3세계 일부의 동맹에 불과하다. 반패권 동맹의 그 어떤 구성원도 많은 것을 얻지 못할 것이고, 특히 중국은 대규모 투자의 유입을 잃을 위험이 있다. 러시아의 한 비판적 지정학자가 지적한 바와 같이 러시아에게서도 "중·러 동맹의 유령이란…… 러시아가 또다시 서구의 기술과 자본으로부터 멀어질 가능성을 크게 증대시킬 것이다."[11] 궁극적으로 그러한 동맹은 모든 참여국—그것이 둘이든 셋이든 간에—을 장기적 고립과 후진적 위치에 몰아넣고 말 것이다.

더욱이 중국은 러시아가 추진하는 어떠한 '반패권' 동맹에서도 선임 파트너로 상정될 것이다. 더 많은 인구와 더 발달된 산업 그리고 많은 혁신성과 역동성을 지니며, 러시아에 대한 잠재적 영토 구도까지 지니고 있는 중국은 필연적으로 러시아를 후임 파트너 자리로 격하시킬 것이다. 반면 중국은 러시아가 후진성을 극복할 수 있도록 도와 줄 수단(아마 그럴 마음도 없겠지만)을 가지고 있지도 못하다. 따라서 러시아는 확대되는 유럽과 팽창하는 중국 사이의 완충 지대가 될 것이다.

끝으로 러시아의 몇몇 대외 전문가는 나토의 미래를 둘러싼 서방 세계 내부의 불화를 포함한 유럽 통합의 교착 상태가 적어도 러시아와 독일 그리고 러시아와 프랑스의 밀착 관계—이러한 밀착 관계는 모두 미국과 유럽의 범대서양적 관계에 유해한 것이다—를 낳을 수 있다는 생각에 빠져 있다. 이러한 관점은 결코 새로운 것이 아니다. 과거 냉전 기간중에도 모스크바는 곧잘 독일 카드나 프랑스 카드를 사용했다. 그럼에도 불구하고 유럽에서의 교착 상태가 미국에 불이익을 초래하는 방향으로 활용될 수 있다는 모스크바 쪽 지정학자의 생각에 일리가 없는 것은 아니다.

그러나 그것은 최악의 경우에 해당하는 것일 뿐이며, 순전히 전술적 옵션에 불과하다. 프랑스나 독일이 미국과의 커넥션을 버릴 것 같지는 않다. 이따금씩의 밀착 관계, 특히 프랑스와의 밀착 관계는 협소한 쟁점에 관해

---

11) Aleksei Bogaturov, "Current Relations and Prospects for Interaction Between Russia and the United States," *Nezavisimaya Gazeta* (1996년 6월 28일).

이루어질 뿐이지만 결코 무시할 수는 없다. 그러나 동맹 관계의 지정학적 역전은 유럽 통합의 붕괴와 대서양 연대의 단절 같은 유럽 내의 격변이 선행되어야 하는 것이다. 그리고 그러한 경우에조차 유럽 국가들이 방향성을 상실한 러시아와 진정으로 포괄적인 동맹을 체결하려 들지는 않을 것이다.

따라서 어떠한 역동맹의 옵션도 현실적 가능성을 지닌 대안이 될 수는 없다. 러시아가 직면하는 새로운 지정학적 딜레마의 해결책은 역동맹에서 찾을 수 있는 것도 아니고, 동등한 전략적 파트너십이라는 환상을 통해 얻을 수 있는 것도 아니며, 과거 소련의 영역 내에서 정치·경제적으로 새로운 '통합' 구조를 창출하려는 노력 속에 있는 것도 아니다. 이 모든 것은 러시아를 향해 열려 있는 사실상 유일한 선택을 비껴 가고 있을 뿐이다.

유일한 대안의 딜레마

러시아의 유일한 지정 전략적 옵션—러시아에게 현실적인 국제적 역할을 부여해 줄 수 있고, 러시아의 대내 개혁과 사회 근대화의 기회를 극대화시켜줄 수 있는 옵션—은 유럽이다. 그러나 무조건적인 유럽이 아니고, EU와 나토를 확대한 범대서양적 유럽이다. 그와 같은 유럽은 우리가 3장에서 살펴본 바와 같이 이미 형성중에 있고, 미국과 긴밀한 관계를 유지할 가능성이 높다. 이 유럽이 만일 러시아가 위험한 지정학적 고립을 피하고자 한다면 관계를 맺어야만 하는 대상이다.

미국의 입장에서 볼 때 러시아는 파트너가 되기에는 너무 약하고, 돌봐줄 환자라고 하기에는 너무 강하다. 러시아인이 범대서양적 유럽과 유기적 관계를 증대시키는 것만이 러시아가 취할 최선의 선택이라는 사실을 깨달을 수 있는 환경 설정을 위해 미국이 노력하지 않는 한 러시아는 문제가 될 가능성이 크다. 러시아와 중국 혹은 러시아와 이란의 장기적인 전략적 동맹이 가능할 것 같지는 않지만, 미국으로서는 러시아가 바람직한 지정학적 선택을 하는 것을 방해하는 정책을 회피할 필요가 있다. 가능하다면 미국과 중국의 관계 그리고 미국과 이란의 관계는 러시아의 지정학적 계산에 미칠 영향을 염두에 놓고 다뤄져야만 한다. 거대한 지정 전략적 옵션에 대한 망상을 계속하는 것은 러시아가 앓고 있는 깊은 병환에 종지부를 찍기 위한 역사적 선택을 늦출 뿐이다.

경제적으로나 지정학적으로 유럽의 새로운 현실을 기꺼이 받아들일 수 있는 러시아만이 통상 · 통신 · 투자 그리고 교육 분야 등에서의 범대륙적 유럽 협력의 확대를 통해 내적인 이익을 도모할 수 있다. 러시아가 유럽회의(Council of Europe)에 참여하는 것은 올바른 방향으로 발을 들여 놓는 것이다. 그것은 새로운 러시아와 성장하는 유럽간에 더욱 제도적인 연계를 위한 시금석이 될 수 있다. 이것은 또 만일 러시아가 계속해서 이러한 길을 밟아 나가게 된다면 오토만 이후의 터키가 선택했던 경로를 모방하는 것 이외에는 선택의 여지가 없음을 의미하는 것이다. 당시 터키는 자발적으로 제국적 야망을 버리고 근대화, 유럽화 그리고 민주화의 길을 걸었다.

미국과 연결된 근대적이고 부유하고 민주적인 유럽 이상으로 러시아에게 이익을 제공해 줄 옵션은 없다. 유럽과 미국은 팽창적이지 않고 민주적인 러시아에게 위협적 존재가 아니다. 이들은 러시아에 대해 한때 중국이 가졌던 것과 같은 영토적 야심을 가지고 있지도 않다. 유럽과 미국은 러시아 남쪽의 이슬람 국가들이 인종적으로나 영토적으로 복잡한 국경을 맞대고 있는 것처럼 러시아와 불안정하고 폭력 사태를 야기할 만한 국경을 맞대고 있는 것도 아니다. 이와 대조적으로 미국을 위해서뿐만 아니라 유럽을 위해서도 민주적이고 민족적인(제국과 대조적인 의미에서 —옮긴이) 러시아는 지정학적으로 바람직한 실체이고, 복잡하고 유동적인 유라시아 체계를 안정시켜 줄 수 있는 모태이다.

따라서 러시아는 딜레마에 봉착해 있다고 볼 수 있는데, 러시아가 유럽과 미국을 선택하여 구체적인 이익을 얻기 위해서는, 우선 제국적 전통과의 명확한 단절이 요구되며, 두 번째로 유럽이 미국과의 정치·안보적 연대를 확대하는 것과 관련해서 어떠한 방해 공작을 벌여서도 안 된다. 첫 번째 요구 사항은 과거 소련 영역 안에서 팽배하고 있는 지정학적 다원성에 적응하는 것을 의미한다. 그와 같은 적응은 경제 협력체를 배제하는 것이라기보다는 과거 유럽자유무역지대(EFTA, European Free Trade Area)와 같은 모델을 따르는 것이다. 그러나 새로운 국가들의 정치적 주권을 제한해서는 안 되는데, 그것은 그들 자신이 그것을 원하지 않는다는 간단한 이유 때문이다. 이와 같은 관점에서 더욱 중요한 것은 러시아가 우크라이나의 독립적 존재와 국경 그리고 차별적인 민족적 정체성을 분명하고 확실하게 받아들여야 한다는 점이다.

두 번째 요구 사항은 더욱 받아들이기 어려울 것이다. 범대서양적 공동체와의 진정으로 협력적인 관계는 그곳에 속하고 싶어하는 유럽의 민주 국가들을 단지 러시아가 반대한다고 해서 배제시키는 개념에 기초해서는 이룩될 수 없다. 그와 같은 공동체의 팽창은 성급하게 추진될 필요도 없고, 반러시아적 테마에 기초해서 추진되어서도 안 된다. 하지만 그것이 유럽 안보 관계에 대한 골동품적 개념을 반영하는 정치적 인가 여부에 따라 중지될 수는 없으며 그래서도 안 된다. 확장하는 민주적 유럽은 개방적 목적을 지닌 역사 과정이 되어야 하며, 전횡적인 지정학적 경계선에 제약을 받아서는 안 된다.

많은 러시아인에게 유일한 대안이 수반하는 딜레마는 지금 당장 그리고 향후 얼마간은 너무나 해결하기 어려운 문제들이다. 그것은 민주적이고 민족적이며, 진정으로 근대적인 유럽적 러시아를 향한 뚜렷한 비전과 선택을 지닌 정치적으로 위대한 행동과 특출난 지도자를 요구한다. 그것은 단기간에 이룩되지는 않을 것이다. 러시아가 공산 체제 이후 그리고 제국 체제 이후의 위기를 극복하려면 중부 유럽 국가들이 탈공산주의적 개혁을 이룩하는 데 필요했던 것보다 더 많은 시간과 폭 넓은 식견을 지닌 안정적인 정치적 리더십이 필요하다. 하지만 러시아의 아타투르크[12]는 아직 눈에 띄지 않고 있다. 그럼에도 불구하고 러시아인은 궁극적으로 러시아를 민족 국가적 차원에서 재정의하는 것이 결코 항복이 아니라 해방이라는 것을 깨닫게 될 것이다.[13] 러시아인은 러시아의 비제국적 미래에 관해 옐친이 1990년 키에프에서 했던 말이 정곡을 찌르고 있다는 것을 받아들여야만 할 것이다. 진정으로 비제국적인 러시아는 여전히 강대국이 될 수 있다. 그것은 유라시아 전체에 걸친, 영토적으로 타의 추종을 불허하는 정치적 단위이다.

어쨌든 "러시아가 무엇이고, 러시아가 어디에 있는가" 하는 문제에 관한 재규정은 단지 단계적으로 이루어질 수 있을 뿐이고, 현명하고 확고한 서방의 입장을 필요로 한다. 미국과 유럽은 서로 도와야만 할 것이다. 미국과 유럽은 러시아와 나토간의 특수 조약 내지는 특별 헌장을 제안해야만 한다. 그러나 동시에 유럽과 미국은 유럽안보협력기구(OSCE)라는 상당히 느슨한 구조를 뛰어넘는 범대륙적 안보 협력 체제를 모색하는 절차를 시작해야만 한다. 만일 러시아가 국내적으로 민주 제도를 공고히 하고 자유 시장에 기초한 경제 발전에 눈에 띄는 진보를 이룩해 낸다면, 나토 및 EU와의 더욱 밀접한 협력 가능성을 배제할 수 없다.

서방 세계, 특히 미국에 있어 그에 못지않게 중요한 것은 유일한 대안이 수반하는 러시아의 딜레마를 영속화시키는 것이다. 과거 소련 영역에 속해

---

12) Ataturk. 터키의 케말 파샤와 같이 서구적 근대화 혁명을 주도할 수 있는 정치적 지도자를 의미한다.—옮긴이.
13) 1996년 초, 알렉산더 레베드 장군은 눈에 띄는 논문("The Fading of Empire or the Rebirth of Russia," *Segodnya*, 1996년 4월 26일자)을 출간하였는데, 시간이 갈수록 그의 논지가 옳았음이 밝혀지고 있다.

있던 신생국의 정치·경제적 안정은 러시아로 하여금 역사적으로 자신을 재규정하게 만드는 주요한 변수이다. 따라서 신생국에 대한 지원은—과거 소련 제국에 속해 있던 공간 내의 지정학적 다원주의를 위해—분명히 유럽적 선택을 하도록 러시아를 유인하는 정책의 일부가 되어야 한다. 이들 국가 중에서 지정학적으로 특히 중요한 세 나라는 아제르바이잔, 우즈베키스탄 그리고 우크라이나이다.

독립적인 아제르바이잔은 서방 세계가 에너지 자원이 풍부한 카스피 해와 중앙아시아에 접근하는 통로로 기능할 수 있다. 역으로 아제르바이잔의 복속은 중앙아시아가 외부 세계로부터 밀봉되는 것을 의미하며, 정치적으로 러시아의 재통합 압력에 더욱 취약하게 될 것이다. 중앙아시아 국가 중 가장 핵심적이고 가장 인구가 많은 우즈베키스탄은 러시아가 이 지역에 대한 지배권을 회복하고자 할 때 중요한 장애물이 될 것이다. 우즈베키스탄의 독립은 다른 중앙아시아 국가의 생존에 핵심적이며 러시아의 압력에 가장 덜 취약한 편이다.

그러나 무엇보다 중요한 것은 우크라이나이다. 유럽연합과 나토가 팽창함에 따라 궁극적으로 우크라이나는 이 두 기구에 가입할지 여부를 선택해야 하는 위치에 있다. 자신의 독립적 지위를 강화하기 위해서 우크라이나는 두 기구가 바로 옆에까지 확대되기를 바라고, 내적인 개혁을 통해 충분한 자격을 갖추게 되면 이 두 기구에 가입하려고 할 것이다. 비록 시간이 걸리기는 하겠지만 키에프와의 경제적·안보적 유대를 더욱 강화하면서 2005년과 2015년 사이의 10년간을 서방 세계가 점차 우크라이나를 통합시켜 나갈 적절한 시기라고 지적해 두는 것은, 유럽의 팽창이 폴란드와 우크라이나 사이의 국경에서 멈출지도 모른다는 우크라이나인의 공포를 불식시켜 줄 것이다.

비록 지금 저항하고 있기는 하지만 러시아 역시 나토가 몇몇 중부 유럽 국가를 받아들이는 것을 묵인할 것이다. 왜냐하면 러시아와 중부 유럽 사이의 문화적 · 사회적 차이는 공산주의 몰락 이후 너무나 커졌기 때문이다. 이와 대조적으로 우크라이나가 나토에 가입하는 것을 묵인하는 것은 비교할 수 없으리만치 어려운 일이다. 왜냐하면 그것은 더 이상 우크라이나의 운명이 러시아의 운명과 유기적으로 연결되어 있지 않다는 것을 인정하는 것이기 때문이다. 그러나 만일 우크라이나가 독립 국가로서 생존하고자 한다면 우크라이나는 유라시아보다는 중부 유럽의 일부가 되어야 하며, 만일 중부 유럽의 일부가 되고자 한다면 중부 유럽이 나토 및 유럽연합과 맺고 있는 연계를 전적으로 받아들여야만 한다. 러시아가 이러한 연계를 받아들인다는 것은 러시아 또한 유럽의 일부가 된다는 결정을 의미하는 것이다. 이를 거부한다면 그것은 러시아가 유럽을 거부하고 '유라시아' 적 정체성을 선택하는 것을 의미할 것이다.

염두에 두어야 할 핵심 사항은 우크라이나가 유럽에 속하지 않는 한 러시아는 결코 유럽이 될 수 없는 반면, 우크라이나는 러시아가 유럽에 속하지 않는다 하더라도 유럽이 될 수 있다는 점이다. 러시아가 유럽에 운명을 걸기로 했다고 가정했을 때, 확대되는 유럽의 구조 안에 우크라이나가 편입되는 것은 러시아의 이익에도 부합하는 것이다. 사실 우크라이나와 유럽의 관계는 러시아 자신에게도 전환점이 될 수 있다. 그러나 이것은 또 러시아와 유럽의 관계를 결정 짓는 시점이 아직 멀리 떨어져 있음을 의미하는 것이기도 하다. 여기서 '결정 짓는' 이라는 말의 의미는 우크라이나가 유럽을 선택함에 따라 러시아가 자국 역사의 다음 국면에 관한 결정을 해야 하는 경우를 의미하는 것으로서, 이 때가 되면 러시아는 우크라이나를 따라 유럽의 일부가 될 것인지, 아니면 '인접 외국' 의 이전투구에 휘말리면서 유라시아의 추방자가 될 것인지 선택해야 할 것이다.

확장하는 유럽과 러시아의 관계가 공식적인 쌍무 관계에서 더욱 유기적이고 결속력이 있는 정치·경제·안보적 유대 관계로 발전하는 것을 기대해 볼 수 있다. 21세기 초반의 20년 동안 러시아는 점차로 통합 유럽—우크라이나뿐만 아니라 우랄 산맥 너머로까지 확장되는—의 일부가 될 수 있다. 러시아가 유럽적 구조와 범대서양적 구조에 연계되거나 어떤 형태로든 가입하게 되면, 절박하게 유럽적 연계를 갖고 싶어하는 코카서스 지역의 세 나라, 즉 그루지아, 아르메니아 그리고 아제르바이잔 등도 문을 열게 될 것이다.

그와 같은 과정이 얼마나 빨리 진행될지는 아무도 예측할 수 없지만, 러시아를 그런 방향으로 몰고 가는 지정학적 맥락이 형성되고 다른 유혹의 가능성이 약해질수록 그 과정은 더 빨리 진행될 것이다. 그리고 러시아가 유럽 쪽으로 빠르게 이동하면 할수록, 유라시아의 블랙홀 역시 더욱 빠르게 근대석이고 민수적인 사회로 채워질 것이다. 사실상 러시아에 있어 유일한 대안이 수반하는 딜레마는 더 이상 지정학적 선택의 문제가 아니라 생존을 위한 절박한 요구에 어떻게 직면할 것인가 하는 문제인 것이다.

제5장
유라시아의 발칸

유럽에서 '발칸'(Balkans)이라고 하면 인종 분쟁과 강대국 사이의 지역적 경쟁의 이미지가 떠오른다. 유라시아 또한 고유한 '발칸'을 가지고 있는데, 유라시아의 발칸은 훨씬 더 넓고 많은 인구를 가지고 있으며 종교적으로나 인종적으로 훨씬 더 이질적이다. 유라시아의 발칸은 2장에서 밝힌 바와 같이 세계적 불안정의 중심 지대라고 할 수 있는 거대한 장방형의 지역, 즉 유럽의 동남쪽과 중앙아시아, 남아시아의 일부와 페르시아만 지역 그리고 중동 지역 등을 포괄하는 곳에 위치해 있다.

유라시아의 발칸은 이러한 장방형 지대(「지도 5-1」 참조)에서 핵심인데 권력적 공백을 이룬다는 측면에서 외곽 지역과 구별된다. 비록 페르시아만과 중동에 위치한 대다수 국가 역시 불안정한 상황이기는 하지만, 이 지역에서는 미국의 힘이 최종적 중재의 역할을 담당한다. 따라서 이 장방형 지대의 외곽 지역은 단일한 헤게모니에 의해 지배되며, 그 헤게모니에 의해 순화되는 지역이다. 이와 대조적으로 유라시아의 발칸은 진정한 의미에서 더욱 오래되고 더욱 친숙한 남부 유럽의 발칸을 연상시킨다. 정치적 실체들이 불안정한 모습을 보일 뿐만 아니라 훨씬 강력한 인접 국가들을 끌어들이려 하고 실제로도 끌어들이고 있는데, 인접한 강대국들은 어느 한 국가가 이 지역의 지배권을 차지하는 것을 반대하고 있다.

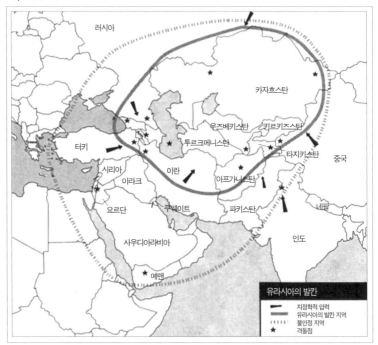

전통적 발칸은 유럽의 패권 경쟁에서 잠재적인 지정학적 가치를 의미하는 것이었다. 유라시아의 발칸 또한 유라시아에서 가장 산업화된 양극단을 연결하는 교통 체계에 걸터앉아 있음으로 해서 지정학적 중요성을 가진다. 더욱이 유라시아의 발칸 지역은 인접한 세 강대국, 즉 러시아, 터키 그리고 이란의 안보적 관점이나 역사적 야심의 견지에서 볼 때에도 중요성을 지닌다. 아울러 중국 역시 이 지역에 대한 정치적 관심을 갈수록 더 표명하고 있다. 그러나 무엇보다 유라시아의 발칸은 잠재적인 경제적 가치의 측면에서 무한한 중요성을 지닌다. 거대한 매장량을 지닌 천연가스와 원유에 덧붙여 금을 포함한 중요한 광물 자원이 이 지역에 매장되어 있는 것이다.

지난 20~30년 동안 세계의 에너지 소비량은 크게 증대되어 왔다. 미국 에너지부의 평가에 따르면 1993년과 2015년 사이에 에너지 수요는 50퍼센트 이상 늘어날 것이고, 가장 큰 에너지 수요의 증가는 극동 지역에서 이루어질 것이라 예측되고 있다. 아시아 경제 발전의 역동성은 이미 새로운 에너지 자원의 탐사와 개발을 압박하고 있으며, 중앙아시아와 카스피 해 지역에 매장된 천연가스와 원유는 쿠웨이트와 멕시코만 그리고 북해의 매장량을 압도하는 것으로 알려지고 있다.

그러한 자원에 대한 접근과 잠재적 부의 분배를 겨냥한 목적 의식이 민족적 감정과 기업적 관심, 역사에 근거한 문제 제기, 제국적 열망 그리고 국제적 경쟁 등에 불을 붙이고 있다. 지역적 힘의 공백뿐만 아니라 내부적 불안정으로 인해 상황은 더욱더 유동적이다. 이들 지역의 모든 나라는 심각한 내적 어려움을 겪고 있으며, 각 나라의 국경은 인접 국가들이 제기하는 문제의 초점이 되고 있을 뿐만 아니라 인종적 분규의 장이 되고 있다. 민족적으로 동질적인 나라는 거의 없으며, 몇몇 나라는 이미 영토적 · 인종적 그리고 종교적 폭력 사태를 겪고 있다.

인종적 가마솥

유라시아의 발칸은 앞서 언급한 상황을 겪고 있는 9개 국가와 향후 그렇게 될 가능성이 있는 2개 후보 국가를 포함한다. 9개의 국가란 과거 소련에 속했던 카자흐스탄, 키르기즈스탄, 타지키스탄, 우즈베키스탄, 투르크메니스탄, 아제르바이잔, 아르메니아 그리고 그루지아 같은 나라와 아프가니스탄을 말한다. 2개의 후보 국가란 터키와 이란을 가리키는데, 양국은 정치 · 경제적으로 훨씬 더 견고하고, 유라시아 발칸 내에서 지역적 영향력을 확대하기 위해 힘쓰고 있다. 따라서 이 두 국가는 이 지역 내의 주요한 지정 전

지도 5-2

중앙아시아의 주요 인종

우즈베인
카자흐인
타지흐인
러시아인과 우크라이나인
투르크멘인
키르기즈인

카자흐스탄

키르기스스탄

타지키스탄

우즈베키스탄

투르크메니스탄

아랄해

카스피해

표 5-1

	아프가니스탄	아르메니아	아제르바이잔	그루지야	카자흐스탄	키르기스스탄	타지키스탄	투르크메니스탄	우즈베키스탄
인구(백만)	21.3	3.6	7.8	5.7	17.4	4.8	6.2	4.1	23.1
평균 수명	45.4	72.4	71.1	73.1	68.3	68.1	69.0	65.4	68.8
인종 구성	파슈토인 (38%) / 타지흐인 (25%) / 하자르인 (19%) / 우즈베인 (6%)	아르메니아인 (93%) / 아저르인 (3%) / 러시아인 (2%) / 기타 (2%)	아저르인 (90%) / 다케스탄인 (3.2%) / 러시아인 (2.5%) / 아르메니아인 (2.3%) / 기타 (2%)	그루지야인 (70.1%) / 아르메니아인 (8.1%) / 러시아인 (6.3%) / 아저르인 (5.7%) / 오세토인 (3%) / 아브하즈인 (1.8%) / 기타 (5%)	카자흐인 (41.9%) / 러시아인 (37%) / 우크라이나인 (5.2%) / 게르만인 (4.7%) / 우즈베인 (2.1%) / 타타르인 (2%) / 기타 (7%)	키르기즈인 (52.4%) / 러시아인 (21.5%) / 우즈베인 (12.9%) / 우크라이나인 (2.5%) / 게르만인 (2.4%) / 기타 (8.3%)	타지흐인 (64.9%) / 우즈베인 (25%) / 러시아인 (3.5%) / 기타 (6.6%)	투르크멘인 (73.3%) / 러시아인 (9.8%) / 우즈베인 (9%) / 카자흐인 (2%) / 기타 (5.9%)	우즈베인 (71.4%) / 러시아인 (8.3%) / 타지흐인 (4.7%) / 카자흐인 (4.1%) / 타타르인 (2.4%) / 카라칼파크인 (2.1%) / 기타 (7%)
GDP (십억)*	자료 없음	8.1	13.8	6.0	55.2	8.4	8.5	13.1	54.5
주요 수출품	밀 / 가축 / 과일 / 양탄자 / 모직 / 보석류	금 / 알루미늄 / 수송시설 / 전력시설	원유, 가스 / 화학제품 / 정유시설 / 섬유 / 면	감귤류 / 차 / 포도주 / 기계류 / 철금속 / 비철금속	원유 / 철금속 / 비철금속 / 화학제품 / 곡물. / 모직 / 정육 / 석탄	모직 / 화학제품 / 면 / 철금속 / 비철금속 / 신발 / 기계류 / 담배	면 / 알루미늄 / 과일 / 식물성 기름 / 섬유	천연가스 / 면** / 원유** / 전기 / 섬유 / 양탄자	면 / 금 / 천연가스 / 무기성 비료 / 철금속 / 섬유 / 식료품

* 구매력 지수: 1992년 세계은행 통계에 근거한 1994년 근사치. ** 투르크메니스탄은 세계 10위의 면 생산국이며, 5위의 천연가스 보유국이고, 많은 원유 매장량을 지니고 있다.

략적 경기 참가자이다. 이와 동시에 터키와 이란은 내적인 인종적 분규의 가능성도 안고 있다. 만일 두 국가 중 하나 혹은 둘 모두가 안정을 잃게 된다면 이 지역의 문제는 통제하기 어렵게 될 것이고, 이 지역에 대한 러시아의 패권을 견제하려는 노력 역시 무산될 수 있다.

코카서스 지역의 3개 국가, 즉 아르메니아, 그루지아 그리고 아제르바이잔은 역사가 깊은 민족에 기반하고 있다. 따라서 이들의 민족주의는 강렬하고 확산 가능성이 높으며, 외부적 갈등은 그들의 복지에 주요한 도전이 될 가능성이 있다. 중앙아시아에 속한 나머지 5개 국가는 이와 대조적으로 건국 과정에 있다고 볼 수 있으며, 강력한 부족적·인종적 정체성 등으로 인해 내적인 분열이 가장 큰 위험이 되고 있다. 이와 같은 취약성은 인근 강대국들이 제국적 의도를 가질 경우 악용될 가능성이 높다.

유라시아의 발칸은 인종적 모자이크이다.(「시노 5-2」 및 「표 5-1」 참조) 각국의 국경은 소비에트공화국들이 공식적으로 출범할 당시인 1920년대와 1930년대에 걸쳐 소련의 지도 제작자들이 임의로 그린 것이다.(한 번도 소련에 속한 적이 없었던 아프가니스탄만이 유일한 예외이다.) 이들의 국경은 대체로 인종적 원칙에 따라 그어진 것이지만, 또한 러시아 제국의 남쪽 지역을 내적으로 분열시켜 놓음으로써 통치하기 더 편하게 하고자 했던 크렘린의 의도에 따른 것이기도 하다.

따라서 모스크바는 다양한 중앙아시아 민족들(그제껏 민족적 대의에 의해 움직이지 않고 있던)을 '투르케스탄'(Turkestan)이라 불리는 단일한 정치적 실체로 융합해 내고자 한 중앙아시아 민족주의자들의 요구를 거부했으며, 그 대신 5개의 독립된 공화국의 설립을 선호했던 것이다. 각각의 공화국들은 개별 이름과 복잡한 국경선을 갖게 되었던 것이다. 크렘린이 단일한 코카서스연방을 거부했던 것 역시 마찬가지 이유에서였을 것이다. 따라서 소련의 붕괴에 직면하여 코카서스 3개 국가와 중앙아시아 5개 국가는 한결같이 새로운 독립적 지위를 갖출 채비가 되어 있지도 않았고, 지역적 협력에 필요한 준비도 되어 있지 않은 상태였다.

소련이 붕괴하자 400만 명이 채 안 되는 코카서스 지역의 아르메니아인과 800만 명이 넘는 아자르인(아제르바이잔 공화국의 주축을 이루는 인종—옮긴이)의 충돌은 아제르바이잔 내의 아르메니아인 밀집 지대인 나고르노-카라바흐(Nagorno-Karabakh)의 지위에 관한 것이었다. 이 분쟁은 대규모 인종 청소로 이어졌으며, 각각의 방향을 선택한 수십만 명의 이주민과 추방자를 발생시켰다. 아르메니아가 기독교 국가이고 아제르바이잔이 이슬람 국가임을 감안할 때, 이 분쟁은 종교 전쟁의 색채를 띤 것이기도 했다. 경제의 황폐화를 몰고 온 전쟁은 두 국가 모두에게 안정적인 독립을 확보하기 어렵게 만들었다. 아르메니아는 주요한 군사 원조국 러시아에 더욱 의존하게 되었으며, 아제르바이잔은 독립과 내적 안정을 위해 나고르노-카라바흐를 포기해야 했다.

아제르바이잔의 취약성은 커다란 지역적 의미를 지니는데, 그것은 아제르바이잔의 지역적 위치가 이 나라를 지역적 추축으로 만들었기 때문이다. 아제르바이잔은 카스피 해와 중앙아시아의 풍부한 자원이 담긴 '병'에 접근하는 통로를 가로막고 있는 매우 중요한 '코르크 마개'라고 묘사될 수 있다. 투르크 어를 쓰는 독립적인 아제르바이잔은, 자국에서 출발하여 인종적 연관성은 물론 정치적 후원 관계를 지니는 터키에 송유관을 대고 있었기 때문에, 이 지역에 러시아가 독점적으로 접근하는 것을 막고 이를 통해 러시아가 중앙아시아 국가들에 독점적 지배력을 행사하는 것을 차단하고 있는 것이다. 그러나 아제르바이잔은 북쪽 러시아와 남쪽 이란이 가해 오는 압력에 매우 취약하다. 이란 북쪽에 거주하는 아자르인은 아제르바이잔에 살고 있는 아자르인의 두 배에 달한다.—약 2천만 명에 달한다는 분석도 있다.—이와 같은 현실은 비록 이란이 이슬람 신앙을 공유하기는 하지만, 자국 내 아자르인의 분리주의 운동을 우려하여 아제르바이잔 자체의 독립적 지위에 대해 애매모호한 태도를 취하도록 만들고 있다. 그 결과 러시아와 이란은 합심해서 아제르바이잔과 서방 세계간의 협상에 압력을 행사하고 있는 것이다.

인종적 동질성을 지닌 아르메니아나 아제르바이잔과 달리 그루지아는 총인구 600만 명 중 30퍼센트가 소수 민족으로 구성되어 있다. 더욱이 부족 수준의 기구와 정체성을 지닌 이들 소수 민족은 그루지아의 지배에 적개심을 표방하고 있는 실정이다. 소련의 붕괴에 즈음해서 오세트인족과 아브하즈인이 그루지아의 내분을 이용해서 분리를 시도했으며, 러시아는 그루지아가 독립국가연합(CIS)에 잔류하고, 그루지아에 있는 군사 기지를 확보함으로써 이 지역을 터키로부터 봉쇄하기 위한 압력 수단으로서 이들의 분리 운동을 지원했던 것이다.(처음 그루지아는 독립국가연합으로부터의 탈퇴를 원했었다.)

중앙아시아에서 내적인 변수는 이 지역의 안정에서 더 큰 중요성을 띤다. 문화적 · 언어적 측면에서 볼 때 중앙아시아의 5개 신생 독립 국가 중 4개 국가가 투르크 세계에 속해 있다. 타지키스탄인은 언어적 · 문화적으로 페르시아인이며, 과거 소련 바깥에 위치하던 아프가니스탄은 파탄인, 타지크인, 파슈토인 그리고 페르시아인의 모자이크적 합성체이다. 6개 국가는 모두 이슬람교 국가이다. 이들 대부분은 지난 날 페르시아, 투르크 그리고 러시아 등으로부터 제국적 지배를 경험했지만, 그러한 경험이 이들 국가 사이에서 지역적 공동 이익을 창출해 낼 수 있는 정신적 자양이 되지는 못하고 있다. 반대로 다기한 인종적 구성으로 인해 내외적 갈등에 취약한 상황이며, 강력한 인근 국가의 개입을 갈수록 더 유도하고 있는 실정이다.

중앙아시아의 5개 신생 독립 국가 가운데는 카자흐스탄과 우즈베키스탄이 가장 중요하다. 지역적으로 카자흐스탄은 방패이며 우즈베키스탄은 이 지역의 다양한 민족적 각성에 정신적 원천이 되고 있다. 카자흐스탄의 지리적 규모와 위치는 다른 국가를 러시아의 직접적인 물리적 압력으로부터 보호하고 있는데, 그것은 카자흐스탄만이 직접적으로 러시아와 국경을 맞대고 있기 때문이다. 그러나 카자흐스탄의 1천 800만 인구 중 약 35퍼센트는 러시아인이며(이 지역의 러시아 인구는 점차 감소하기는 하지만) 20퍼센트는 비카자흐인이라는 사실은, 점점 더 민족적이 되고는 있지만 그와 동시에 전체 인구의 반만을 대표할 뿐인 새로운 카자흐 지도자들이 인종과 언어에 기초하여 건국 목표를 이루어 나가는 일을 더욱 어렵게 만들고 있다.

새로운 독립 국가들에 거주하는 러시아인은 자연히 새로운 카자흐 지도부에 반감을 느끼고 있다. 과거의 지배 계급으로서 더 좋은 교육을 받았고 더 좋은 자리를 차지하는 이들은 자신의 특권을 상실할까 우려하고 있는 것이다. 더욱이 이들은 새로운 카자흐 민족주의에 대해 은밀한 문화적 경멸감을 가지고 있다. 카자흐스탄의 북서쪽과 북동쪽은 모두 러시아 식민주의자에게 지배받고 있으며, 만일 카자흐스탄과 러시아의 관계가 심각하게 악화될 경우 카자흐스탄은 이들 지역의 분리 운동에 직면하게 될 것이다. 이와 동시에 수십만 명의 카자흐인은 국경 너머 러시아 영토에 거주하고 있을 뿐아니라, 중앙아시아의 리더십을 놓고 카자흐스탄과 경쟁을 벌이는 우즈베키스탄 동북쪽에 거주하고 있는 실정이다.

사실상 우즈베키스탄은 중앙아시아의 지역적 패권 국가로 등장할 가능성이 가장 높은 나라이다. 비록 카자흐스탄보다 규모면에서 작고 자연 자원도 적기는 하지만, 우즈베키스탄은 약 2천 500만 명에 달하는 큰 인구를 가졌으며, 무엇보다 카자흐스탄에 비해 인구적 동질성이 높다는 것이 중요하다. 높은 출생률과 과거 지배적 위치에 있던 러시아인의 엑소더스를 감안할 때, 우즈벡인은 곧 우즈베키스탄 전체 인구의 75퍼센트 가량을 차지하게 될 것이고, 수도인 타쉬켄트에만 소수의 러시아인이 잔류하게 될 것이다.

더욱이 이 나라의 정치 엘리트는 이 신생 국가가 중세 타무르(Tamer-lane, 1336~1404) 제국의 후예라고 자처하고 있다. 타무르 제국의 수도였던 사마르칸트는 이 지역에서 종교 · 천문 그리고 예술의 중심지였다. 이러한 전통으로 인해 오늘날의 우즈베키스탄은 이 지역 내 다른 국가에 비해 깊은 역사 의식과 종교적 사명감을 지니고 있다. 몇몇 우즈벡 지도자는 우즈베키스탄을 중앙아시아 체제의 단일한 중심으로 보는 한편, 타쉬켄트를 그 수도로 간주하는 듯하다. 우즈베키스탄의 정치 지도자와 민중은 다른 어떤 중앙아시아 국가보다도 근대적 민족 국가에 대한 주관적 의식을 공유하고 있으며, 국내적 어려움에도 불구하고 다시는 식민지 위치로 회귀하지 않겠다는 결의에 차 있다.

이러한 조건은 탈인종적 근대 민족 의식을 형성하고 인근 국가와의 불편한 관계를 해소하는 데서 우즈베키스탄을 리더로 만들고 있다. 우즈벡 지도자가 건국의 기틀을 다지면서 지역적 자립도를 높여야 한다고 주장하기만 해도, 우즈베키스탄이 지닌 상대적으로 높은 민족적 동질성과 강렬한 민족 의식으로 해서 인근 투르크메니스탄, 키르기스스탄, 타지키스탄, 심지어는 카자흐스탄의 지도자들은 우즈벡의 지역적 리더십이 지역적 패권으로 발전하지 않을까 우려하게 되는 것이다. 이 같은 우려는 신생 독립 국가들 사이의 지역적 협력을 어렵게 만들면서 ─ 러시아는 이러한 지역적 협력을 지원할 리 만무하고 ─ 이 지역의 취약성을 영속화시킨다.

그러나 다른 국가와 마찬가지로 우즈베키스탄 역시 인종적 긴장으로부터 전적으로 자유롭지 못하다. 남부 우즈베키스탄의 일부, 특히 사마르칸트와 부카라(bukhara) 같은 역사 · 문화적 중심지에는 상당수의 타지흐인이 거주하고 있는데, 이들은 모스크바가 그어 놓은 국경선에 아직까지도 불만을 가지고 있다. 문제를 더욱 복잡하게 만드는 것은 아프가니스탄 북부에 거주하는 우즈벡인은 말할 것도 없고 타지키스탄 서부에 거주하는 우즈벡인과 키르기스스탄의 경제 중심지인 페르가나(Fergana) 계곡(최근 이 곳에서는 인종적 폭력 사태가 발생한 바 있다)에 거주하는 우즈벡인 및 타지흐 인이다.

러시아의 식민 지배에서 벗어난 다른 세 개의 중앙아시아 국가, 즉 키르 기스스탄, 타지키스탄 그리고 투르크메니스탄 중에서 투르크메니스탄만 이 상대적인 인종적 결집성을 보이고 있다. 450만 인구의 약 75퍼센트가 투르크멘인이며, 러시아인과 우즈벡인이 각기 약 10퍼센트씩을 차지한다. 요새적 위치로 인해 투르크메니스탄은 우즈베키스탄이나 이란과 같이 이 나라의 장래에 더 큰 지정학적 의미를 지닌 나라들과 함께, 러시아로부터 상대적으로 멀리 떨어져 있다. 일단 이 지역에 송유관이 발전하게 되면 투 르크메니스탄의 엄청난 천연 가스는 이 나라 사람들에게 미래의 번영을 약속해 줄 것이다.

키르기스스탄의 500만 인구는 훨씬 더 다양하다. 키르기스인은 전체인 구의 약 55퍼센트를 차지하고, 우즈벡인은 약 13퍼센트, 러시아인은 20퍼 센트에서 15퍼센트로 떨어졌다. 독립 이전 러시아인은 테크노엔지니어 계 통의 지식인층을 형성했고, 이들의 엑소더스는 이 나라의 경제를 훼손시켰 다. 풍부한 광물 자원과 수려한 자연 경관으로 인해 중앙아시아의 스위스라 고 불리기도 하지만(따라서 잠재적 관광국으로 부상하고 있기도 하지만), 중국 과 카자흐스탄 사이에 끼여 있는 지정학적 위치로 인해 키르기스스탄의 장 래는 향후 카자흐스탄이 유지할 수 있는 독립의 정도에 크게 의존한다.

타지키스탄의 인구적 동질성은 키르기스스탄에 비해 약간 나은 정도이 다. 650만 인구 중 3분의 2 이하가 타지흐인이고, 25퍼센트 이상이 타지흐 인이 어느 정도 적개심을 가지고 대하는 우즈벡인이다. 러시아인의 숫자는 3퍼센트 이하에 불과하다. 그러나 다른 곳과 마찬가지로 이곳의 지배적인 인종적 공동체 또한 부족의 경계선을 따라 날카로운—심지어 폭력적인—

균열을 겪고 있다. 근대적 민족주의는 도시에 거주하는 정치 엘리트에게 한정되어 있을 뿐이다. 그 결과 독립은 내전을 낳았을 뿐만 아니라 러시아가 계속 이 지역에 군대를 배치할 수 있는 빌미를 제공해 주었던 것이다. 타지키스탄의 인종 상황은 아프가니스탄 동북부의 국경을 따라 존재하는 타지흐인들의 분포로 더욱 복잡한 상황이다. 사실상 타지키스탄에 거주하는 타지흐인과 거의 비슷한 수가 아프가니스탄에 거주하고 있는데, 이는 지역적 안정을 좀먹는 또 다른 변수이다.

최근 아프가니스탄이 겪고 있는 혼돈 상황은 비록 이 국가가 과거 소련의 일부가 아니었음에도 불구하고 소련이 남겨 놓은 유산과 흡사하다. 소련군의 점령에 따른 균열과 그에 맞선 게릴라 전투로 인해 아프가니스탄은 이름뿐인 민족 국가에 불과하다. 아프가니스탄의 2천 200만 인구는 인종적 경계선을 따라 날카롭게 나뉘어 있고, 파슈토인, 타지흐인 그리고 하자르인 사이의 틈새는 점점 더 벌어지고 있다. 이와 동시에 러시아 점령군에 맞서는 지하드(jihad, 거룩한 전쟁—옮긴이)를 수행하는 과정에서 종교는 이 나라 정치의 지배적 차원이 되면서 정치적 차이에 교조적 열정을 불어넣고 있다. 그러므로 아프가니스탄은 단지 중앙아시아의 인종적 수수께끼의 일부일 뿐 아니라 정치적으로 유라시아적 발칸의 주요 부분이 되고 있는 것이다.

비록 과거 소련에 속했던 중앙아시아 국가와 아제르바이잔 등에서는 이슬람 교도가 압도적으로 많은 수를 차지하지만, 각국의 정치 엘리트는 대부분 소련 시대의 산물이고 거의 전적으로 무신론적인 관점을 가지고 있으며 정교 분리의 원칙을 고수하고 있다. 그러나 피지배 대중이 일차적이고 전통적인 씨족적 혹은 부족적 정체성에서 벗어나 더욱 근대적인 민족 의식을 갖게 됨에 따라 지배 엘리트의 이슬람적 세계관 또한 더 강화될 가능성이 있다. 사실상 이미 이란뿐만 아니라 사우디 아라비아가 부추기는 이슬람 부흥 운동은 새로운 민족주의를 위한 추동력이 될 가능성이 크며, 새로운 민족주의는 러시아 밑으로 들어가는 어떠한 재통합에도 강력히 반대할 것이다.

이러한 이슬람 부흥 운동은 러시아 자체 내에 잔류하는 이슬람 교도에게까지 영향을 미칠 것이 분명하다. 러시아에 있는 이슬람 교도의 수는 약 2천만 명에 달함으로써 최근 독립한 중앙아시아 국가들에 잔류하면서 외국의 통치를 받는 러시아 인구(약 950만 명)의 두 배 이상에 이른다. 러시아의 이슬람교도는 러시아 인구 전체의 약 13퍼센트에 달하고, 이들이 독자적인 종교적 · 정치적 정체성을 요구하는 목소리는 필연적으로 점점 더 커질 것이다. 비록 그러한 요구가 체첸 지역에서처럼 즉각적인 독립을 요구하는 형태를 취하지는 않겠지만, 러시아가 최근의 제국적 간섭과 신생 국가들에 있는 러시아인으로 인해 중앙아시아에서 계속 겪게 될 딜레마와 중첩되는 양상을 보이게 될 것이다.

유라시아적 발칸의 불안정성을 점점 더 심각하게 만들고 상황을 더욱 폭발적으로 만드는 것은, 역사적으로 제국적 · 문화적 · 종교적 그리고 경제적 이해 관계를 가진 인근의 두 민족 국가, 즉 터키와 이란이 매우 유동적인 지정학적 정향을 가지고 있을 뿐 아니라 대내적으로도 매우 취약하다는 점이다. 이들 두 국가가 불안정하게 되면 인종적 · 영토적 분쟁이 걷잡을 수 없게 되고, 이미 취약한 세력 균형이 깨지면서 지역 전체가 무질서에 빠질 가능성이 높다. 따라서 터키과 이란은 주요한 지정 전략적 경기 참가자인 동시에 대내적 상황이 이 지역의 운명에 심각한 영향을 미칠 수 있는 지정학적 추축인 셈이다. 두 국가는 모두 지역 패권에 대한 강한 열망과 역사적 자부심을 가진 중간 규모의 국가이다. 그러나 두 국가가 장래에 가지게 될 지정학적 정향은 물론 민족적 응집성 또한 불확실한 상황이다.

한때 거대한 제국이었던 터키는 현재까지도 자신의 정체성에 대한 끊임없는 재규정을 시도하고 있으며, 다음과 같은 세 가지 방향에서 힘을 받고 있다. 근대화론자는 터키를 유럽 국가로 간주하고 서쪽을 바라보고 있다. 이슬람주의자는 중동과 이슬람 공동체에 기대고 있으며, 따라서 남쪽을 바라보고 있다. 그리고 역사적 전통을 강조하는 민족주의자는 카스피 해 연안과 중앙아시아의 투르크인에게서 역사적 사명을 느끼고 있으며, 따라서 동쪽을 바라보고 있다. 각각의 관점은 각기 상이한 전략적 축을 상정하며, 따라서 이들의 충돌은 케말주의 혁명[1] 이래 최초로 터키의 지역적 역할에 대한 불확실성을 제기하는 것이다.

더욱이 터키 자신도 이 지역의 인종적 분쟁으로 인한 부분적 희생자가 될 수도 있다. 비록 6천 500만 터키 인구는 투르크인이 80퍼센트 정도로 압도적이기는 하지만(시르카스인, 알바니아인, 보스니아인, 불가리아인 그리고 아랍인 등을 포함하여), 약 20퍼센트 이상은 쿠르드인이다. 터키의 동쪽 지역에 집중된 쿠르드인은 이란과 이라크 내 쿠르드인의 독립 투쟁에 점점 더 끌려들어 가고 있다. 향후 터키의 노선을 둘러싼 내적인 긴장은 쿠르드인을 더 가열찬 독립 투쟁으로 몰아넣을 것이 분명하다.

장차 이란의 미래는 더욱 불투명하다. 1970년대 말 승리를 거둔 근본주의적 시크교도의 혁명은 '테르미도리안'(Thermidorian)적 국면(혁명 이후에 닥치는 반혁명적 국면을 의미함—옮긴이)으로 접어들 수 있고, 그에 따라 이란의 지정 전략적 역할에 대한 불확실성은 가중될 것이다. 한편으로 무신론적 소련의 붕괴는 이란 북쪽에 위치한 새로운 독립 국가들이 종교적으로 귀의할 수 있는 기회를 제공하지만, 다른 한편으로 미국에 대한 이란의 적대감은 테헤란으로 하여금 적어도 전술적으로나마 친모스크바적인 성향을 띠게 할 것이며, 이러한 경향은 아제르바이잔의 독립이 이란 자신의 결집성에 미칠 영향에 대한 우려로 인해 더욱 강화될 가능성이 있다.

---

1) 제1차 세계대전 이후, 오스만투르크를 대체한 근대 터키의 아버지라고 추앙되는 케말 파샤가 주도한 근대화 혁명을 말한다.—옮긴이.

이러한 우려는 인종적 긴장에 대한 이란의 취약성에서 도출된다. 6천 500만 이란 인구 중 (거의 터키의 인구와 비슷한) 단지 반을 약간 넘는 정도만이 페르시아인이다. 약 4분의 1은 아제르바이잔인이며, 나머지는 쿠르드인, 발루치인, 투르크멘인, 아랍인 그리고 다른 부족으로 이루어져 있다. 쿠르드인과 아제르바이잔인을 제외하면 다른 부족은 현재로서 이란의 내적 통일성을 위협할 역량을 가지고 있지 못하다. ─특히 페르시아인의 높은 민족 의식 내지는 제국적 의식을 감안할 때. ─그러나 이러한 상황은 급속하게 변할 수 있는데, 특히 이란 정치에 새로운 위기 국면이 닥칠 경우 그러하다.

더욱이 새롭게 독립한 '스탄'(stan)('국가'를 의미─옮긴이)들이 이 지역에 분포한다는 사실, 그리고 100만 명에 불과한 체첸인이 정치적 독립을 요구할 수 있었다는 사실은 쿠르드인을 비롯한 이란 내 소수 민족에게 전염 효과를 미칠 수밖에 없다. 만일 아제르바이잔이 안정적인 정치·경제 발전에 성공한다면, 이란 내 아자르인은 대(大) 아제르바이잔 구상에 점점 더 동조하게 될 것이다. 따라서 테헤란의 정치적 불안정과 균열은 이란의 응집성에 대한 도전이 될 수 있고, 유라시아의 발칸에 결부된 영역과 쟁점을 극적으로 확대시킬 수 있다.

중층적 경쟁

유럽의 전통적 발칸은 세 개의 제국적 경쟁국, 즉 오토만 제국과 오스트리아-헝가리 제국 그리고 러시아 제국간의 양보 없는 경쟁을 동반한 것이었다. 거기에는 또 어느 특정한 국가가 승리를 거둘 경우 자신의 이해 관계에 악영향을 미칠 것을 우려하는 세 개의 간접적 참여국이 있었다. 독일은 러시아의 힘을 두려워했고, 프랑스는 오스트리아-헝가리 제국을 반대했으며, 영국은 다른 어떤 경쟁 제국이 발칸을 차지하는 한이 있더라도 오토만 제국의 다르다넬(Dardanelles) 해협²⁾에 대한 지배권이 약화되는 것을 보고 싶어했다. 19세기 내내 이들 열강은 어느 한편의 핵심적 이해 관계를 손상시킴 없이 발칸 분쟁을 관리하는 데 성공했었다. 그러나 1914년 이들은 실패했고 그 결과에 따른 재앙은 모두에게 미쳤다.

오늘날 유라시아적 발칸 내에서 벌어지는 경쟁 역시 러시아, 터키 그리고 이란 등 인접 강국과 밀접하게 연관되어 있으며, 궁극적으로는 중국 역시 주역이 될 가능성이 높다. 좀 떨어진 위치에서 경쟁에 참여하는 국가로서는 우크라이나, 인도 그리고 저 멀리의 미국이 있다. 직접적으로 결부된 세 주역은 미래의 지정학적·경제적 이익에 따라 움직이고 있을 뿐만 아니라 강력한 역사적 추동력에 의해 움직이고 있기도 하다. 세 주역은 모두 한 때니마 이 지역의 정치적·문화적 지배자였다. 이들은 서로 의혹의 시선을 보내고 있다. 비록 이들간에 머리를 부딪치는 전투가 벌어질 것 같지는 않지만 대외적 경쟁이 미치는 축적된 영향은 지역적 혼란을 부추길 것이다.

러시아인은 투르크인에게 거의 강박 관념에 가까운 적대적 태도를 보이고 있다. 러시아 언론은 투르크인이 이 지역을 지배하고자 골몰하면서 러시아에 대한 국지적 저항을 사주하고 있으며(체첸 지역의 경우는 어느 정도 사실이지만), 러시아의 총체적 안보에 위협을 가하는 것처럼 묘사하지만, 이러한 묘사는 모두 터키의 현재 역량에 비해 과도한 것이다. 투르크인 역시 러시아의 지속되는 억압 속에서 형제들을 해방시켜야 한다는 식으로 응수하는 경향이 있다. 투르크인과 이란인(페르시아인) 역시 이 지역에서 오랜 경쟁자이며, 그러한 경쟁 의식은 최근 들어 터키가 이슬람 사회에 대한 이란적 개념에 맞서는 근대적이고 세속적인 대안으로 부각됨에 따라 새롭게 부

---

2) 마르마라(Marmara) 바다와 다도해를 잇는 유럽과 아시아 사이의 해협으로서, 과거 그리스인의 명칭을 차용한 헬레스폰트(Hellespont)라는 옛 이름을 가지고 있다. ─옮긴이.

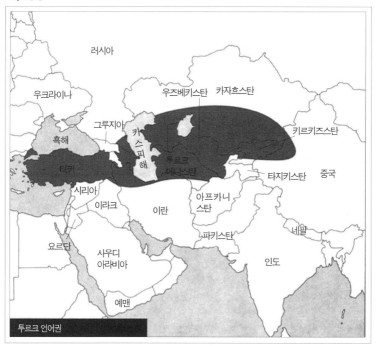

활하고 있다.

비록 세 강국 각각이 자신의 영향권을 추구하고 있다고 말해지지만, 러시아의 경우 모스크바의 야심은 훨씬 큰 폭을 가지고 있다. 왜냐하면 제국적 통치에 대한 기억이 상대적으로 생생한 편이고, 이 지역에 수백만 명의 러시아인이 거주하며, 세계 주요 열강의 하나로 다시 러시아를 일으켜 세우려는 크렘린의 열망이 크기 때문이다. 모스크바의 대외 정책적 언명들은 러시아가 과거 소련에 속해 있던 지역 전체를 외부의 정치 · 경제적 영향을 용납하지 않는 특수한 지정 전략적 이해 관계가 걸린 지역으로 간주하고 있음을 보여 준다.

이와 대조적으로 지역적 영향력을 추구하는 터키의 열망 또한 해묵은 제국적 유산이기는 하지만(오토만 제국은 1590년 코카서스와 아제르바이잔을 점령함으로써 정점에 달했지만 중앙아시아를 포괄하지는 못했다), 그것은 이 지역에 거주하는 투르크인의 인종적·언어적 정체성에 더 많이 근거하고 있다.(「지도 5-3」 참조) 터키의 정치·군사력이 더욱 제한적이라는 사실을 감안할 때, 배타적인 정치적 영향권의 건설은 불가능할 것이다. 그보다 터키는 자신의 상대적 근대성과 언어적 친화성을 활용하여 투르크어 공동체의 잠재적 리더로 부상하는 한편, 경제적 수단을 동원하여 건국 과정에 있는 이 지역에 가장 큰 영향력을 발휘하는 국가가 되려고 할 것이다.

이란의 야심은 아직 모호하다. 그러나 장기적으로는 결코 러시아의 야심에 못지않을 것이다. 페르시아 제국은 오토만 제국보다도 더 먼 기억을 가지고 있다. 기원전 500년경에 정점에 달했던 페르시아 제국은 코카서스 3국과 투르크메니스탄, 우즈베키스탄, 타지키스탄, 아프가니스탄 등은 물론 터키, 이라크, 시리아, 레바논, 이스라엘 등지를 포괄하고 있었다. 비록 현재 이란의 지정학적 야심은 주로 아제르바이잔과 아프가니스탄을 겨냥한 것으로서 터키의 야심에 비해 작은 것이기는 하지만, 이 지역의 모든 이슬람교도—러시아 자체 내의 이슬람교도를 포함하여—가 이란의 종교적 관심의 대상이 되고 있다. 사실 중앙아시아에서 이슬람의 부흥은 최근 이란 지배층이 열망하는 주요한 사항이다.

러시아, 터키 그리고 이란의 경쟁적 이해 관계는 「지도 5-4」에 잘 나타나 있다. 러시아의 지정학적 압력은 아제르바이잔과 카자흐스탄을 향한 남향의 화살표로 표시되어 있다. 터키는 아제르바이잔과 중앙아시아의 카스피해를 향한 동향의 화살표로 표시되어 있다. 이란은 아제르바이잔을 향한 북향의 화살표와 투르크메니스탄, 아프가니스탄 그리고 타지키스탄 등을 향한 동북향의 화살표로 표시되어 있다. 이들 화살표는 서로 엇갈릴 수도 있

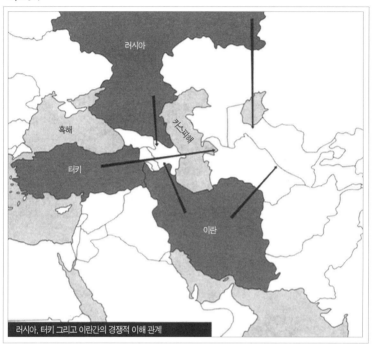

지도 5-4

러시아

흑해

카스피해

터키

이란

러시아, 터키 그리고 이란간의 경쟁적 이해 관계

지만 충돌할 수도 있다.

이 단계에서 중국의 역할은 훨씬 더 제한적이고 중국의 목표는 덜 분명
하다. 중국은 자신의 서쪽에 러시아 제국보다는 상대적으로 독립된 일군의
국가가 들어서는 것을 선호할 것이라고 추론해 볼 수 있다. 적어도 이 신생
국가들은 완충 지대로서 기능할 것이다. 그러나 중국은 또한 신장 지역의
투르크계 소수 민족이 신생 독립 국가들을 모델로 삼을 가능성을 우려하고
있으며, 이런 이유에서 중국은 카자흐스탄으로부터 국경을 넘어 전개되는
소수 민족 운동을 부추기지 않겠다는 확약을 받아 내고자 한다. 장기적으로
이 지역의 에너지 자원은 베이징의 특별한 관심 대상이며, 모스크바의 통제

를 벗어나 이 자원에 직접적으로 접근하는 것이 중국의 주된 목표이다. 따라서 이 지역에 대한 중국의 지정학적 이해 관계는 이 지역에서 지배적 역할을 담당하고자 하는 러시아의 야심과 충돌할 가능성이 있다는 점에서 터키와 이란의 야심과 맥을 같이한다.

우크라이나에 있어 주된 쟁점이 되는 것은 향후 독립국가연합(CIS)의 성격이며, 러시아에 대한 우크라이나의 의존을 경감시킬 수 있는 에너지 자원에 대한 좀더 자유로운 접근이다. 이 점에서 아제르바이잔, 투르크메니스탄 그리고 우즈베키스탄 등과의 더욱 밀접한 관계는 키에프의 입장에서 매우 중요하며, 독립 지향적 국가에 대한 우크라이나의 지원은 러시아로부터의 더욱 완전한 독립을 추구하는 우크라이나의 노력과 같은 선상에 놓여 있다. 따라서 우크라이나는 아제르바이잔 원유의 서방 수출 통로가 되고 싶어하는 그루지야의 노력을 지원하는 것이다. 우크라이나는 또 흑해에 대한 러시아의 지배력을 약화시키기 위하여 터키와 공조하면서, 중앙아시아로부터 터키에 이르는 원유 공급로를 확보하려는 터키의 노력을 지원하고 있다.

파키스탄과 인도의 개입은 아직 멀게 느껴지지만, 두 국가 모두 이 유라시아 발칸의 향후 추이에 결코 무관심하지 않다. 파키스탄의 입장에서 볼 때 일차적 관심은 아프가니스탄에 대한 더욱 깊숙한 지정 전략적 영향력을 확보하는 한편, 이란이 유사한 영향력을 아프가니스탄과 타지키스탄에서 확보하는 것을 거부하는 데 있고, 궁극적으로 중앙아시아에서 아라비아 해에 이르는 송유관 건설에서 이익을 얻는 데 있다. 인도는 파키스탄의 노력에 대한 반작용으로, 그리고 이 지역에 중국의 영향력이 장기적으로 확대되는 것에 맞서서, 아프가니스탄에 대한 이란의 영향력과 과거 소련 지역에 대한 러시아의 영향력을 더 긍정적으로 보고 있는 것이다.

비록 멀리 떨어져 있기는 하지만 미국은―유라시아의 구소련 지역에 대한 지정학적 다원성을 유지하고자 하는 목표를 가지고 배후의 간접적 참여자로서 점점 더 중요한 역할을 수행하고 있는—이 지역의 자원 개발에 명확한 이해 관계를 가지고 있을 뿐만 아니라 러시아가 이 지역을 지정학적으로 지배하는 것을 막고자 한다. 그럼으로써 미국은 유라시아에 대한 보다 큰 지정 전략적 목표를 추구하는 한편, 유럽과 극동에서 점증하는 자신의 경제적 이해 관계에 기반해서 이제까지 접근이 봉쇄되어 온 이 지역에 대한 무제한적인 접근을 확보하고자 노력하고 있다.

따라서 퍼즐 게임과 같은 유라시아의 발칸에서 쟁점이 되는 것은 지정학적 힘, 엄청난 잠재적 부에 대한 접근, 민족적 혹은 종교적 사명감의 성취 그리고 안보 등이다. 그러나 이 지역에서 가장 중요한 쟁점은 접근의 문제이다. 소련이 붕괴하기 이전까지 이 지역에 대한 접근은 모스크바가 독점하였다. 모든 철도 수송, 가스 수송관과 송유관 그리고 여객 항공에 이르기까지 모든 채널의 중심은 모스크바였다. 러시아 지정학자들은 이러한 상황이 지속되기를 원한다. 왜냐하면 이들은 이 지역에 대한 접근을 통제하고 지배하는 자가 이 지역이 지닌 지정학적·경제적 가치를 획득할 가능성이 가장 높다는 것을 알고 있기 때문이다.

이러한 고려 때문에 중앙아시아와 카스피 해의 미래에 있어 파이프라인이 중심 쟁점이 되고 있는 것이다. 만일 이 지역에 대한 주요한 파이프라인이 계속 러시아 영토를 통과해 흑해 연안의 노보로시스크(Novorossiysk)라는 러시아의 출구로 이어진다면, 그 자체가 지니는 정치적 의미는 러시아가 더 이상 힘을 행사할 필요가 없을 정도로 큰 것이다. 그렇게 되면 이 지역은 정치적으로 러시아에 의존하게 될 것이고, 러시아는 이 지역의 부가 어떻게 분배될 것인가를 결정하는 강력한 입지를 갖추게 될 것이다. 역으로 다른 파이프라인이 카스피 해를 지나 아제르바이잔을 거쳐 터키를 통과, 지중해 지역에 이르게 된다면, 그리고 또 다른 파이프라인이 아프가니스탄을 거쳐

아라비아 해에 이르게 된다면, 그 어떤 단일 국가도 독점적 접근권을 갖지는 못할 것이다.

문제가 되는 것은 러시아 정치 엘리트 중 일부가 만일 러시아가 독점적 접근권을 확보할 수 없다면 이 지역의 자원을 개발하지 않는 편이 낫다는 듯한 입장을 취하는 것이다. 만일 외국 투자로 인해 외국의 경제적·정치적 영향력이 더 커질 수밖에 없다면 자원을 개발하지 않고 놔 두자는 것이다. 이러한 전횡적 태도는 오랜 역사를 지닌 것으로서, 그것이 바뀌기 위해서는 시간은 물론 대외적 압력이 필요하다.

코카서스 지역과 중앙아시아에 대한 짜르의 팽창 정책은 지난 300년에 걸쳐 지속되어 온 것이지만 최근 충격적인 파국을 맞이한 바 있다. 오토만 제국이 쇠퇴함에 따라 러시아 제국은 카스피 해 연안을 따라 페르시아 방면으로 남진을 계속했다. 1556년 러시아 제국은 아스트라칸 카나테 (Astrakhan khanate)를 생포했고, 1607년 페르시아에 당도했다. 1774년과 1784년 사이 크리미아반도를 점령했으며, 1801년 그루지아 왕국을 정복했다. 또 1800년대 후반에 걸쳐서 코카서스 산맥에 분포하던 부족들을 압도했고(이 시기 체첸인은 완강하게 저항했다), 1878년 아르메니아에 대한 정복을 마무리했다.

중앙아시아 정복은 경쟁적 제국을 억누르는 것이었다기보다는 본질적으로 고립되고 준부족적 상태에서 단지 간헐적이고 고립적인 저항만을 펼칠 수 있었던 카나테(khanate)와 에미레이트(emirate) 들을 복속시키는 문제였다. 우즈베키스탄과 카자흐스탄은 1801년부터 1881년 사이의 군사 원정을 통해 정복되었고, 투르크메니스탄은 1873년부터 1886년 사이의 전투를 통해 합병되었다. 그러나 이미 1850년까지 중앙아시아 대부분에 대한 정복은 끝나 있었다.—비록 간헐적인 국지적 저항이 소련 시대까지 계속되기는 했지만.

소련의 붕괴는 극적인 역사적 반전을 가져 왔다. 단지 1991년 12월의 몇 주간에 걸쳐서 러시아가 차지하던 아시아의 공간이 20퍼센트 가량 감소했고, 러시아가 통치하던 아시아 인구는 7천 500만에서 3천만 명으로 감소하고 말았다. 아울러 코카서스 지역에 거주하던 1천 800만 인구도 러시아로부터 떨어져 나왔다. 러시아 정치 엘리트에게 이러한 반전을 더욱 고통스럽게 만든 것은 최근까지 오직 러시아만이 접근할 수 있었던 이 지역의 거대한 경제적 잠재 가치가 이제는 그것을 개발하고 발전시킬 만한 재정 수단을 지닌 외국인이 노리는 목표가 되었다는 점이다.

러시아는 딜레마에 직면하고 있다. 러시아는 이 지역을 외부 세계로부터 전적으로 봉쇄하기에는 정치적으로 너무 약하고, 배타적으로 개발하기에는 너무나 빈곤하다. 더욱이 감각 있는 러시아 지도자들은 신생 국가들에서 진행되는 인구 폭발이 그들의 경제 성장이 유지되지 못할 경우 러시아 남쪽 국경에 엄청난 폭발적 상황을 가져 오리라는 점을 잘 알고 있다. 러시아가 아프가니스탄과 체첸 지역에서 겪었던 경험은 흑해에서 몽고에 이르는 국경을 따라 언제든지 재발할 수 있는 것이다. 특히 과거 순종적이었던 민족들 사이에서 보여지는 민족적 · 이슬람적 각성을 감안할 때 이러한 가능성은 훨씬 크다.

따라서 러시아가 터키와 이란을 통제하고 신생 국가가 경쟁국편으로 기우는 것을 막고자 한다면, 진정으로 독립적인 중앙아시아 지역 협력체의 형성을 막고자 한다면, 그리고 이들 신생국에 대한 미국의 지정학적 영향력이 증대되지 못하도록 막고자 한다면 러시아는 무엇인가 새로운 탈제국적 적응의 길을 모색해야만 한다. 따라서 문제가 되는 것은 더 이상 제국적 복원—그것은 너무나 값비싼 대가를 치러야만 하는 것이고, 격렬한 저항에 직면하게 될 우려가 크다—이 아니다. 그 대신 신생국을 통제하고 러시아의 지배적인 지정학적 · 경제적 지위를 보존하기 위한 새로운 관계망을 형성하는 것이 중요하다.

그와 같은 적응을 위해 선택된 일차적 도구가 바로 독립국가연합(CIS)이다. 하지만 러시아의 군사력과 '분할 통치'를 위한 외교력 역시 크렘린의 이해 관계를 위해 사용되었다. 모스크바는 더욱더 통합된 '연합'에 신생 독립국이 최대한 순응하도록 만들고, 독립국가연합에 중앙 통제적인 체제를 더 많이 도입하기 위하여 자신의 정치적 영향력을 동원했다. 공동 외교 정책의 틀 내에서 이루어지는 보다 더 밀접한 군사적 협력, 기존(원래 소련에 의해 건설되었던) 파이프라인의 확장, 러시아를 주변화시킬 수 있는 새로운 참여자의 배제 등이 추구되었던 것이다. 러시아측의 전략적 분석들은 더 이상 이 지역이 러시아 제국의 일부가 아닐지라도 러시아의 특수한 지정학적 공간이라고 공개적으로 언급하였다.

러시아의 지정학직 의도를 이해하는 실마리는 신생 독립국의 영토 안에 러시아군을 계속 주둔시키고 싶어하는 크렘린의 완강함에서 찾아볼 수 있다. 러시아는 아브하즈인 분리 운동을 빌미로 그루지아로부터 기지 설치권을 획득하고, 아제르바이잔과 전쟁을 벌이는 데 지원이 필요했던 아르메니아의 요구를 이용하여 아르메니아에 러시아군을 주둔시키는 것을 정당화했다. 아울러 러시아의 군사 기지에 대한 카자흐스탄의 동의를 얻고자 정치적·재정적 압력을 가했다. 또한 타지키스탄의 내전은 과거 소련군의 계속적인 주둔을 가능하게 했다. 모스크바의 정책은 중앙아시아와의 탈제국적 관계망이 취약한 개별 국가의 실질적 주권을 점차 약화시키고, 신생국들이 통합된 독립국가연합이라는 사령탑에 차츰 복속될 것이라는 노골적 기대에 기초해서 진행되었다. 그와 같은 목표를 성취하기 위하여 러시아는 신생국이 독자적인 군대를 창설하는 것과 고유 언어를 사용하는 것(이 과정에서 이들은 차차 키릴 문자를 라틴 문자로 대체하고 있다), 외부 세계와 밀접한 관계를 형성하는 것, 그리고 아라비아 해나 지중해 방면으로 이어지는 새로운 파이프라인을 건설하는 것 등을 방해하고 있다. 만일 그러한 정책이 성공한 다면 러시아는 신생국의 대외 관계와 이익 배분을 지배하게 될 것이다.

그러한 목표를 추구하는 데 있어 러시아의 대변인들은 4장에서 살펴본 바와 같이 유럽연합의 사례를 자주 거론한다. 그러나 사실상 중앙아시아 국 가들과 코카서스 지역에 대한 러시아의 정책은 아프리카의 프랑스어권 공 동체를 연상시킨다. 프랑스의 군사력과 재정 지원이 프랑스어를 사용하는 아프리카 국가의 정치와 정책을 결정하는 것이다.

이 지역에 대한 러시아의 정치·경제적 영향력을 최대로 회복하는 것이 러시아의 전반적 목표이고 독립국가연합이 그 주요한 수단이 되고 있는 상 황에서, 모스크바의 일차 지정학적 목표는 아제르바이잔과 카자흐스탄의 정치적 복속으로 보인다. 러시아의 정치적 역공세가 성공하려면 모스크바 가 이 지역에 대한 다른 참여자의 접근을 차단해야 할 뿐만 아니라 스스로 이 지역에 대한 지리적 방패를 뚫고 들어가야만 한다.

러시아의 일차 목표는 아제르바이잔일 수밖에 없다. 아제르바이잔의 복 속은 중앙아시아를 서방 세계, 특히 터키로부터 봉쇄하는 데 기여할 뿐만 아니라 완강하게 저항하는 우즈베키스탄과 투르크메니스탄에 대한 러시아 의 영향력 또한 증대시켜 줄 것이다. 카스피 해에 매장된 자원 개발을 어떻 게 분담할 것인가와 같은 쟁점과 관련하여 이란과 협력하는 것이 바쿠(아제 르바이잔의 수도―옮긴이)를 모스크바의 소망대로 움직이는 데 도움이 될 것 이다. 아제르바이잔이 순응하면 그루지야와 아르메니아에서 러시아의 지 배적 지위 또한 더 확고해질 수 있을 것이다.

카자흐스탄 또한 일차적 목표가 되기 쉬운데, 그것은 카자흐스탄의 인종 적 복잡성으로 인해 카자흐 정부가 모스크바와 공개적으로 충돌하는 것을 감당할 수 없기 때문이다. 모스크바는 또 증대하는 중국의 역동성에 대한 카자흐인의 공포심과 아울러 인접한 중국 신장성이 중국화되는 것에 대한 카자흐인의 적개심을 이용할 수 있을 것이다. 점차적인 카자흐스탄의 복속은 키르기즈스탄과 타지키스탄을 거의 자동으로 모스크바의 통제권 안으로 끌어들이는 지정학적 효과가 있으며, 우즈베키스탄과 투르크메니스탄을 더욱 직접적인 러시아의 압력에 노출시키게 될 것이다.

그러나 러시아의 전략은 유라시아적 발칸 내에 위치한 거의 모든 국가의 열망에 반하는 것이다. 신생 국가의 정치 엘리트들은 독립을 통해 이미 그들이 획득한 권력과 특권을 결코 자발적으로 내놓으려 하지 않을 것이다. 이 지역에 거주하는 러시아인이 점차 자신들이 누리던 특권적 지위를 내놓음에 따라 새로운 엘리트들은 급속히 주권에 따른 이해 관계를 발전시키고 있는데, 이는 매우 역동적이고 또 사회적으로 전염성 높은 형태로 진행되고 있다. 더욱이 과거 정치적으로 수동적이던 인구는 갈수록 민족적이 되어 가고, 그루지아와 아르메니아를 제외하면 점점 더 그들의 이슬람적 정체성을 자각해 가고 있다.

대외적 문제에 관한 한 그루지아와 아르메니아는 모두 (아제르바이잔과 맞서기 위해 아르메니아가 러시아에 의존하고 있음에도 불구하고) 유럽과 연대할 가능성이 점점 높아진다. 자원이 풍부한 중앙아시아 국가들은 아제르바이잔과 더불어 경제적 발전을 가속하고 독립을 확고히 하기 위하여 미국, 유럽, 일본 그리고 최근에는 한국의 자본을 최대한 끌어들이고자 애쓰고 있다. 경제 발전과 주권 확립이라는 목적을 위해 이들은 또한 터키와 이란의 역할이 확대되는 것을 환영하고 있는데, 이들 국가의 역할이 확대되면 러시아의 힘을 견제할 수 있을 뿐더러 남쪽에 위치한 거대한 이슬람 세계와도 다리를 놓아 줄 수 있기 때문이다.

터키와 미국으로부터 지원을 받고 있는 아제르바이잔은 군사 기지에 대한 러시아의 요구를 거부했을 뿐만 아니라 그루지아를 통해 터키로 이어지는 제2의 파이프라인을 내세워 흑해 연안의 러시아 항구로 파이프라인을 단일화하라는 러시아의 요구에도 저항하고 있다.(미국 기업의 후원 아래 남쪽의 이란 방면으로 파이프라인을 건설하려 했던 프로젝트는 이란에 대한 미국의 재정적 임바고 정책으로 포기될 수밖에 없었다.) 1995년 축포가 울려 퍼지는 가운데 투르크메니스탄과 이란을 잇는 새 철도가 개통되었는데, 이것은 러시아 전체를 주변화시키면서 유럽과 중앙아시아가 직교류할 수 있는 가능성을 열어 놓은 것이었다. 이 고대 비단길의 재개통은 러시아가 더 이상 유럽과 아시아를 가르는 존재가 될 수 없다는 극적인 의미를 지닌 것이었다.

우즈베키스탄 역시 러시아의 '통합' 요구에 점점 더 단호한 목소리를 내고 있다. 1996년 8월 우즈베키스탄의 외무장관은 이렇게 거침없이 선언했다. "우즈베키스탄은 독립국가연합이 초국가적 기구가 됨으로써 중앙 집중적 통제의 도구로 이용되는 것에 반대한다." 우즈베키스탄의 강력한 민족주의적 입장은 이미 러시아 언론의 다음과 같은 비판을 불러일으킨 바 있다.

"뚜렷한 친서방적 경향의 경제, 독립국가연합 내의 통합 조약에 대한 독설적 태도, 관세동맹에 가입하는 것조차 단호히 거부하는 태도, 반러시아적 민족 정책(러시아어를 사용하는 유치원마저 폐쇄시키는) 등을 보여 주는 우즈베키스탄······ 아시아 지역에서 러시아를 약화시키는 정책을 추구하는 미국에게 이곳은 너무나 매력적이다."[3]

심지어 카자흐스탄마저 러시아의 압력에 맞서 자국의 자원을 실어 나르기 위한 제2의 비러시아적 통로를 원하는 실정이다. 카자흐 대통령의 보좌관 우미르세리크 카세노프(Umirserik Kasenov)의 말이다.

---

3) *Zavtra* 28 (1996년 6월).

지도 5-5

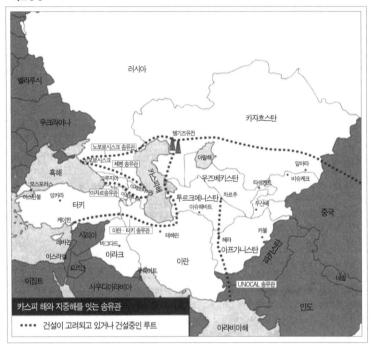

세계 3대 유전 지역의 하나라고 불리우는 카스피해는 2000년에도 매장량 100억 배럴로 추정되는 카샤간 유전이 일본계 석유 개발 회사와 국제 메이저의 공동 탐사 과정에서 추가로 발견되었다. 1999년 미국은 2004년 완공을 목표로 바쿠(아제르바이잔)―제이한(터키)을 잇는 1700km의 파이프라인을 건설하기로 아제르바이잔, 그루지아, 터키 등과 합의하였다. 위 지도에서 텡기즈 유전으로부터 러시아 남부를 거쳐 노보로시스크 항에 이르는 노보로시스크 송유관은 2001년 3월에 개통되었다. ―옮긴이

　

"카자흐스탄이 대안적 파이프라인을 모색하는 것은 노보로시스크(Novoro-ssiysk)로 보내지는 카자흐스탄 원유의 양과 파브로다르(Pavlodar) 정유소로 보내지는 튜멘(Tyumen) 원유의 양을 제한하는 러시아 자신의 행동에 의해 촉진되고 있다. 이란으로 향하는 가스 수송관 건설을 추진하는 투르크메니스탄의 노력 역시 부분적으로는 독립국가연합이 세계 시장 가격의 60퍼센트 정도의 대금밖에 지불하지 않거나 아예 대금을 지불하지 않는 사실에 기인한다."[4]

투르크메니스탄 역시 대체로 같은 이유에서 아프가니스탄과 파키스탄을 거쳐 아라비아 해에 이르는 새로운 파이프라인을 건설하기 위해, 그리고 북쪽으로는 카자흐스탄과 우즈베키스탄, 남쪽으로는 이란과 아프가니스탄을 잇는 철도를 건설하기 위해 활발하게 움직이고 있다. 중앙아시아와 남중국해를 잇는 야심적 파이프라인 프로젝트(「지도 5-5」 참조)에 관한 예비적이고 탐색적인 대화가 카자흐인, 중국인, 일본인 사이에서 이루어진 바 있다. 아제르바이잔의 원유와 가스에 대한 서방 세계의 장기적 투자가 약 130억 달러에 달하고, 카자흐스탄의 경우는 200억 달러를 넘어서고 있음을 볼 때(1996년 통계로), 이 지역의 정치 · 경제적 고립이 세계 경제의 압력으로 타파되고 있고, 러시아의 재정적 옵션을 제한하고 있음이 분명하다.

러시아의 공포는 중앙아시아 국가들을 더 큰 지역 협력의 틀 안으로 몰아넣고 있다. 1993년 1월에 창설된 이후 잠자고 있던 중앙아시아경제연합(Central Aisan Economic Union)은 점점 더 활발하게 움직이고 있다. 처음에는 명확하게 새로운 '유라시아연합'을 옹호했던 카자흐스탄의 누르술탄 나자르바예프(Nursultan Nazarbayev) 대통령조차 보다 밀접한 중앙아시아 협력을 지지하는 쪽으로 점차 선회하고 있다. 그는 지역 국가간의 군사적 협력을 증대시키고 카스피 해와 카자흐스탄의 원유를 터키 쪽으로 연결시키려는 아제르바이잔의 노력을 지지하고, 카스피 해 연안 국가간에 카스피 해의 자원을 분배하지 못하도록 하려는 러시아와 이란의 노력에 공동으로 저항하는 데도 점점 더 동조하고 있다.

이 지역 정부들이 매우 권위주의적이라는 점을 감안할 때, 주요 지도자간의 개인적 화해는 더욱 중요할 것이다. 카자흐스탄, 우즈베키스탄, 투르

---

4) "What Russia Wants in the Transcaucasus and Central Asia," *Nezavisimaya Gazeta* (1995년 6월 24일자).

크메니스탄의 대통령이 서로를 좋아하지 않는다는 것은 잘 알려진 사실이며(외국 방문객들에게 말해 왔던 바와 같이), 이러한 개인적 적대감은 크렘린이 서로를 이간질하기 쉽게 만들었다. 1990년대 중반에 이르러, 세 나라의 지도자는 그들의 새로운 주권을 보호하기 위해 서로 밀접하게 협력할 필요가 있음을 깨달았으며, 향후 대외 정책을 서로 조정하기로 강조하면서 자신들의 밀접한 관계를 열렬히 선전하기 시작했다.

그러나 더 중요한 것은 독립국가연합(CIS) 내에서 '통합'이 아니라 '협력'의 개념에 기초한 독립국가연합을 옹호하는 비공식적 연합—우크라이나와 우즈베키스탄이 이끄는—이 출현했다는 점이다. 이러한 목적을 위해 우크라이나는 우즈베키스탄, 투르크메니스탄, 그루지아 등과 군사 협력에 관한 협정문을 마련했으며, 1996년 9월 우크라이나와 우즈베키스탄의 외무장관은 향후 독립국가연합의 의상직은 러시아 대통령만이 아니라 돌아가면서 맡을 것을 요구하는 선언문을 발표하는 극히 상징적인 행동을 취하기도 했다.

우크라이나와 우즈베키스탄의 선례는 모스크바에 좀더 순응적이었던 다른 국가의 지도자에게 영향을 미쳤다. 특히 1996년 9월 카자흐스탄의 누르술탄 나자르바예프와 그루지아의 에두아르 쉐바르드나제(Eduard Shevardnadze)가 만일 "우리의 독립을 위협한다면" 독립국가연합을 떠나겠다고 선언했을 때 크렘린은 매우 당혹했을 것이다. 더욱 일반적으로 중앙아시아 국가들과 아제르바이잔은 독립국가연합에 대한 견제 조치로서 금융, 경제, 물류 체계의 협력을 위해 만들어지기는 했지만 아직까지 상대적으로 느슨한 이슬람 국가의 연합체(터키, 이란 그리고 파키스탄을 포함하는)인 경제 협력 기구 내에서의 활동에 박차를 가하고 있다. 모스크바는 이러한 움직임을 독립국가연합에 대한 참여도를 희석시키는(매우 지당한 지적이지만) 것으로 간주하고 공개적으로 비판하고 있다.

같은 맥락에서 터키와의 관계가 계속 강화되고, 그만은 못하지만 이란과의 관계도 발전하고 있다. 투르크어권 국가는 새 국가 관료의 훈련을 맡아주겠다는 터키의 제안을 기꺼이 받아들였으며, 그 결과 약 1만 명 가량의 학생이 터키의 환영을 받았다. 1996년 10월 타쉬켄트에서 열린 투르크어권 국가 사이의 제4차 정상 회담은—터키의 후원 속에 개최된 것인데—터키와의 밀접한 문화적 협력은 물론 터키와의 물류 체계망 개선과 공통적교육 표준 등에 초점을 맞춰 진행되었다. 터키와 이란은 모두 신생국에게 텔레비전 프로그램을 공급하는 데 특별히 열성을 보이고 있는데, 이것은 대중에게 직접적인 영향을 미치게 될 것이다.

1996년 12월 카자흐스탄의 수도 알마아타(Alma-Ata)에서 열린 행사는 터키가 이 지역 국가의 독립에 유난히도 많은 관심을 가지고 있음을 보여주었다. 카자흐스탄 독립 5주년을 맞이하여 터키의 대통령 슐레이만 데미렐(Suleyman Demirel)은 나자르바예프 대통령 바로 옆에서 카자흐와 투르크의 전설적 무사들이 새겨진 28미터 높이의 황금색 기둥을 제막하는 데 참여했다. 이 제막식에서 카자흐인들은 "카자흐스탄 옆에서 각 발전 단계마다 독립 국가로 존재했던" 터키를 칭송했다. 아울러 투르크인은 3억 달러에 이르는 차관을 카자흐스탄에 제공했는데, 이것은 당시 터키의 사적 투자규모의 수준을 웃도는 것이었다.

터키나 이란 모두 러시아가 지역적 영향력을 확대하는 것을 막을 수 있는 수단을 가지고 있지 못하다. 그러나 터키와 (더 좁게는) 이란은 북쪽의 인접 국가나 과거의 주인에게 재통합되는 것에 반대하는 한편 그러한 가능성에 저항하는 신생국의 역량과 의지를 강화시켜 왔다. 이러한 노력은 확실히 이 지역의 지정학적 미래를 개방적으로 유지하는 데 기여한다.

지배도 아니고 배제도 아닌

미국에게 주는 지정 전략적 의미는 명확하다. 미국은 유라시아의 이 부분에서 지배적이 되기에는 너무 멀리 떨어져 있으며, 개입을 하지 않기에는 너무나 큰 힘을 가지고 있다. 이 지역의 모든 국가는 그들의 생존을 위해 미국의 개입을 필수적인 것으로 보고 있다. 현재 러시아는 너무나 취약하여 이 지역에 대한 제국적 지배를 회복하거나 다른 나라를 배제하기 어렵지만, 동시에 스스로가 배제되기에는 너무나 인접해 있고 또 강한 힘을 가지고 있다. 터키와 이란은 영향력을 발휘하기에 충분할 만큼 힘을 가지고 있지만, 그들 자신의 취약성으로 인해 이 지역이 북쪽으로부터의 도전과 내부 분규를 극복하지 못하게 만들 수도 있다. 중국은 러시아나 중앙아시아 국가들로부터 위협을 받기에는 너무나 막강하지만, 경제적 역동성과 그 존재 자체는 중앙아시아가 더 넓은 세계로 나아가는 것을 촉진시키고 있다.

미국의 일차적 이해 관계는 단일 국가가 이 지정학적 공간을 통제하지 못하게 하는 것이며, 이 지역에 대한 세계 공동체의 금융·경제적 접근이 방해받지 않게 하는 것이다. 파이프라인과 교통망이 지중해와 아라비아 해 혹은 육지를 통해서 세계의 주요한 경제 중심지로 이어질 때에만 지정학적 다원성이 확립될 수 있을 것이다. 그러므로 러시아가 이 지역에 대한 접근권을 독점하려는 것은 지역적 안정성을 해치는 것으로서 반대해야 한다.

그러나 이 지역으로부터 러시아를 배제하는 것은 바람직하지도 가능하지도 않으며, 이 지역의 신생국과 러시아 사이의 적개심을 부채질하는 효과가 있을 것 같지도 않다. 사실 이 지역의 발전에 대한 러시아의 역동적인 경제 참여는 이 지역의 안정에 긴요하다. 러시아가 배타적인 지배자로서가 아니라 파트너가 되는 것은 엄청난 경제적 이익을 가져다 줄 것이다. 이 지역의 더욱 큰 안정과 증대된 부는 러시아의 복지에 직접적으로 기여할 것이고, 독립국가연합이 약속한 '공동의 부'(commonwealth)에 진정한 의미를 부여해 줄 것이다. 그러나 러시아가 이처럼·협력적인 대안을 자신의 정책으로 삼는 것은 유럽의 발칸을 떠올리는 훨씬 더 야심적이고, 역사적으로 시대착오적이기조차 한 구도를 배제할 경우에만 가능하다.

　미국의 강력한 지정학적 지원을 받아야 할 나라들은 아제르바이잔, 우즈베키스탄, (그리고 이 지역 바깥에서는) 우크라이나 등으로서 이 셋은 모두 지정학적 추축이다. 사실 키에프의 역할은 특히 러시아 자신의 미래와 관련해서 우크라이나가 중요 국가라는 주장을 뒷받침해 준다. 동시에 그 규모와 경제적 잠재력, 지리적 중요성 등을 감안할 때 카자흐스탄 또한 신중한 국제적 지원, 특히 계속적인 경제 지원을 받아 마땅하다. 적절한 때가 되면 카자흐스탄의 경제적 성장은 러시아의 위협으로부터 이 중앙아시아의 '방패 국가'를 취약하게 만드는 인종적 균열을 봉합해 줄 것이다.

　이 지역에서 미국은 안정적이고 친서방적인 터키뿐만 아니라 이란 및 중국과도 공동 이익을 가지고 있다. 미국—이란 관계의 점차적 발전은 이 지역에 대한 세계 체제의 접근을 크게 증대시켜 줄 것이고, 아제르바이잔이 처한 생존의 위협을 크게 감소시켜 줄 것이다. 이 지역에 대한 점증하는 중국의 경제적 참여와 이 지역의 정치적 독립이 중국에 대해 지니는 의미는 미국의 이해 관계에 부합된다. 아프가니스탄에서 펼쳐지는 파키스탄의 노력에 대한 중국의 지원 또한 긍정적 변수이다. 파키스탄과 아프가니스탄의 더욱 밀접한 관계는 투르크메니스탄에 대한 국제적 접근을 보다 가능하게 해 줄 것이고, 투르크메니스탄과 우즈베키스탄을 강화시켜 주는 데 도움이 될 것이다.(이것은 카자흐스탄에게도 유리할 것이다.)

　터키의 발전 방향은 특히 코카서스 국가들의 미래에 결정적인 영향을 미칠 것이다. 만일 터키가 유럽으로의 통로를 계속 유지할 수 있다면―그리고 유럽이 터키를 향해 열려 있는 문을 닫지 않는다면―코카서스 국가들은 그들이 바라는 바를 향해 유럽의 궤도를 따라 돌 것이다. 그러나 대내외적 이유로 해서 터키의 유럽화가 중단된다면 그루지아와 아르메니아는 러시아의 의향을 좇을 수밖에 없을 것이다. 그렇게 되면 그들의 미래는 좋건 나쁘건 확장중에 있는 유럽과 러시아의 관계에 종속되고 말 것이다.

이란의 역할은 훨씬 더 복잡한 문제를 내포한다. 만일 이란이 친서방적 태도로 회귀한다면, 그것은 이 지역의 안정을 공고히 하는 데 기여할 것이다. 따라서 미국이 그러한 이란의 반전을 부추기는 것은 바람직하다. 그러나 그러한 일이 일어나기 전까지는, 비록 이란이 외부 세계를 향한 투르크메니스탄의 개방 과정을 돕고, 자신의 근본주의에도 불구하고 중앙아시아인의 종교적 유산에 대한 감각을 강화하는 데 기여한다고 할지라도, 이란은 부정적 역할을 수행할 가능성이 더 높고, 아제르바이잔의 미래에도 부정적 영향을 미칠 가능성이 높다.

궁극적으로 중앙아시아의 미래는 더욱 복잡한 환경 체제에 의해 형성될 가능성이 높다. 이 지역 국가의 운명은 러시아, 터키, 이란, 중국 등의 복잡한 이해 관계가 교호하는 가운데, 미국이 어느 정도까지 신생국의 독립과 관련해 러시아와의 관계를 원만하게 이끌어 내는가에 따라 결정될 것이다. 그와 같은 상호 작용이 이루어지는 현실은 어떤 지정 전략적 참가자도 제국과 독점을 목표로 삼을 수 없게 만든다. 이것은 기본적으로 교묘한 균형— 이것은 이 지역 국가의 기틀이 확고해지고 더욱 분명한 이슬람적 정체성을 획득하는 한편, 점점 더 세계 공동체 안으로 편입되는 것을 의미한다—을 선택할 것인가, 아니면 인종적 분쟁, 정치적 균열, 심지어는 러시아 남쪽 국경을 따라 발생하는 전쟁을 선택할 것인가 하는 문제이다. 그와 같은 지역적 균형을 확립하는 것이 유라시아를 향한 미국의 훨씬 포괄적인 지정 전략의 일부가 되어야 할 것이다.

유라시아에 대한 미국의 정책이 효율적이기 위해서는 미국이 극동 지역에 닻을 내리고 있어야 한다. 미국이 아시아 본토로부터 자진해서 철수하거나 축출당한다면 이러한 필요성은 충족될 수 없다. 도서 국가인 일본과의 관계는 미국의 정책에 핵심적이다. 하지만 본토 중국과의 협력 관계 역시 미국의 유라시아 지정 전략에 긴요하다. 이와 같은 현실의 함의를 직시할 필요가 있다. 왜냐하면 향후 극동 지역에서 미국과 중국 그리고 일본이라는 3대 강국 사이의 상호 작용이 위험한 지역적 방정식을 빚어 낼 것이고, 지정학적 지각 변동을 초래할 것이 거의 확실하기 때문이다.

중국에 있어 태평양 건너편의 미국은 자연스러운 동맹국일 수밖에 없다. 미국이 아시아 본토에 대해 아무런 의도를 가지고 있지 않고, 역사적으로는 미국이 중국을 잠식하려 한 일본과 러시아에 맞섰기 때문이다. 중국인에게 일본은 지난 세기의 주적(principal enemy)이었다. 중국어로 '가난한 땅'을 의미하는 러시아는 오랫동안 불신의 대상이었다. 그리고 이제는 인도 역시 잠재적 경쟁국으로 부상하고 있다. 그러므로 "내 이웃의 이웃은 나의 친구"라는 공식은 중국과 미국간의 지정학적이고 역사적인 관계에 잘 들어맞는다.

그러나 미국은 더 이상 일본의 적국이 아니다. 미국은 일본과 밀접한 동맹 관계를 맺고 있다. 미국은 또 대만하고도 강한 유대를 지니고 있으며, 몇 몇 동남아시아 국가와도 마찬가지이다. 중국인은 또한 현 중국 체제의 내부 성격에 대한 미국의 교조적 단서에 민감한 태도를 보이고 있다. 그러므로 미국은 중국이 세계적으로 특출난 국가가 되고자 하는 데뿐만 아니라 지역에서 우세한 국가가 되고자 하는 데서도 장애물로 비쳐진다. 그러면 미국과 중국의 충돌은 불가피한 것인가?

일본에게 미국은 우산과도 같았다. 이 우산 밑에서 일본은 패전국의 지위에서 일어나 경제의 역동성을 회복하였고, 이를 기반으로 차츰 세계 열강의 자리를 획득하게 되었다. 그러나 바로 그 우산의 존재가 일본의 행동의 자유를 제한하면서, 세계적 국가이자 동시에 보호 국가라는 역설을 만들어 냈다. 일본 입장에서 볼 때 미국은 일본이 국제적 리더로 부상하는 데 핵심 동반자이다. 그러나 미국은 또한 안보 영역에서 일본의 국가적 자신감을 지금까지 결핍하게 만든 주요 요인이기도 하다. 얼마나 오랫동안 이러한 상황이 지속될 수 있을 것인가?

다시 말해서 가까운 시일 내에 두 가지 중요한 지정학적 쟁점이 유라시아 극동 지역에서 미국의 역할을 결정하게 될 것이다.

1. 지역적 맹주로 떠오르면서 점점 더 세계 열강의 지위를 요구하는 중국을 미국의 관점에서 어떻게 정의할 것이며, 어느 정도 영역까지 중국에 그 지위를 허용할 것인가?
2. 세계적 역할을 맡기 원하는 일본이 필연적으로 미국의 보호국으로서 묵종하기를 갈수록 더 거부하는 데 따른 지역적 영향을 미국은 어떻게 관리할 것인가?

최근 동아시아의 지정학적 상황은 준안정적 권력 관계로 특징 지을 수 있다. 준안정성은 외적인 경직성을 포괄하지만 상대적으로 약간의 유연성을 지니기 때문에 강철보다는 철에 비유하기가 좋다. 이것은 강력한 충돌로 인한 연쇄 효과에 취약하다. 오늘날 극동은 특출난 경제적 역동성과 더불어 늘어나는 정치적 불확실성을 경험하고 있다. 아시아의 경제 성장이 오히려 이러한 불확실성을 야기하기도 한다. 왜냐하면 경제의 번영은 이 지역의 정치적 취약성을 은폐하고 국가적 야망이나 사회적 기대감을 확대시키기 때문이다.

아시아의 경제 성장이 유례가 없는 것이라는 점에는 이론의 여지가 없다. 몇 가지 기본 통계가 이러한 사실을 극적으로 표현해 준다. 불과 40년 전만 하더라도 동아시아(일본을 포함하여)가 전세계 총생산에 기여하는 비율은 4퍼센트 정도에 불과했다. 이것은 북미 지역이 차지하던 약 35퍼센트 내지 40퍼센트의 비율에 비견되는 것이다. 1990년대 중반 시점에서 볼 때, 두 지역이 차지하는 비율은 약 25퍼센트 정도로 동등해졌다. 더욱이 아시아의 성장 속도는 역사적으로 전례가 없는 것이었다. 경제학자들의 지적에 따르자면 산업화로 비상하는 단계에서 영국은 50년이 걸리고, 미국이 1인당 GNP를 배가하기까지 거의 50년이 걸린 데 비해, 중국과 남한은 불과 약 10년 만에 똑같은 성과를 거두었다. 지역적으로 어떤 거대한 분열이 발생하지 않는 한 4반세기 이내에 아시아는 총 GNP에서 북미와 유럽 모두를 능가하게 될 것 같다.

그러나 아시아는 세계 경제의 중심이 되어 가는 것과 동시에 정치적 휴화산으로 남아 있다. 비록 경제 발전이라는 측면에서 유럽을 능가하고 있기는 하지만 아시아는 지역적 정치 발전에 두드러진 결함을 보이고 있다. 아시아에는 유럽에서처럼 전통적인 영토적 · 인종적 · 민족적 분쟁을 희석 · 흡수 · 봉쇄할 수 있는 다변적 협력 구조가 없다. 아시아에는 유럽연합이나 북대서양조약기구에 견줄 만한 것이 없다. 아시아를 대표하는 세 가지 지역

협력 기구, 즉 ASEAN(Association of Southeast Asian Nations, 동남아국가 기구), ARF(Asian Regional Forum, 아시아지역포럼, ASEAN이 주도하는 정치-안보 협상 기구) 그리고 APEC(Asia-Pacific Economic Cooperation Group, 아시아-태평양경제협력체) 등은 모두 유럽을 묶어 주는 다변적인 지역 협력 연대망에 훨씬 못 미친다.

반대로 오늘날의 아시아는 전세계적으로 가장 역동적인 대중적 민족주의가 집결된 곳이다. 아시아의 대중적 민족주의는 대중 매체에 대한 갑작스런 접근에 힘입어 가열되고 있고, 경제 성장과 그에 따른 사회적 부의 격차로 인해 팽창되는 사회적 기대감으로 더욱 높은 휘발성을 보이고 있다. 아울러 폭발적인 인구 증가와 도시화는 이러한 대중적 민족주의가 정치적 동원으로 이어질 가능성을 높여 준다. 증대되는 아시아의 군비 규모는 이러한 상황을 더욱 위태롭게 만든다. 국제전략문제연구소(International Institute of Strategic Studies)에 따르자면 1995년 이 지역은 유럽과 중동을 뛰어넘어 전세계에서 가장 많은 무기를 수입했다.

요컨대 동아시아는 펄펄 끓는 역동성을 지니고 있다. 현재까지 이러한 역동성은 이 지역의 급속한 경제 성장 속도로 인해 평화적인 방향으로 분출되었다. 그러나 비록 하찮은 것이라 할지라도 활화성이 높은 점화점에 불이 당겨지면서 제어력을 상실한 정치적 열정이 그러한 안전 밸브를 압도하게 될 가능성은 상존한다. 잠재적인 점화점은 분쟁 지역에 상존하며, 각기 흑색 선전의 대상이 될 가능성이 큰 잠재적 폭발성을 지니고 있다.

· 중국의 국력이 신장됨에 따라 그리고 번성하는 대만이 민족 국가로서의 독립적 지위를 넘보면 넘볼수록 대만의 독립적 지위에 대한 중국의 분노는 격화되고 있다.

· 남중국해의 파라셀(Paracel) 군도와 스프래틀리(Spratly) 군도는 잠재적인

해저 에너지원을 놓고 중국과 동남아시아 국가 사이의 충돌을 야기할 위험이 있다. 중국은 남중국해를 민족 국가적 유산으로 간주하기 때문에 이러한 위험을 격화시킨다.[1]

· 센카쿠 제도[2]를 둘러싸고 일본과 중국이 경쟁하고 있는데, 대만과 본토 중국은 이 문제에 관해서만큼은 합심하여 일본에 극렬하게 맞서고 있다. 지역적 패권을 둘러싼 일본과 중국간의 역사적 갈등이 이 문제가 지닌 상징적 의미를 더해 주고 있다.

· 한국의 분단과 북한 내부의 불안정 — 핵 역량을 갖고자 하는 북한의 열망에 의해 더욱 위험해지고 있지만 — 은 갑작스런 폭발이 반도 전체를 전쟁으로 몰아넣고, 이어서 미국이 개입하고 일본이 간접으로 결부될 수 있는 위험한 가능성을 드리우고 있다.

· 1945년 소련에 의해 일방적으로 점령된 쿠릴 열도 남단의 문제는 계속해서 러 · 일 관계를 마비시키는 독소가 되고 있다.

· 다른 잠재적인 영토-인종적 분쟁은 러시아와 일본, 중국과 베트남, 일본과 한국, 중국과 인도 사이의 국경 분쟁과 신장 지역의 인종적 소요, 해안 경계선을 둘러싼 중국과 인도네시아 사이의 분쟁 등을 포괄하고 있다.(「지도 6-1」 참조)

---

1) 파라셀 군도는 서사군도(西沙群島), 스프래틀리 군도는 남사군도(南沙群島) 혹은 신남군도(新南群島)라고도 불리는 곳으로서, 현재 이에 대한 일부 혹은 전체의 영유권을 주장하는 국가는 중국과 베트남 이외에 대만, 필리핀, 말레이시아, 브루나이 등이다. 특히 중국과 베트남은 1974년 이 곳에서 영해 문제로 전투를 벌였고, 1988년에도 남사군도(스프래틀리) 해역에서 전투를 벌였다. 중국과 베트남은 지난 1991년 관계 정상화를 한 뒤 1998년에는 분쟁의 평화적 해결과 무력 사용을 배제한다는 협약도 맺었다. 그러나 중국은 1992년 남사군도의 영유권을 주장하는 신영해법을 선포했으며, 미국 크레스톤 사와 석유 탐사 계약을 체결하면서 탐사 회사의 권익 보호를 위해 군사력도 동원할 수 있다고 약속했다. 중국은 1990년 남사군도 북방의 서사군도(파라셀)에 비행기 활주로를 건설한 바 있는데, 여기에 공군 전투기까지 배치해 놓은 것으로 알려졌다. 6개국이 얽혀 있는 남사군도 영유권 분쟁은 군사 전략적 이유도 적지 않다. 그렇지만 10억 배럴 이상의 석유가 매장된 것으로 추정되는 경제적 가치가 실질적인 초점이다. — 옮긴이.
2) 센카쿠 제도(尖閣諸島). 오키나와와 대만, 중국 본토 사이에 위치해 있으며, 중국에서는 댜오위다오(釣魚島)로 불린다. — 옮긴이.

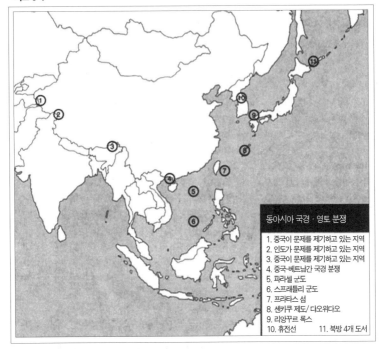

동아시아 국경 · 영토 분쟁

1. 중국이 문제를 제기하고 있는 지역
2. 인도가 문제를 제기하고 있는 지역
3. 중국이 문제를 제기하고 있는 지역
4. 중국-베트남간 국경 분쟁
5. 파라셀 군도
6. 스프래틀리 군도
7. 프라타스 섬
8. 센카쿠 제도/ 댜오위다오
9. 리앙꾸르 록스
10. 휴전선   11. 북방 4개 도서

리앙꾸르 록스(Liancourt Rocks)는 독도를 지칭하며, 이 명칭은 최초로 독도에 당도했다고 하는 프랑스 포경선 리앙꼬르(Liancourt)의 명칭에서 유래된 것이었다. 그러나 한국의 이종학은 리앙꼬르 호보다 7개월 앞서 미국의 포경선 채로키(Cherokee) 호가 독도의 존재를 서양 세계에 알렸다는 점을 밝혀냈다. 북방 4개 도서란 제2차세계대전 종전 이후 옛 소련이 장악한 일본의 영토로서 시코단(色丹), 하보마이(齒舞), 구나시리(國後), 에토로후(拓提) 등을 말한다. ―옮긴이

　이 지역에서의 역학 관계 또한 불균형하다. 핵무기와 거대한 무장 병력을 지닌 중국은 명백히 지배적인 군사 대국이다.(「표 6-1」 참조) 중국 해군은 이미 '능동적 원양 방어'(offshore active defense) 전략을 채택하고, 향후 15년 이내에 '첫 번째 열도 사슬 내에 있는 바다에 대한 효과적인 통제'를 위한 대양 전략을 획득하고자 애쓰고 있다. 대만해협과 남중국해가 바로 '첫 번째 열도 사슬 내에 있는 바다'에 해당한다. 확실히 일본의 군사력 또

표 6-1 아시아의 군사력

	병력 총계	탱크 총계		전투기 총계		수상 선박 총계	잠수함 총계
중국	3,030,000	9,400	(500)	5,224	(124)	57 (40)	53 (7)
파키스탄	577,000	1,890	(40)	336	(160)	11 (8)	6 (6)
인도	1,100,000	3,500	(2,700)	700	(374)	21 (14)	18 (12)
타이	295,000	633	(313)	74	(18)	14 (6)	0 (0)
싱가폴	55,500	350	(0)	143	(6)	0 (0)	0 (0)
북한	1,127,000	4,200	(2,225)	730	(136)	3 (0)	23 (0)
남한	633,000	1,860	(450)	334	(48)	17 (9)	3 (3)
일본	237,700	1,200	(929)	324	(231)	62 (40)	17 (17)
대만*	442,000	1,400	(0)	460	(10)	38 (11)	4 (2)
베트남	857,000	1,900	(400)	240	(0)	7 (5)	0 (0)
말레이시아**	114,500	26	(26)	50	(0)	2 (0)	0 (0)
필리핀	106,500	41	(0)	7	(0)	1 (0)	0 (0)
인도네시아	290,900	235	(110)	54	(12)	17 (4)	2 (2)

(괄호 안의 숫자는 신예기종임)

* 대만은 150대의 F-16기와 60대의 미라쥬, 그리고 130대의 다른 제트 전투기를 주문중에 있으며 수척의 해군 선박을 건조중에 있다.

** 말레이시아는 8대의 F-18기와 약 18대의 MIG-29기를 구입하는 중이다.

주: 인원은 모두 전투 병력을 의미. 탱크는 중전차와 경전차를 포함. 전투기는 공대공 전투기와 공대지 전투기를 포함. 수상 선박에는 항공모함, 순양함, 구축함 그리고 프리깃함 등을 포함. 잠수함은 모든 형태의 잠수함을 포함. 선진 시스템은 적어도 1960년대 중반 이후에 제작된 것으로서 레이저 탐색 장치와 같은 선진적 장치를 장착한 것.

한 증대되고 있으며 질적인 면에서 다른 아시아 국가의 추종을 불허한다. 그러나 현재로서는 일본의 군사력이 일본 대외 정책의 수단이라기보다는 이 지역에 임재한 미국 군사력의 연장이라는 관점에서 인식되고 있다.

중국의 부상은 이미 동남아 지역의 인근 국가로 하여금 중국의 관심에 경의를 표하게 만들고 있다. 1996년 초 대만해협이 자그마한 위기(당시 중국은 위협적인 군사 시위의 일환으로 대만 인근의 일정 지역에 대한 접근을 공군과 해군을 동원하여 봉쇄함으로써 미 해군의 즉각적인 대응 시위를 촉발시켰다)를 맞이했을 당시 타이의 외무장관이 서둘러서 중국의 봉쇄 조치를 정상적인 것이라고 공표한 것 그리고 인도네시아의 외무장관이 이것은 전적으로 중국 문제라는 성명을 발표한 것, 그리고 필리핀과 말레이시아가 이 문제에 대해 중립을 선언한 것 등을 주목해 볼 필요가 있다.

최근 몇 년간 지역적 세력 균형의 부재는 과거 서로의 행동을 예의 주시하던 오스트레일리아와 인도네시아로 하여금 상호 군사 협력을 증대시키도록 만들었다. 두 국가는 서로의 의구심을 공유하는데, 이것은 모두 장기적으로 이 지역에서 중국이 지니게 될 군사적 지배력과 이 지역의 안보를 보장해 주기 위해 머물러 있는 미국의 군사력에 관한 것이다. 싱가포르 역시 이러한 우려로 인해 이들 국가와 긴밀한 안보 협력을 추구하고 있다. 사실 이 지역을 통틀어 전략가에게 가장 중요한, 그러나 아직 해답을 찾지 못하고 있는 질문은 이런 것이다. 전세계에서 인구가 가장 많고 군사력이 가장 집중된 지역의 평화가 10만 미군에 의해 얼마나 오랫동안 보장될 수 있을 것인가? 그리고 어쨌든 얼마나 오랫동안 미군이 머물러 있을 것인가?

격화되는 민족주의, 늘어나는 인구, 성장하는 경제, 폭발적인 기대 심리, 그리고 중첩적인 권력욕 등이 동아시아의 지정학적 전망 속에서 지각 변동이 일어나는 환경을 이루고 있다.

- 중국은 그 구체적 전망이 어떠하든지 간에 성장하고 있으며 이 지역의 잠재적 지배 국가이다.
- 미국의 안보적 역할은 갈수록 일본과의 협조에 의존할 수밖에 없다.
- 일본은 더욱 뚜렷하고 자율적인 정치적 역할을 모색하고 있다.
- 러시아의 역할은 크게 감소된 반면 과거 러시아가 지배하던 중앙아시아는 국제적 경쟁의 목표가 되고 있다.
- 한국의 분단이 지속될 가능성은 줄어들고 있으며, 한국의 미래는 인근 주요 국가에게 지정 전략적 관심의 대상이 되고 있다.

이러한 지각 변동은 이 장의 앞부분에서 지적했던 바와 같은 두 가지 문제의 중요성을 더욱 부각시켜 준다.

중국: 세계적이 아니라 지역적인

중국의 역사는 국가적 위대함을 보여 주는 역사 가운데 하나이다. 최근 중국인 사이에서 격화된 민족주의는 단지 사회적 파급도라는 측면에서 새로운 것일 뿐이지만, 전례 없이 많은 중국인을 끌어들이고 있다. 그것은 더 이상 20세기 초 국민당과 공산당의 선조를 배출했던 학생들에게만 한정된 현상이 아니다. 오늘날 중국 민족주의는 하나의 대중 현상으로서 세계에서 가장 많은 인구를 지닌 국가의 정신적 틀을 규정하고 있다.

그와 같은 정신적 틀은 깊은 역사적 뿌리를 지닌 것이다. 역사는 중국 엘리트로 하여금 중국을 세계의 당연한 중심으로 생각하게 만들었다. 사실상 영어의 '차이나'를 지칭하는 '중구오'(中國)라는 명칭은 세계사에 대한 중국 중심적 관점을 반영하는 것으로 민족적 통일성의 중요성을 재확인시켜 준다. 이러한 관점은 또한 중심에서 주변에 이르는 영향력의 동심원적 구조를 의미하는 것으로, 중심으로서 중국은 다른 국가의 경의를 기대하고 있는 것이다.

더욱이 광대한 인구의 중국은 선사 시대 이래 그 자체로 하나의 구별되고 자랑스런 문명을 이루어 왔다. 철학·문화·예술·사회적 기술·기술적 발명 그리고 정치 권력 등 모든 영역에서 이 문명은 고도의 선진성을 보여 주었다. 중국인은 약 1600년경까지 중국이 농업 생산성, 산업 혁명 그리고 생활 수준 등의 측면에서 세계를 선도했다고 기억한다. 그러나 약 75개의 국가를 낳았던 유럽 문명이나 이슬람 문명과 달리 중국은 오랜 역사를 통해 단일 국가로 남아 있었으며, 미국 독립 선언 당시 이미 2억 이상의 인구와 세계 최첨단의 제조 기술을 지닌 국가였다.

이 같은 관점에서 중국이 위대함에서 몰락한 것—지난 150년간의 수치—은 돌연변이적인 것이며 중국의 우수성에 대한 신성 모독이고 모든 중국인에 대한 개인적 모욕이다. 이것은 지워져야만 하는 역사이며 역사적 가해자는 응징을 받아 마땅한 것이다. 이 가해자는 정도의 차이는 있지만 일차적으로 영국·일본·러시아 그리고 미국이다. 영국은 아편 전쟁 이래로 중국의 품위를 수치스러울 정도로 떨어뜨렸기 때문이며, 일본은 약탈 전쟁을 일으켜 중국 인민에게 극심한 피해를 안겨 주었으면서도 아직까지 회개하고 있지 않기 때문이고, 러시아는 중국의 북쪽 영토를 지속적으로 잠식해 왔고 스탈린의 오만이 중국의 자존심에 무감각했기 때문이며, 미국은 아시아에 들어와서 일본을 지원하고 중국의 대외적 야심을 가로막기 때문이다.

중국인의 관점에서 볼 때 이 네 열강 중 둘은 이미 역사의 심판을 받았다. 영국은 더 이상 제국이 아니며 홍콩에서 내려진 유니언 잭은 고통스러운 역사의 한 장에 종언을 고했던 것이다. 러시아는 여전히 인접해 있지만, 지위와 위세 그리고 영토의 측면에서 현저히 위축되었다. 중국에게 가장 중요한 문제를 제기하는 국가는 일본과 미국이다. 그리고 이 두 국가와의 상호 작용 속에서 중국의 지역적 역할과 세계적 역할이 규정될 것이다.

그러나 그러한 규정은 일차적으로 중국 자신이 어떻게 발전할 것인가, 얼마나 많은 경제적·군사적 힘을 가지게 될 것인가에 달려 있다. 이러한 측면에서 중국에 대한 진단은 일반적으로 희망에 차 있다. 비록 몇몇 불확실성과 제한 조건이 없는 것은 아니지만. 중국의 경제 성장 속도와 중국 내의 해외 투자 규모가—각각 세계에서 가장 높은 수준을 기록한다—향후 20년 내외에 중국이 대체로 미국이나 (통합과 확장의 과정을 거치게 될) 유럽 수준에 이르는 세계 강국이 될 것이라는 재래식 진단의 통계적 기초가 되고 있다. 그때쯤이면 중국의 GDP는 일본을 넘어설 것이며, 러시아와의 격차는 상당히 벌어져 있을 것이다. 이러한 경제적 추동력은 중국으로 하여 금 이웃 국가는 물론 지리적으로 상당히 멀리 떨어져 있으되 중국의 야망에 반대하는 국가까지 위협할 만큼의 군사력을 갖게 해 줄 것이다. 더욱이 홍콩과 마카오[3]의 편입으로 더욱 강력해지고, 궁극적으로는 대만의 정치적 복속을 이룩해 내면서 대중화(大中華)는 극동의 지배 국가로만이 아니라 세계 일등 국가로 부상하게 될 것이다.

그러나 중국이 말 그대로 세계의 중심 국가로 부상하리라고 보는 이 진단은 많은 함정을 가진다. 가장 명백한 것은 그러한 진단이 기계적 통계에 의존해 있다는 점이다. 그와 같은 오류는 오래지 않은 과거에 일본이 미국을 대신해서 세계 경제를 주도하고 새로운 대국이 될 수밖에 없을 것이라 예측했던 사람들이 이미 범했던 것이다. 그러한 관점은 일본 경제가 지닌 취약성이라는 변수와 정치적 불연속성이라는 변수를 감안하지 못한 것이다. 똑같은 오류가 중국이 필연적으로 세계 강국이 되리라고 주장하거나 두려워하는 사람들에 의해 되풀이되고 있는 것이다.

무엇보다도 중국의 폭발적인 성장률이 향후 20년간 지속되리라는 보장이 없다. 경제 성장이 둔화될 가능성을 배제할 수 없으며, 이것은 그 자체로서 위와 같은 진단의 신용도를 떨어뜨릴 것이다. 사실 역사적으로 긴 기간에 걸쳐 높은 경제 성장률이 지속되려면 효율적인 국가 지도력, 정치적 안정, 사회적인 자기 절제, 높은 저축률, 많은 해외 자금의 유입 그리고 지역적 안정 등이 교묘하게 결합되어야 한다. 이 같은 긍정적 요소들이 결합되어 오랫동안 지속될지는 의문이다.

더욱이 중국의 급속한 성장 속도는 행동의 자유에 제한을 가하는 정치적

---

3) 마카오(澳門). 1999년 12월 20일 중국으로 반환되었다. —옮긴이.

부수 효과를 낳을 가능성이 높다. 중국의 에너지 소비는 이미 국내 생산이 따라잡을 수 없는 비율로 늘었다. 과도한 에너지 소비는 계속 늘어날 것이고, 중국이 고도 성장을 지속하는 한 특히 그러할 것이다. 먹을거리도 마찬가지다. 중국의 인구 성장이 둔화되고 있음을 감안한다 할지라도 중국 인구의 절대 수치는 계속 증가하는 중이다. 따라서 먹을거리의 수입은 국내의 복지와 정치 안정을 위해 더욱 긴요해지고 있다. 수입의 의존은 그 비싼 비용 때문에 중국의 경제적 자원에 긴장을 유발할 뿐 아니라 대외적 압력에 더욱이나 취약하게 만들 것이다.

군사적인 측면에서 중국은 부분적으로 세계적 강국의 자격을 갖추고 있다. 경제 규모와 높은 경제 성장률이 중국의 지배자들로 하여금 GDP의 상당 비율을 전략적 핵 역량의 구축을 포함한 군사력의 확대와 현대화에 투여하도록 해 주고 있기 때문이다. 그러나 만일 그러한 노력이 지나치면(일부 서방 세계의 평가에 따르자면, 1990년대 중반 중국은 이미 GDP의 20퍼센트를 군사비로 지출했다), 그것은 중국의 장기적인 경제 성장에 마치 미국과 무기 경쟁에서 패배한 것이 소련 경제에 미쳤던 것과 같은 부정적인 영향을 미칠 수 있을 것이다. 더욱이 군사적 영역에서 중국의 주요한 노력은 일본의 대응 무장을 자극할 가능성이 높고, 따라서 확대된 중국 군사력이 제공해 주는 정치적 이익의 일부를 상쇄시킬 것이다. 또 당분간 핵 전력 이외의 분야에서 중국은 지역적 반경 바깥으로 군사력을 투입할 만한 수단을 가질 가능성이 없어 보인다.[4]

주변적 우위를 무제한적으로 활용한 고도 경제 성장의 필연적 결과로서 초래된 불평등 때문에 중국 내부의 긴장이 격화될 수도 있다. 해외 투자와

---

4) 이러한 브레진스키의 예상은 빗나간 것이었다. 1999년 11월 20~21일 중국은 무인 우주선 선저우 호의 발사와 귀환에 성공했는데, 이 선저우 호를 실어 날랐던 것은 바로 중국산 로켓 '창정'(長征)이었다. ―옮긴이.

대외 무역에 대한 접근 가능성이 높은 동남 해안은 물론 중심 도시들은 이제까지 중국의 인상적인 경제 발전에 따른 주요한 수혜자였다. 이와 대조적으로 내부의 농촌 지대 전반과 일부 중심에서 벗어난 지역은 지체를 빚고 있다.(약 1억 명의 농촌 인구가 실업 상태이다.)

지역적 불균형에 대한 분노는 사회적 불평등에 대한 분노와 상승 작용을 일으킬 수 있다. 중국의 급속한 성장은 부의 분배와 관련한 사회적 격차를 확대시키고 있다. 언젠가는 정부가 그러한 격차를 해소하려고 노력함에 따라 혹은 아래로부터의 사회적 분노로 해서 지역적 불균형과 부의 격차가 중국의 정치적 불안정을 야기할 수도 있다.

향후 4반세기 이내에 중국이 세계 문제를 주도하는 패권 국가로 부상하리라는 진단에 회의를 갖는 두 번째 이유는 중국 정치의 미래에 있다. 장기적으로 볼 때, 외부 세계에 사회를 개방하는 문제를 포함한 중국의 탈국가적 경제 성장이 지닌 역동성은 상대적으로 폐쇄되어 있어 관료적으로 경직된 공산당 독재와 병존하기 어렵다. 그와 같은 독재 체제가 표방하는 공산주의는 점차 이데올로기적 헌신을 위한 것이라기보다는 관료적 이익의 추구를 위한 것이 되고 있다. 중국의 정치 엘리트는 자기 만족적이고, 경직되어 있으며, 독점적이고, 관용성이 없는 위계 체제로 조직되어 있다. 이들은 의례적으로 그들의 권력을 정당화해 주는 교조에 대한 충성을 표방하지만 스스로가 그것을 사회적으로 실천하고 있지 않다. 중국 정치가 점차 중국 경제의 사회적 요구에 부응하지 않는다면 언젠가 이러한 두 측면은 정면으로 충돌하게 될 것이다.

민주화 문제는 중국이 1474년에 내렸던 것과 같은 결정[5]을 통해 현대의 북한처럼 세계로부터 고립되지 않는 한 결코 피할 수 없는 쟁점이다. 중국

---

5) 정화의 해양 원정을 중단시켰던 결정을 가리킨다. ─ 옮긴이.

이 그러한 결정을 내리려면 현재 미국에서 공부하고 있는 7만 명 이상의 중국 학생을 소환하고, 외국 기업인을 추방해야 할 것이며, 컴퓨터를 다운시키고, 수백만 중국인 가정에 설치된 위성 방송 수신 안테나를 철거하지 않으면 안 될 것이다. 그것은 문화 혁명을 연상시키는 광기적 행동이 될 것이다. 아마도 당분간 국내 권력 투쟁이라는 맥락에서 지배적이기는 하지만 쇠퇴중인 공산당 내 교조주의자들이 북한을 본받으려고 시도할 수도 있지만, 그것은 단발적 에피소드에 그치고 말 것이다. 그것은 경제의 쇠퇴를 낳고 결국은 정치적 폭발로 이어질 가능성이 높다.

어떠한 경우든 자기 고립은 세계적 국가를 향한 중국의 야심은 물론 지역적 일등 국가를 향한 중국의 야심에 종지부를 찍는 결과를 가져 올 것이다. 더욱이 중국은 세계에 접근함으로써 얻을 것이 너무 많고, 세계 역시 1474년과 달리 질서하게 배제되기에는 삼투력이 너무 강하다. 따라서 중국은 계속 세계를 향해 개방으로 나아가는 것말고는 정치적으로 역동적이고 경제적으로 생산적인 다른 어떤 실제적 대안도 가지고 있지 못하다.

따라서 민주화는 늘상 중국에 붙어다니는 문제가 될 것이다. 민주화 문제와 그와 연관된 인권 문제가 오래도록 회피될 수는 없다. 중국의 주요 강국으로의 부상뿐 아니라 장차 중국의 진보는 현지배 세대보다 젊은 세대로의 권력 이양 및 경제 체제와 정치 체제간의 점증하는 긴장 해소라는 두 가지 문제를 중국 지배층이 얼마나 기술적으로 다룰 수 있는지에 달려 있다.

아마도 중국 지도자들은 매우 제한적인 선출적 권위주의(electoral authoritarianism)로의 점진적 변화에 성공할 수 있을 것이다. 선출적 권위주의하에서는 매우 낮은 수준에서 정치적 선택이 용인될 것이고, 이를 통해서만 헌정 통치에 대한 맹아적 강조를 포함하는 진정한 정치적 다원주의로의 발전이 이루어질 수 있을 것이다. 이처럼 통제된 변화는 공산당이 정치 권력을 배타적으로 독점하기로 고집하는 것보다는 점증하는 개방 경제의 역동성과 양립할 가능성이 높다.

이처럼 통제된 민주화를 이루기 위해 중국 지배층은 실용적 상식에 의해 주도되는 특별한 기술을 발휘해야 하며, 독점 권력의 일부(개인적 특권과 더불어)를 기꺼이 양보하면서 상대적으로 단결된 상태를 유지해야만 한다. 한편 대중은 인내심을 발휘하면서 재촉하지 말아야 한다. 이 같은 상황을 교묘히 결합해 내기란 쉽지 않다. 정치적으로 억압받고 있다고 느끼는 사람들(지식인과 학생)에 의해서건 경제적으로 착취받고 있다고 느끼는 사람들(새로운 도시 노동자와 농촌 빈곤층)에 의해서건, 밑으로부터의 민주화 압력은 일반적으로 지배자들의 양보 의지를 능가한다는 것을 역사는 가르쳐 주었다. 언젠가는 중국 내에서 정치·사회적으로 불이익을 당하는 사람들이 더 많은 민주주의와 표현의 자유 그리고 인권 존중을 요구하는 세력에 합류할 가능성이 높다. 그것은 1989년 천안문 사태에서는 발생하지 않았지만 다음번에는 발생할 가능성이 높다.

따라서 중국이 정치적 불안정을 피할 수 있으리라고 보이지는 않는다. 중국의 규모나 점증하는 지역적 편차의 현실 그리고 50년간의 교조적 독재가 낳은 유산을 감안해 볼 때 그러한 정치적 불안정의 국면은 정치적으로나 경제적으로 파괴적인 것이 될 수 있다. 1990년대 초 공산당 내부에서 진행된 연구에 따르면, 심지어 중국 지도자들 스스로도 심각한 정치적 소요의 잠재성을 내다보고 있는 것으로 보인다.[6] 몇몇 중국 전문가는 중국이 내적 분열이라는 역사적 순환 주기에 들어섰다고 진단하기도 한다. 따라서 위대성을 향한 중국의 장정도 종언을 고하리라고 보는 것이다. 그러나 그러한 극단적인 가능성은 통일 중국에 기여하는 대중적 민족주의와 근대적 통신

---

6) "Official Document Anticipates Disorder During the Post-Deng Period," *Cheng Ming* (Hong Kong), 1995년 2월 1일자. 이 기사는 당 지도부를 위해 다양한 소요 가능성에 관한 두 가지 분석을 상세히 요약해 싣고 있다. 같은 문제에 관한 서방적 시각에 대해서는 Richard Baum, "China After Deng: Ten Senarios in Search of Reality," *China Quarterly* (1996년 3월) 참조.

수단의 쌍둥이 효과에 의해 감소되고 있다.

끝으로 중국이 다음 세기에—비록 몇몇 미국인의 눈에는 이미 위협적으로 비치기는 하지만—진정으로 세계적인 국가가 되리라는 전망을 회의하게 만드는 세 번째 이유가 있다. 비록 중국이 심각한 정치적 균열을 회피할 수 있다고 하더라도 그리고 고도의 경제 성장률을 지속할 수 있다고 하더라도—이 두 가지 가정 역시 실현되기가 쉽지 않지만—중국은 여전히 상대적 빈곤 상태에 머물러 있게 된다는 점이다. 중국의 총생산이 3배가 된다고 가정하더라도 중국은 1인당 국민 소득 수준에서 하위 국가에 머물러 있게 될 것이며, 상당수의 인구가 여전히 절대 빈곤을 벗어나지 못할 것이다.[7] 국민 1인당 소비재 보급률이라는 측면에서는 물론 국민 1인당 전화 대수, 자동차 수 그리고 컴퓨터 수 등에서 중국은 매우 낮은 수준에 머물러 있을 것이다.

요약하자면 최적의 상황을 가정한다고 할지라도, 2020년까지 중국이 주요한 영역들에서 경쟁력 있는 세계적 국가가 될 수 있을 것 같지는 않다. 그렇지만 중국은 순조롭게 동아시아 지역에서 우세한 힘을 지닌 지역적 강국이 되고 있다. 중국은 이미 아시아 본토를 지정학적으로 지배하고 있다. 중국의 군사력과 경제력은 인도를 제외한 인근 국가들을 위축시키고 있다. 따라서 중국이 점차적 자신의 역사와 지리 그리고 경제적 논리에 따라 지역적 발언권을 강화해 나아갈 것은 자명하다.

자국의 역사를 연구하는 중국 학생들은 1840년경까지 중국의 제국적 통치력이 동남아시아를 포함, 말라카 해협에까지 미치고 있었음을 알고 있다. 당시 중국의 제국적 통치력이 미치는 지역은 미얀마와 방글라데시 일부, 그

---

7) 1996년에 중국의 '경제 및 기술 통계연구소'가 발간한 다소 낙관적인 보고서 「21세기를 향한 중국경제」에 따르면, 2010년 중국의 1인당 국민 소득은 약 735달러에 불과하거나, 세계은행의 저소득국 기준에서 기껏해야 30달러 정도 높은 수준이 될 것이다.

리고 네팔과 오늘날 카자흐스탄의 상당 부분, 몽고 전체, 오늘날 러시아 극동이라고 불려지는 지역—아무르 강이 대양으로 빠져 나가는 하구 북쪽에 위치한—등을 포괄하는 것이었다.(1장의 「지도 1-3」 참조) 이 지역은 중국의 직접적인 통치하에 있거나 중국에게 조공을 바쳤던 지역이다. 1885년부터 1895년 사이에 영국과 프랑스의 식민적 팽창은 중국의 영향력을 동남아시아에서 후퇴시켰고, 1858년과 1864년에 러시아가 강요한 두 개의 조약은 중국이 자신의 북동 지역과 북서 지역에서 발휘하던 영향력에 손실을 입혔다.[8] 1895년 청일전쟁 이후 중국은 대만을 상실했다.

　역사적으로 볼 때나 지리적으로 볼 때 중국인이 완강하게—심지어는 정서적으로—대만의 재통합을 요구할 것은 거의 확실하다. 홍콩의 정치 경제적 통합에 이어서 중국이 신장되는 국력에 부응하여 21세기 처음 10년 동안의 최대 목표로 대만의 재통합 문제를 설정하리라고 보는 것은 충분한 근거가 있다. 아마도 '일개 국가, 다수 체제'의 공식(1984년 덩샤오핑이 제시한 '1국 2체제'라는 슬로건의 변형)하에서 평화적으로 재통합을 이룩하는 것은 대만의 입장에서도 설득력이 있고, 이는 미국의 저항에도 직면하지 않을 것이다. 그러나 이것은 어디까지나 중국이 경제 발전에서 성공을 거두고 의미 있는 민주적 개혁을 채택할 때만이 가능한 것이다. 상황이 이처럼 전개되지 않을 경우 비록 중국이 지역적 패권을 행사한다 할지라도 미국의 반대를 무릅쓰면서까지 자신의 의지를 강요할 만큼 군사력을 가지고 있지는 못하기 때문에, 대만 문제는 계속해서 중국 민족주의를 선동하고 미·중 관계를 껄끄럽게 만들 가능성이 있다.

---

8) 1689년 네르친스크 조약 이래 중국 북동 지역의 아무르 강 유역은 중국과 러시아간의 영토 분쟁을 낳은 주요한 쟁점이었다. 1858년 5월 28일 러시아의 무라비에프와 청의 이산 사이에 체결된 아이훈 조약을 통해 러시아는 아무르 강에서 동쪽으로 우수리 강을 따라 태평양 해안에 이르는 선의 이북 지역을 차지함으로써 극동 진출의 발판으로 삼았을 뿐만 아니라 블라디보스톡에 해군 기지를 건설함으로써 태평양 진출을 위한 물꼬를 텄다. 한편 중국의 북서 지역에서는 1864년 러시아가 우즈베키스탄 지역을 합병했는데, 이것은 중국은 물론 영국의 적대감을 고조시켰다.—옮긴이.

지리적 요소는 중국이 파키스탄과 동맹을 체결하고, 미얀마에 군사력을 파견하는 문제에서 중요한 역할을 수행한다. 이 두 경우에 지정 전략적 과녁이 되는 것은 인도이다. 파키스탄과의 밀접한 군사 협력은 인도의 안보적 딜레마를 높이고, 인도가 남아시아 지역의 패권 국가로서 중국과 경쟁할 수 있는 역량을 제한한다. 미얀마와의 군사 협력은 인도양에 위치한 미얀마 열도에 새로운 해군 기지를 가질 수 있는 기회를 중국에 제공해 줄 것이며, 동남아시아 전반과 특히 말라카 해협에 대한 더욱 튼튼한 전략적 지렛대를 갖게 해 줄 것이다. 만일 중국이 말라카 해협과 싱가포르의 지정 전략적 폐색부(choke point)를 장악하면 중국은 중동 석유와 유럽 시장에 대한 일본의 접근 통로를 장악하게 된다.

　한국에 대한 중국의 이해 관계 또한 역사적 배경을 지닌 지리적 요인에 의해 좌우될 것이다. 한때 중국의 조공국이었던 통일 한국에 미국의 영향력 (또한 간접적으로 일본의 영향력)이 확대되는 것을 중국은 결코 용인하지 않을 것이다. 중국은 최소한 통일 한국이 일본과 중국 사이의 비동맹적 완충 지대가 되어야 한다고 주장할 것이며, 역사적으로 깊게 뿌리 박고 있는 일본에 대한 한국의 적대감이 한국을 자신의 영향권으로 기울게 만들기를 기대할 것이다. 그러나 중국의 입장에서 당분간은 분단 한국이 최선이며, 따라서 북한 체제의 존속을 선호할 가능성이 높다.

　경제적 고려 또한 중국의 지역적 야심에 영향을 미칠 수밖에 없다. 이 점과 관련해서 증대되는 새로운 에너지 자원에 대한 요구는 중국으로 하여금 남중국해에 매장된 에너지 자원을 지배적으로 활용하는 데 집착하게 만들고 있다. 같은 이유에서 중국은 풍부한 에너지 자원을 가진 중앙아시아 국가의 독립에 높은 관심을 표명하고 있다. 1996년 4월, 중국, 러시아, 카자흐스탄, 키르기즈스탄, 타지키스탄 등은 국경 및 안보 문제에 관한 공동 합의에 서명했다. 같은 해 7월 장쩌민의 카자흐스탄 방문중 중국측은 "독립,

주권 그리고 영토 보전을 위한 카자흐스탄의 노력"에 중국이 지원하기로 약속한 것으로 알려졌다. 이는 명백히 중앙아시아의 지정학에 대한 중국의 개입이 증대됨을 알려 주는 것이었다.

역사적 측면과 아울러 경제적 측면에서 볼 때 지역적으로 더욱 강력해진 중국은 러시아 극동에 관심을 증대시킬 것이다. 중국과 러시아가 공식으로 국경을 맞댄 이래 처음으로 중국은 경제적으로 더욱 역동적이고 정치적으로 더욱 강력한 맞수가 되었다. 러시아 영역 안으로 스며들어 온 중국 이민자와 중국 상인의 수는 이미 상당 수준에 이른 상태이고, 중국은 일본과 한국 또한 개입해 있는 동북아시아 경제 협력을 진흥시키는 데 훨씬 더 적극적으로 움직이고 있다. 동북아 경제 협력에 있어 러시아는 중국보다 훨씬 약한 카드를 쥐고 있다. 러시아의 극동은 경제적으로 점점 더 중국의 만주에 의존하면서 긴밀하게 연결되어 가고 있다. 유사한 경제적 힘이 중국과 몽고의 관계에서도 작동한다. 몽고는 더 이상 러시아의 위성 국가가 아니며, 중국은 몽고의 공식적인 독립을 마지못해 승인했던 것이다.

이처럼 중국의 지역적 영향권이 형성되고 있다. 그러나 이 영향권역을 소련이 동유럽에 행사했던 것과 같은 배타적인 정치적 지배권역과 혼동해서는 안 된다. 이 영향권역은 사회 경제적으로 훨씬 더 빈틈이 많으며, 정치적으로는 동유럽보다 덜 독점적이다. 이 영향권은 비록 각 국가가 그들 고유의 독자적인 정책을 갖고 있으면서도, 이 지역적으로 지배적인 국가(중국을 의미함—옮긴이)의 이익과 견해 그리고 희망하는 상호 관계에 대해 특별한 경의를 표하는 지리적 공간이다. 요약하면 중국의 영향권—아마도 중국에 대해 '경의를 표하는 권역'(sphere of deference)이라고 하는 것이 더 정확하겠지만—은 아마도 특정한 쟁점이 떠올랐을 때, 여러 나라의 수도에서 가장 먼저 제기되는 질문이 "이에 관한 베이징의 견해가 무엇인가" 하는 것이 되리라고 정의할 수 있을 것이다.

중국의 잠재적 영향권과 격돌점

←→ 잠재적 세력 갈등
▬▬▬ 지역적으로 지배적인 거대 중국
■■■■ 세계적 강국으로서의 거대 중국

　　위의 「지도 6-2」는 21세기의 처음 4반세기 동안 지역적 지배 국가로서의 중국과 세계적 강국으로서의 중국—이미 살펴본 대내외적 장애에도 불구하고, 중국이 그렇게 될 경우—이 가질 수 있는 잠재적 범위를 보여 준다. 지역적으로 지배적인 대중국의 모습은 비록 파키스탄과의 동맹을 통해 좀 더 확대된 측면은 있지만, 150년 전 중국이 쇠퇴하기 이전의 모습을 회복한 것으로서 대만과 홍콩은 물론 싱가포르, 방콕, 쿠알라룸푸르, 마닐라, 자카르타 등지의 부유하고 강력한 화교들—중앙아시아와 러시아 극동 지역에까지 스며든—에 대한 동원력을 가지고 있는 것이다.[9] 중국의 힘과 지위가 신장될수록, 부유한 화교들은 자신들을 중국의 야심과 더욱 동일시하게 될 것이고, 중국의 제국적 추동력에 강력한 전위가 될 것이다. 동남아시아 국가들은 중국의 정치적 성감대와 경제적 이익을 존중하는 것이 바람직하다고 생각할 수 있으며, 실제로 점점 더 그렇게 되어 가고 있다.[10] 마찬가지로 새로운 중앙아시아 국가들도 점점 더 중국을 자신들의 독립을 지원하는 강국으로 보며, 자신들을 중국과 러시아 사이의 완충 지대로 보고 있다.

　세계적 강국(지역적 강국이 아니라—옮긴이)으로서 중국의 영역은 더 남쪽으로 팽창되어 나갈 것이 거의 확실하다. 이 경우 인도네시아와 필리핀은 남중국해를 지배하는 중국 해군의 존재에 적응하도록 강요받을 것이다. 이 같은 힘을 지닌 중국은 미국의 태도와는 무관하게 대만 문제를 무력으로 해결하려는 유혹을 훨씬 더 많이 받게 될 것이다. 서쪽에서는 러시아가 과거 제국의 영토를 잠식해 들어오는 것에 가장 강력하게 저항하고 있는 우즈베키스탄이 중국과 방어적 동맹을 체결할 가능성이 높으며, 이는 투르크메니스탄의 경우에도 마찬가지다. 중국은 인종적으로 분열되어 있고 국가적으로도 취약한 카자흐스탄에 대해서도 발언권을 강화할 가능성이 크다. 또 정치적으로나 경제적으로 진정한 거인이 된 중국은 자신의 영향력 아래 있는 한국 통일을 후원하는 한편, 러시아 극동에 대해서도 더욱 공개적으로 정치

---

9) 1994년 9월 25일자 『아주주간』(亞洲週刊)에 따르면 동남아시아 지역에서 중국인이 소유한 500대 기업의 자산 총액은 약 5천 400억 달러에 이르고 있다. 다른 평가(*International Economy*, 1996년 11 ; ·12월호)에 따른 수치는 이보다 더 크다. 5천만 화교의 연간 소득은 대략 본토 중국의 GDP 수준이다. 화교는 인도네시아 경제의 90퍼센트, 타이 경제의 75퍼센트, 말레이시아 경제의 50~60퍼센트, 그리고 대만·홍콩·싱가포르 경제의 전체를 지배한다. 이러한 상황에 대한 우려로 전 일본 주재 인도네시아 대사는 공개적으로 "이 지역에 대한 중국의 간섭"을 경고한 바 있다. 그것은 그러한 지배력을 활용하는 차원뿐만 아니라 중국의 후원을 받는 "괴뢰 정권"이 출현할 수도 있음을 시사하는 것이었다.(Saydiman Suryohadiprojo, "How to Deal with China and Taiwan," *Asahi Shimbun* Tokyo, 1996년 9월 23일자).

10) 방콕에서 발행되는 영자 일간지 *The Nation*의 1997년 3월 31일자에, 타이 수상(Chavalit Yongchaiyudh)의 베이징 방문에 즈음하여 실린 기사가 이 점에 관해 많은 것을 시사해 준다. 방문 목적은 "대중국"과의 확고한 전략적 동맹을 구축하기 위한 것이라고 정의되었다. 타이 정상은 "중국이 세계적 역할을 지닌 초강대국임을 인정"했다고 알려졌고, "중국과 ASEAN간의 교량" 역할을 희망한 것으로 알려졌다. 중국과 동일시하는 데 있어 싱가포르는 이보다 훨씬 더 앞서가고 있다.

적 영향력을 행사할 것이다.(「지도 6-2」 참조)

그러나 이처럼 부풀려진 중국은 외부로부터 강력한 반대 급부에 직면할 가능성이 높다. 「지도 6-2」는 중국의 서쪽에서 러시아와 인도가 중국의 도전에 맞서 동맹을 맺을 충분한 지정학적 근거가 있음을 명시해 준다. 러시아와 인도의 협력은 중국이 자신들의 이익을 가장 크게 위협하리라 여겨지는 중앙아시아와 파키스탄에 초점을 맞추게 될 것이다. 중국 남쪽의 베트남과 인도네시아(아마도 오스트레일리아에 의해 뒷받침될)로부터의 반대 급부는 더욱 강력할 것이다. 동쪽에서는 아마도 일본에 의해 뒷받침되는 미국이 한국에서 일등적 지위를 획득하고 대만을 무력으로 통합하려는 중국의 노력에 적대적으로 반응할 것이다. 이러한 중국의 행동은 극동에서 미국의 지위를 잠재적으로 불안하게 만들고, (미국이라는 독수리의 행동 반경을—옮긴이) 일본에 위치한 고독한 횃대 위로 제한할 것이기 때문이다.

궁극적으로 지도에 표시된 시나리오 가운데 어떤 것이 현실화될지는 중국 자신이 어떻게 발전할 것인가와, 미국의 행동 및 개입 정도에 달려 있다. 미국이 개입하지 않는다면 두 번째 시나리오(중국이 세계적 강국이 되는 시나리오—옮긴이)의 가능성이 더 높지만, 첫 번째 시나리오 역시 미국의 적응과 자기 절제를 요구할 것이다. 중국인은 이것을 알고 있고, 따라서 중국의 정책은 미국의 행동, 특히 미·일 동맹에 초점을 맞추게 될 것이고, 다른 관계는 이 전략적 관심 아래서 전술적으로 조율될 것이다.

미국에 대한 중국의 주요한 반대는 미국의 실제 행동보다는 미국의 존재와 위치에 관련된 것이다. 중국에게 미국은 일본에서의 지배적 위치에 기초한 지역적 임재를 통해 중국의 영향력을 봉쇄하고자 하는 현실적 패권 국가로 인식되고 있다. 중국 외무부 산하의 연구 기관에서 일하는 한 중국인 분석가의 말을 빌리면 "미국의 전략적 목표는 전체 세계의 패권을 추구하는 것이므로 미국은 유럽 및 아시아 대륙에 어떠한 강대국이 부상하여 자신의 지도적 지위를 위협하는 것을 용인할 수 없다."[11] 그러므로 어디에서 무엇이 되건 미국은 중국의 자연스러운 동맹국이기보다는 의도하지 않은 적국인 셈이다.

따라서 중국의 정책 목표는—고대 순자(荀子)의 전략적 지혜와 맥을 같이하는 것으로서—미국의 헤게모니를 평화적으로 격퇴하기 위해 미국의 힘을 이용한다는 것이지만, 그것은 또 일본의 지역적 야심이 분출되는 것을 허용하지 않는 가운데 이루어져야 하는 것이다. 그러한 목적을 위해서 중국의 지정 전략은 1994년 8월 덩 샤오핑이 대략 규정한 바와 같은 두 가지 목표를 동시에 추구해야만 하는 것이다. 첫째, 패권주의와 세력 정치에 반대하고 세계 평화를 옹위할 것. 둘째, 신국제 정치 · 경제 질서를 건설할 것. 첫 번째 목표는 명확하게 미국을 겨냥한 것이고, 경제력 향상을 위한 중국의 노력에 종지부를 찍을지도 모를 군사 충돌을 신중하게 회피하면서 미국의 우세를 약화시키는 것을 목적으로 삼는다. 두 번째 목표는 세계 권력 구도의 수정을 추구하는 것으로서, 현존하는 전세계적 쪼이 서열[12]에 반대하는 주요한 국가들의 반감을 모아 냄으로써 이루어질 수 있다. 현존하는 쪼이 서열은 유라시아의 서극단에 위치한 유럽(혹은 독일)과 동극단에 위치한 일본에 의해 지탱되는 횃대 위에 미국이 앉아 있는 형국이다.

중국의 두 번째 목표는 베이징으로 하여금 지역적 우세를 추구하기는 하면서도 인근 국가와 심각한 분쟁을 회피하는 지역적 지정 전략을 구사하게 하고 있다. 중 · 소 관계의 전술적 향상은, 특히 러시아가 중국보다 약해진

---

11) Song Yimin, "A Discussion of the Division and Grouping of Forces in the World After the End of the Cold War," *International Studies* (China Institute of International Studies, Beijing) 6~8 (1996), p. 10. 이러한 분석의 요약본이 당 기관지인 『人民日報』 1996년 4월 29일자에 실려 대중적으로 유포되었다는 사실은 미국에 대한 그와 같은 평가가 중국 수뇌부의 견해를 대표한다는 점을 시사해 준다.
12) 닭이 모이를 쪼아 먹는 데도 순서가 있듯이, 국제 관계에도 이와 같은 위계 서열이 존재한다고 보는 관점을 말한다.—옮긴이.

현재에 와서 시의적절한 것이다. 따라서 1997년 4월 두 국가는 공동으로 '패권주의'를 비난하면서 나토의 확대를 '허용될 수 없는 것'이라고 선언하였다. 그러나 중국이 장기적이고 포괄적인 반미적 중·소 동맹을 심각하게 고려할 것 같지는 않다. 그것은 중국이 점차 희석시키고자 하는 미·일 동맹의 폭과 깊이를 더해 주는 결과를 초래할 뿐만 아니라 중국 자신을 절박하게 요구되는 현대 기술과 자본으로부터 고립시키는 결과를 낳을 수 있기 때문이다.

중·소 관계에서와 마찬가지로 중국은 파키스탄 및 미얀마와의 긴밀한 군사 협력을 유지하되 인도와의 직접 충돌은 피할 필요가 있다. 인도에 대한 노골적 적대 정책은 러시아의 정략적이고 전술적인 타협에 부정적 영향을 미칠 수 있으며, 인도를 미국과 좀더 협력적인 관계를 추구하는 방향으로 밀어넣을 수 있다. 인도 또한 현존하는 세계적 '패권'에 맞서는 반서양적 성향을 밑바닥에서 공유하는 한, 중국과 인도간의 긴장을 완화시키는 것은 중국의 더욱 폭넓은 지정 전략에 부합하는 것이다.

마찬가지의 고려가 현존하는 동남아시아와 중국의 관계에도 적용된다. 남중국해에 대한 일방적 발언권을 명확히 하는 한편, 중국인은 최근 말레이시아와 싱가포르 지도자가 표명한 바와 같이 더욱 공개적인 반서양 감정을 활용하여 (특히 서양적 가치와 인권의 문제와 관련한) 동남아시아 지도자들(역사적으로 적대적인 베트남인을 제외하고)을 길들여 왔다. 중국인들은 말레이시아의 마하티르(Datuk Mahathir) 수상이 이따금씩 던지는 반미적 수사학에 환호했다. 마하티르 수상은 1996년 5월 토쿄에서 열린 포럼에서 미·일안보조약이 상정하는 공동의 적의 정체가 무엇인지 밝히라고 요구하면서 미·일안보조약의 필요성에 공개적으로 의문을 제기했고, 말레이시아는 동맹국을 필요로 하지 않는다는 점을 분명히 했다. 중국인은 이 지역에서 미국의 입지가 약화될수록 자신들의 영향력이 신장되리라는 점을 정확하게 계산하고 있다.

같은 맥락에서 대만에 대한 최근의 중국 정책은 꾸준한 압력으로 상징된다. 대만의 국제적 지위와 관련해서 비타협적 태도를 고수하는 한편— 1996년 3월, 이 점과 관련한 중국의 의지를 과시하려는 목적에서 고의로 국제적 긴장을 발생시킬 정도로— 중국 지도자들은 당분간 만족스러운 해결을 강요할 만큼의 힘을 갖고 있지 못하다는 사실을 인정하는 것으로 추정된다. 이들은 성급하게 무력에 의존하는 것은 미국과의 관계에서 자충수를 두는 것이며, 지역 평화의 안전판으로서 미국의 역할을 강화시켜 줄 뿐임을 알고 있다. 더욱이 중국인 자신은 먼저 홍콩을 얼마나 효과적으로 통합해 내느냐 하는 것이 대중국 출현 여부에 결정적인 영향을 미치리라는 점을 잘 알고 있다.

남한과의 관계 향상 역시 자신의 중심 목표에 더 효과적으로 집중하기 위해 먼저 제방을 튼튼히 하는 전략의 일환이다. 한국의 역사와 대중 감정을 감안할 때 중·한 관계의 향상 자체는 일본의 지역적 역할을 축소시키고, 중국과 한국(통일된 한국이거나 분단된 한국이거나 간에) 사이의 전통적 관계를 복원하는 기반을 마련하는 데 기여하는 것이다.

더 중요하게는 중국의 지역적 입지가 평화적으로 신장되는 것은 고대 중국의 전략가인 순자라면 다음과 같이 정식화시켰을 중심 목표의 추구를 촉진할 것이다. "위축된 미국이 지역적 지배 국가인 중국을 동맹국으로 필요로 하게 될 정도로, 그리고 궁극적으로는 세계적으로 강력해진 중국을 자신의 동반자로 필요로 하게 될 정도로 미국의 지역적 힘을 희석시키는 것."(고딕 강조는 저자) 이러한 목표는 미·일 동맹에 맞서 성급한 방어적 팽창을 추구하거나, 미국 세력을 성급하게 일본 세력으로 대체하지 않는 방식으로 추구되고 성취되어야 한다.

그와 같은 중심 목표를 이루기 위해서, 단기적으로 중국은 미·일안보협력이 공고해지고 확대되지 못하게 하려 할 것이다. 1996년 초 중국은 미·

일안보협력의 범위가 협소한 '극동'에서 더 넓은 '아시아 · 태평양'으로 확대되는 것을 보고 경악했다. 중국은 이것을 중국에 대한 직접적 위협으로 인식했을 뿐만 아니라 중국 봉쇄를 위해 미국이 주도하는 아시아 안보 체제의 시발점으로 보았다.(그 안에서 일본은 마치 냉전 시기 나토 안의 독일처럼 핵심적 연결 고리로 기능하는.)[13] 베이징의 관점에서 볼 때 그러한 합의는 궁극적으로 일본을 주요한 군사 강국으로 부상시키는 것으로서, 심지어는 일본이 경제적 · 해양적 분쟁에서 무력에 의존할 수 있도록 해 주는 것이기도 하다. 따라서 미국을 억제하고 일본을 위축시키기 위해서 중국은 일본의 중대한 군사적 역할에 대해 아직까지 강력하게 남아 있는 아시아인의 공포심을 힘차게 부채질할 가능성이 높다.

그러나 중국의 전략적 계산에 따르자면 장기적으로 미국의 패권은 지속될 수 없다. 비록 몇몇 중국인이 ─특히 군부 내의 ─미국을 불상용의 적으로 보고 있음에도 불구하고, 미국이 지역적으로 더욱 고립적이 될 것이라는 기대가 베이징을 지배하고 있다. 왜냐하면 미국이 일본에 의존하면 할수록 미 · 일간의 충돌도 커질 것이고, 일본 군국주의에 대한 미국의 공포도 커질 것이기 때문이다. 그렇게 되면 중국이 과거 미국과 소련 사이에서 했던 것처럼 미 · 일을 이간하는 것이 가능해질 것이다. 베이징은 미국이 언젠가는 ─아시아 · 태평양의 강국으로 남고자 한다면 ─아시아 본토의 당연한 동반자(natural partner)에게 향할 수밖에 없는 때가 오리라고 보는 것이다.

---

13) 정교한 논리를 동원하여 그와 같은 반중국적 아시아 체제를 건설하고자 하는 미국의 의도를 설파하는 글로서는, Wang Chunyin, "Looking Ahead to Asia-Pacific Security in the Early Twenty-first Century," *Guoji Zhanwang* (World Outlook) (1996년 2월 참조). 다른 중국의 해설가들은 미 · 일안보협력체제가 소련 세력의 봉쇄를 겨냥한 '방어적 방패'에서 중국을 겨냥한 '공격적 창'으로 변모되었다고 주장한다.(Yang Baijiang, "Implications of Japan-U.S. Security Declaration Outlined," *Xiandai Guoji Guanxi* [Contemporary International Relations], 1996년 6월 20일) 1997년 1월 31일 중국 공산당의 권위 있는 기관지인 『人民日報』는 「군사 동맹을 강화하는 것은 시대의 조류에 맞지 않는다」는 제목의 사설을 통해, 미 · 일 군사 협력을 "위험한 책동"이라고 비난하였다.

일본: 지역적이 아니라 국제적인

미·일 관계가 어떻게 발전될 것인가 하는 것은 중국의 지정학적 미래와 관련해서 중요한 차원이다. 1949년 중국 내전 이래로 미국의 극동 정책은 일본에 기초를 두어 왔다. 일본은 처음에는 단지 미국의 군사 기지에 불과했지만 차차 아시아·태평양 지역에서 미국의 정치 군사적 존립 기반이 되고, 미국에 매우 중요한 세계적 동맹국이 되었지만 여전히 미국의 안보적 보호호에 머물러 있다. 그러나 중국의 부상은 변화하는 지역적 맥락에서 미·일 관계가 지속될 수 있을 것인가—그리고 어떠한 목적에서—라는 문제를 낳는다. 반중국 동맹에서 일본의 역할은 명확할 것이다. 그러나 만일 중국의 부상에 따라 이 지역에서 미국이 구가해 온 일등적 지위가 줄게 된다면 일본의 역할은 어떠해야 하는가?

중국과 마찬가지로 일본은 자국의 독특한 성격과 특수한 지위에 대한 뿌리 깊은 의식을 가지고 있다. 섬나라라는 특수성에 기반한 일본의 역사와 제국적 신화는 극히 부지런하고 자기 절제가 뛰어난 일본인으로 하여금 자신들이 특출나고 우월한 삶의 양식을 타고났다고 생각하게 만들었다. 일본은 처음에는 영광스러운 고립을 통해, 이어 19세기에는 유럽 제국을 모방하여 자신의 제국을 아시아 본토에 창조함으로써 이러한 삶의 양식을 지키고자 하였다. 이어서 제2차 세계대전의 재난은 일본인으로 하여금 경제 회복이라는 일차원적 목표에 매진하게 만들었지만, 일본인은 자신의 나라가 지닌 더욱 폭 넓은 사명에 관해서는 불확실한 상태로 남아 있었다.

최근 미국인이 중국에 대해 느끼는 공포는 얼마 전까지 미국인이 일본에 대해 가졌던 편집증을 연상시킨다. 일본에 대한 적대적 편집증이 중국에 대한 적대적 편집증에게 자리를 내 준 것이다. 불과 10년 전만 하더라도 일본이 곧 세계 초강국이 됨으로써 미국의 왕좌를 차지하게 될(심지어 미국을 구입하게 될) 뿐만 아니라, 팍스 니포니카(Pax Nipponica)를 건설하게 될 것이라는 예측이 많은 미국인의 입에 회자되었다. 이것은 비단 미국인 사이에서만 그랬던 것은 아니다. 일본인 자신도 곧 열렬한 모방자가 되었다. 일본에서 발간된 일련의 베스트셀러는 일본이 미국과의 하이테크 경쟁에서 승리할 수밖에 없고 곧 세계적 '정보 제국'의 중심이 되는 데 반해, 미국은 역사적 피곤과 사회적 자기 도취로 쇠퇴의 길에 접어들 것이라는 테제를 만연시켰다.

이 같은 안이한 분석은 일본이 얼마나 취약한 국가로 남아 있는가 하는 사실을 은폐시킨다. 일본은 세계적 불안정은 말할 것도 없고 전세계적 자원과 교역의 흐름에서 발생하는 작은 교란에도 취약한 나라이다. 일본은 현재 여러모로 표출되는 국내적 취약성—인구적·사회적 그리고 정치적—에 둘러싸여 있다. 그와 동시에 일본은 부유하고 역동적이고 경제적으로 강력하지만 지역적으로 고립되어 있고, 세계 안정의 주요한 수호자이자 경제적으로 일본의 경쟁국이 된 강력한 동맹국에 안보를 의존함으로써 정치적으로 제한을 받는 실정이다.

제2차 세계대전에 따른 상흔이나 수치심을 느끼지 않는 일본의 신세대들에게 일본의 현재 위치—한편으로는 전세계적으로 존경받는 경제 강국이면서, 다른 한편으로는 미국의 지정학적 말단에 불과한—가 계속해서 받아들여질 것 같지는 않다. 역사와 자존심의 측면에서 일본은 전세계적인 현상 유지에 전적으로 만족할 수 없는 나라이다. 중국보다는 훨씬 은밀한 방식으로 불만을 나타내기는 하지만. 일본은 자신이 세계 강국으로서 공식 인정을 받을 자격이 있다고 느끼는데—이것은 어느 정도 근거가 있는 것이다. 그러나 일본은 또 자신에게 유용한(그리고 인접 아시아 국가에게는 안심이 되는) 안보 차원의 대미 의존이 그러한 인정을 가로막는다는 것을 잘 알고 있다.

더욱이 아시아 본토에서 점점 성장하는 중국의 영향력이, 일본에게 경제적 중요성을 지닌 아시아 해안 지역에까지 곧 확장되리라는 전망은 일본인으로 하여금 자국의 지정학적 미래에 대해 더욱 애매한 태도를 취하게 만들었다. 한편으로 일본 내에서는 중국에 대한 강한 문화적 · 정서적 일체감과 더불어 공동의 아시아적 정체성에 대한 잠재 의식이 자리 잡고 있다. 일부 일본인은 더욱 강력한 중국이 등장하여 미국의 독보적 지위를 약화시키면, 미국이 일본을 더욱 중요하게 여기도록 만드는 효과를 가져다 주리라고 생각할 수 있다. 다른 한편으로 많은 일본인에게 있어 중국은 전통적인 라이벌이자 과거의 적국이고 잠재적으로 지역 안정을 위협하는 존재이다. 이 점은 미국과의 안보적 유대를 전례 없이 중요하게 만들어 준다. 비록 일부 민족주의적 일본인이 자국의 정치 · 군사적 독립에 가해지는 불편한 제약에 갈수록 분개하고 있기는 하지만.

유라시아 극동 지역에서 일본이 처한 상황은 유라시아 극서 지역에서 독일이 처한 상황과 표면상 유사성을 지니고 있다. 두 국가는 모두 각 지역에서 미국의 주요한 동맹국이다. 분명 유럽과 아시아에서 미국이 지닌 힘은 이 두 국가와의 밀접한 동맹 관계에서 나온다. 두 국가는 개별적인 군사 기구를 가지고 있지만, 모두 이런 측면에서 독립적이지는 못하다. 독일은 북대서양조약기구에 군사적으로 편입되어 제약을 받는 반면, 일본은 자기 자신의 헌법적 제약(비록 미국에 의해 고안된 것이기는 하지만)과 미 · 일안보조약에 의해 제한을 받고 있다. 두 국가는 모두 교역과 금융의 강국으로서 지역적으로 지배적인 국가, 세계적인 일등 국가이다. 준세계 강국으로 분류될 수 있는 이 두 국가는 유엔 안보리 상임이사국이 되어 이러한 지위를 공식으로 인정받지 못하는 것에 약이 올라 있다.

그러나 두 국가가 처한 개별 지정학적 조건의 차이는 잠재적으로 엄청난 결과의 차이를 내포한다. 현재 나토와 맺은 관계로 인해 독일은 주요 유럽

동맹국과 대등한 지위를 향유하고 있다. 북대서양조약 아래서 독일은 미국과 공식적이고 쌍무적인 방위의 의무를 진다. 미·일안보조약은 일본 방위에 대한 미국의 의무를 명문화하였지만, (적어도 공식적으로는) 미국의 방위를 위해 일본의 군사력을 동원한다는 규정은 두지 않았다. 이 조약은 사실상 보호적 관계를 명문화하고 있는 것이다.

더욱이 독일은 유럽연합과 나토 내에서 적극적인 활동을 펌으로써 더 이상 과거 독일 침략의 희생자인 주변국으로부터 위협적 존재로 인식되지 않으며, 오히려 바람직한 정치·경제의 동반자로 여겨지기까지 한다. 심지어 몇몇 국가는 독일을 선의의 지역적 패권 국가로 인식하면서 독일이 주도하는 미텔유로파의 부상 가능성을 환영하는 실정이다. 이는 제2차 세계대전 당시의 반일 의식이 여전히 자리하는 인접 국가와 일본 사이의 관계와는 거리가 먼 것이다. 이 같은 인접 국가들의 분노를 더 부추긴 것은 엔에 대한 평가 절상이었다. 이것은 말레이시아, 인도네시아, 필리핀, 심지어 중국 등지에서 심각한 불평을 자아냈고, 이들 국가와 일본의 화해를 가로막았다. 이들 국가가 일본에 진 장기 부채 가운데 30퍼센트는 엔화에 기초한 것이기 때문이다.

독일에게 있어 프랑스와 같은 국가를 일본은 아시아에서 가지고 있지 못하다. 즉 진정한 그리고 대체로 동등한 지역적 동반자를 가지고 있지 못하다. 물론 중국에 대한 강한 문화적 유대감—이는 중국에 대한 죄의식과도 섞여 있는데—이 존재하지만, 그와 같은 유대감은 정치적 수준에서는 매우 모호해서 상대방이 지역적 지도력을 발휘하는 것을 어느 쪽도 받아들일 준비가 되어 있지 않다. 일본은 또 독일에 있어 폴란드와 같은 나라도 가지고 있지 못하다. 즉 비록 훨씬 약소국이지만 지정학적으로 중요한 인접 국가로서 독일과의 화해와 협력을 현실화한 폴란드 같은 나라가 존재하지 않는 것이다. 아마도 한국이, 특히 통일 이후 한국이 그러한 경우가 될 수 있겠지만, 일본과 한국의 관계는 단지 공식적으로 우호적일 뿐, 과거사에 대한 한국인의 기억과 일본의 문화적 우월감은 진정한 사회적 화해를 가로막고 있다.[14] 끝으로 일본과 러시아의 관계는 독일과 러시아의 관계에 비해 훨씬 냉랭하다. 러시아는 여전히 제2차 세계대전 직전에 점령한 남쪽의 쿠릴 열도를 강점함으로써 러시아와 일본의 관계를 동결시켜 놓고 있다. 요컨대 독일은 그렇지 않은 데 비해 일본은 이 지역에서 정치적으로 고립되어 있는 것이다.

이에 덧붙여 독일은 이웃 국가와 공통의 민주적 원리 및 기독교적 유산을 공유한다. 독일은 또 자기 자신을 더 큰 실체와 대의, 즉 '유럽'에 복속시키고자 노력한다. 그 반면에 이에 견줄 만한 '아시아'는 존재하지 않는다. 일본의 섬나라 전통과 심지어 최근의 민주적 체제조차 일본을 이 지역으로부터 분리시키는 경향이 있다. 비록 최근 몇몇 아시아 국가에서 민주주의가 부상하고 있기는 하지만, 많은 아시아인은 일본을 이기적 국가로 바라볼 뿐만 아니라 지나치게 서양 추종적이라고 여기며, 인권과 개인주의의 중요성에 대한 서양식 견해에 의문을 제기하는 대열에 빨려들고 있다. 따라서 일본은 많은 아시아인들에게 진정한 아시아의 일부로 간주되지 않으며, 심지어 서방 세계는 이따금씩 일본이 어느 정도는 진정한 서양의 일부가 되었다고 보기조차 한다.

사실상 아시아에 있지만 일본은 아시아가 아니다. 이러한 조건이 일본의 지정 전략적 선택을 크게 제약하는 것이다. 중국을 압도하는 일본의 지역적 우세라는, 진정한 의미에서 지역적 옵션은—비록 더 이상 일본의 지배에 기초하기보다는 선의의 일본이 주도하는 지역적 협력에 기초한 것이기는 하지만—역사적·정치적 그리고 문화적 이유에서 결코 가능할 것 같지 않

---

14) 1997년 2월 25일자 *The Japan Digest*는 단지 36퍼센트의 일본인만이 남한에 우호적인 감정을 가지고 있다는 일본 정부의 여론 조사를 보여 주고 있다.

다. 더욱이 일본은 계속해서 미국의 군사적 보호와 국제적 후원에 의존하는 실정이다. 미·일안보조약의 폐기 내지 점차적 무력화는 즉각 일본을 특정한 지역적 혹은 세계적 혼돈이 야기하는 교란 앞에서 취약하게 만들 것이다. 유일한 대안은 중국의 지역적 지배를 받아들이거나 대규모 군사력 강화 프로그램—값비쌀 뿐만 아니라 위험한—에 착수하는 것이다.

당연히 많은 일본인은 자국의 현재 위치—준세계적인 동시에 안보상 피보호국인—를 비정상적인 것으로 여긴다. 그러나 현존하는 체제에 대한 극적이고 현실성 있는 대안은 결코 분명하지 않다. 특정 측면에 대한 중국 전략가들의 다양한 견해가 존재함에도 불구하고 중국의 국가 목표가 비교적 명확하고 지역 내에서 팽창하는 중국의 지정학적 야심이 비교적 예측 가능한 것이라면, 일본의 지정 전략적 비전은 상대적으로 구름에 싸여 있는데다, 일본의 대중적 분위기는 훨씬 더 애매모호하다.

대다수 일본인은 전략적으로 중요하면서도 갑작스러운 노선의 변화가 위험할 수 있다고 생각한다. 여전히 분노의 대상인 지역에서, 그리고 중국이 지역적 패권 국가로 부상하는 지역에서 일본이 지역적 강국이 될 수 있을 것인가? 일본은 그와 같은 중국의 역할에 단순히 묵종할 것인가? 미국의 지원을 위태롭게 만들지 않고 지역적 적개심을 부추기지 않으면서 일본이 진정으로 포괄적인 세계 강국(모든 측면에서)이 될 수 있을 것인가? 미국은 어떤 경우에도 아시아에서 발을 빼지 않을 것인가? 만일 미국이 발을 빼지 않는다면 점증하는 중국의 영향력에 대한 미국의 반응은 이제까지 미·일 동맹에 두어졌던 우선 순위와 충돌을 빚지 않을 것인가? 냉전 기간 내내 이들 중 어떠한 문제도 제기된 적이 없었다. 오늘날에는 이러한 전략적 문제들이 돌출되고 있으며 점차 일본 내의 생생한 토론을 부채질하고 있다.

1950년대 이래로 일본의 대외 정책은 전후 요시다 시게루(吉田茂) 수상이 수립했던 네 가지 원칙에 의해 지도되었다. 요시다 독트린은 다음과 같은 점들을 분명히 했다. (1) 일본의 주요 목표는 경제 발전이다. (2) 일본은 단지 경무장만 해야 하며, 국제 분쟁에 휘말려드는 것을 피해야 한다. (3) 일본은 미국의 정치적 지도력을 따르고, 그 군사적 보호를 받아들여야 한다. (4) 일본 외교는 이데올로기적인 것이 되어서는 안 되며, 국제 협력에 초점을 맞추어야 한다. 그러나 많은 일본인이 냉전 시기 일본의 대외적 개입에 불안을 느꼈기 때문에 반(半)중립의 가능성이 모색되었다. 1981년까지만 해도 이토 마사요시 외상이 미·일 관계를 규정하는 데 '동맹'(도메이)이라는 용어의 사용을 허용했다는 이유로 사임하지 않으면 안 되었던 것이다.

오늘날 이러한 상황은 모두 과거가 되어 버렸다. 일본은 재기했고, 중국은 고립을 자초했으며, 유라시아는 양극화되었다. 과거와는 대조적으로 현재 일본의 정치 엘리트는 더 이상 일본이 국제적 반감을 초래하지 않으면서 자국이 부유해지는 것만을 국가 목표로 추구할 수는 없다고 느끼고 있다. 더욱이 경제적으로 강력한 일본, 미국과 경쟁하는 일본이 국제적 책임을 회피하면서 단지 미국 외교 정책의 연장선 위에서만 존재할 수는 없다. 정치적으로 더욱 영향력 있는 일본, 특히 세계적 인정을 받고자 하는 일본(예를 들면 유엔 안보리 상임이사국이 되고자 하는)이 더욱 심각한 안보 문제나 세계 평화에 영향을 미치는 지정학적 쟁점에 간여하는 것을 기피할 수는 없다.

그 결과, 최근 몇 년 사이에 탈냉전 시기 일본의 새로운 사명을 모색하는 공립 혹은 사립 연구소의 연구물이 만연하고, 유명 정치인과 교수의―흔히 논쟁적인―저서들이 과도하리만치 분출하는 것을 볼 수 있다.[15] 이들의 상당수는 미·일안보동맹의 지속과 이상적 모습에 대한 요구, 더욱더 역동적인 일본 외교에 대한 주장―특히 중국에 대해서―그리고 지역에서의 일본군의 역할 증대에 대한 주장 등을 담고 있다. 만일 공적인 대화를 기반으로 미·일 연대의 현상황을 평가한다면, 두 국가 관계가 1990년대 이후 위기 국면으로 접어들었다고 결론 내리는 것은 정당화될 수 있을 것이다.

그러나 대체로 볼 때 공적인 수준에서 심각하게 토의되고 권고되는 것은 상대적으로 냉정하고 절제되고 온건한 것이다. 극단적 선택 사항들—직선적 평화주의(반미적 색채가 가미된)나 일방적이고 대대적인 재무장(헌법 개정과 아울러 계속적인 추구를 위해서는 미국과 주변 국가로부터의 반작용을 감수해야만 하는)—은 많은 수의 추종자를 확보하고 있지 못하다. 몇몇 현란한 대변자의 옹호에도 불구하고, 평화주의가 지닌 대중 호소력은 최근 들어 쇠퇴했으며, 일방주의와 군국주의 역시 폭 넓은 대중 지지를 얻는 데 실패하였다. 다수의 대중과 영향력 있는 재계 지도자는 본능적으로 이들 극단적 선택 사항 중 어떤 것도 진정한 정책적 대안이 될 수 없고, 단지 일본의 복지를 위험에 빠뜨릴 뿐이라고 느끼고 있다.

정치적으로 지배적인 공공 담론에서 드러나는 차이점은 일차로 일본의 기본적인 국제 지위에 관한 것이며, 이차로는 지정학적인 우선 순위에 관한 것이다. 대략 다음과 같은 세 가지 주요 경향과 한 가지 작은 경향을 식별할

---

15) 예를 들면, 수상 보좌 기구인 히구치 위원회는 1994년에 발간된 보고서에서 "일본 안보 정책의 삼각 축"을 다루고 있는데, 이 보고서에서는 미·일 안보 연대의 우선 순위를 인정하는 한편 아시아다자안보협상 역시 옹호한다. 1994년 오자와 위원회의 보고서인 「신일본을 위한 청사진」과 1995년 5월 『요미우리신문』의 「포괄적 안보 정책」 등은 평화 유지를 위한 일본군의 해외 파견을 옹호한 바 있다. 1996년 4월 일본경제동우회(경단련, 일경련, 일본상공회의소 등과 더불어 일본 4개 경제 단체의 하나로서, 전후 일본의 국가주의와 사회주의를 결합하여 사회민주주의적 색채를 지닌 재계 혁신을 주장했던 그룹—옮긴이)는 후지은행의 씽크 탱크와 협동으로 미·일안보체제에 있어서 더욱 큰 대칭성을 확보할 것을 요구하는 보고서를 만든 바 있다. 또 1996년 6월 국제 문제에 관한 일본포럼이 수상에게 제출한 「아시아-태평양 지역에 있어서 안보 체제의 역할과 가능성」이라는 제목의 보고서도 있다. 이 밖에도 지난 몇 년에 걸쳐 출간된 많은 책과 논문이 있는데, 이들은 훨씬 더 논쟁적인 성격을 지녀 위에서 언급한 주류적 보고서보다도 더 많이 서방 언론에 인용된 바 있다. 예를 들면 1996년 한 일본 장군이 편집한 책은 언론에서 대대적인 주목을 받았는데, 미국이 특정 상황에서는 일본을 보호하지 못할 수도 있기 때문에 일본의 자위 역량을 증대시켜야 한다는 과감한 내용을 담고 있었다.(General Yasuhiro Morino, ed., *Next Generation Ground Self-Defense Force* and the commentary on it in "Myths of the U.S. Coming to Our Aid," *Sankei Shimbun* [1996년 3월 4일자]).

수 있다. 미동도 하지 않고 있는 '미국 제일주의자', 세계적 중상주의자, 사전 예방적 현실주의자 그리고 국제적 공상가. 그러나 마지막 수준에서 이 네 경향은 다음과 같은 동일한 일반적 목표와 동일한 관심사를 공유하고 있다. 그것은 일본의 세계적 인정을 위해 미국과의 특수 관계를 활용하는 한편, 아시아의 적대감을 회피하고, 미국의 안보 우산을 조급하게 위험에 빠뜨리지 않는다(고딕 강조는 저자)는 것이다.

첫 번째 경향은 현존하는 (비대칭적 상황이라고 할지라도) 미·일 관계를 보전하는 것을 일본 지정 전략의 중핵으로 삼아야 한다는 제안에서 출발한다. 이 경향을 따르는 사람은 다른 대다수 일본인과 마찬가지로 더 큰 일본의 국제 지위와 미·일 동맹의 평등성을 희구하지만, 1993년 1월 미야자와 기시 수상이 다음과 같이 표현한 바를 자신의 신조로 삼고 있다. "21세기 세계의 전망은 일본과 미국이 비전을 공유하면서 협력적 지도력을 행사할 수 있는지 여부에 크게 달려 있다." 이러한 관점은 과거 20여 년의 향배를 좌우한 국제 정치 엘리트와 대외 정책 기구 안에서 지배력을 발휘해 왔다. 중국의 지역적 역할과 한국에서 미국의 존재와 같이 핵심적인 지정 전략적 쟁점과 관련해서 이 경향은 미국을 뒤에서 받쳐 주었지만, 한편으로 미국이 중국에 대결적 자세를 취하고자 하는 경향에 대해서는 견제 역할을 자임해 왔다. 이 경향을 따르는 사람조차 최근에는 미·일 연대가 지니는 중요성 다음으로 일·중 관계가 밀접해질 필요가 있다는 점을 꼽는다.

두 번째 경향은 일본의 정책을 미국의 정책과 동일시하는 것을 반대하지 않지만, 일본이 일차적으로 경제 대국이라는 사실을 솔직하게 인정할 때 일본의 국익이 극대화될 수 있다고 보는 입장이다. 이러한 전망은 전통적으로 영향력 있는 MITI(Ministry of International Trade and Industry)의 관료 및 일본의 종합 상사 지도자와 결합되어 있다. 이러한 관점에서, 일본의 상대적 탈군사화는 보존되어야 할 자산으로 인식된다. 미국은 안보를 책임 져

주고 일본은 세계적 경제 개입 정책을 펼치는 것, 이것이야말로 조용히 일본의 세계적 지위를 신장시키는 길이라고 보는 관점이다.

이상적인 세계에서라면, 두 번째 경향은 사실상 중립주의로 기울 수 있다. 미국이 중국의 지역적 힘을 상쇄함으로써 대만과 남한을 보호하고, 일본이 자유롭게 아시아 본토 및 동남아시아와의 밀접한 경제 관계를 일궈 나간다는 구상과 더불어서 말이다. 그러나 현실 정치 관계를 감안하여, 세계적 중상주의자는 일본의 상대적으로 작은 군사비 부담(아직까지도 국가 GDP의 1퍼센트를 크게 상회하지 않는)을 포함한 미 · 일 동맹을 필수 장치로 인정하고 있다. 그러나 이들은 미 · 일 동맹의 틀 안에 지역적 실체를 불어넣고자 하지는 않는다.

세 번째 그룹, 즉 사전 예방적 현실주의자는 정치가와 지정학적 사상가 사이에서 새로이 나타나는 경향이다. 이들은 부유하고 성공적인 민수수의 국가로서 일본이 탈냉전 시대에 들어 전정으로 달라지기 위해서는 기회와 동시에 의무를 지닌다고 믿는다. 그럼으로써 순전히 경제적 힘으로 세계 굴지의 대국이 된 일본이 그에 걸맞은 국제적 인정을 받을 수 있다고 보는 것이다. 이처럼 더욱 근육질의 일본은 1980년대 나카소네 야스히로 수상에 의해 처음 구상되었다. 하지만 그러한 구상을 가장 잘 드러내는 것은 1994년에 출간된 오자와 위원회의 보고서로서, 제목은 「신일본을 위한 청사진: 국가에 대한 새로운 사고」였다.

급속하게 떠오른 중도 정치 지도자 오자와 이치로(小澤一郎)의 이름을 딴 이 보고서는 계서적 정치 문화의 민주화와 함께 일본의 국제 지위에 대한 새로운 사색을 담고 있었다. 이 보고서는 일본이 '정상 국가'(normal country)가 될 것을 요구하면서, 미 · 일 안보 체제의 유지와 함께 일본이 세계 정치에 적극 개입함으로써―특히 국제적 평화 유지 활동을 주도함으로써―국제적 수동성에서 탈피할 것을 권고하였다. 아울러 이 목적을 위해 보고서는 일본군의 해외 파견을 제한하는 헌법 조항을 폐지할 것을 권고하였다.

비록 언급하지는 않았지만, '정상 국가'에 대한 강조가 의미하는 것은 일본이 미국의 안보적 덮개로부터 더 큰 지정학적 해방을 이룩해야 한다는 것이다. 이 관점을 옹호하는 사람은 일본이 세계적 중요성을 지닌 문제에 대해서 아시아를 대변 — 미국의 지도를 자동으로 추종하는 대신에 — 하는 데 주저해서는 안 된다고 주장하곤 한다. 그러나 이들은 중국의 점증하는 지역적 역할이나 한국의 미래와 같이 민감한 사안에 대해서는 모호한 태도를 취한다. 따라서 지역 안보와 관련해서 이 경향의 사람들 역시 두 가지 문제를 미국에 맡겨 두고자 하는 강한 일본적 정서를 공유한다. 일본은 단지 과도한 미국의 열정을 완화시키는 역할만을 수행하면서 말이다.

1990년대 후반, 이러한 사전 예방적 현실주의 경향은 여론을 지배하기 시작했고, 일본의 대외 정책 결정에 영향을 미치기 시작했다. 1996년 초반 일본 정부는 일본의 '자주 외교'에 관해 말하기 시작했다. 늘 신중한 입장을 견지해 왔던 일본 외무부는 이 일본어 표현을 좀더 모호한 '사전 예방적 외교'(proactive diplomacy)라고 번역하기는 했지만.

국제적 공상가의 네 번째 경향은 앞서 언급한 것에 비해 영향력이 많이 떨어지기는 하지만 일본적 관점을 훨씬 이상주의적인 수사학으로 표현해 준다. 이 네 번째 경향은 도덕적으로 바람직한 세계적 목표에 대한 시위적 헌신의 필요성을 극적으로 강조하는 저명한 개인 — 소니의 모리타 아키오처럼 — 과 공적인 수준에서 결합하는 경향이 있다. 흔히 '신세계 질서'라는 개념을 언급하면서 공상가들은 일본이 진정으로 인간적인 세계 공동체의 안건과 관련, 진보와 발전을 주도하는 국가가 될 것을 요구하고 있다. — 정확히 말해서 일본은 지정학적 책임에 따른 부담을 지고 있지 않으므로.

이상의 네 가지 경향은 한 가지 중요한 지역적 쟁점에 관해 합의를 보고 있다. 즉 다자적인 아시아-태평양 협력 체제의 출현이 일본의 이익에 부합한다는 것이다. 그와 같은 협력은 시간이 지남에 따라 세 가지 긍정적 효과를 가질 수 있다. 그 셋은 중국의 개입을 돕고(동시에 미묘하게 제한할 수 있다), 아시아에 미국을 묶어 둘 수 있고(점차 미국의 일등적 지위를 감축시키는 한편으로), 반일적 적개심을 분산시킴으로써 일본의 영향력을 증대할 수 있다는 것이다. 비록 이것이 일본의 지역적 영향권을 만들어 낼 것 같지는 않지만, 일본에 대한 지역적 존중—특히 중국의 점증하는 힘에 불안감을 느끼는 해양 국가들 사이에서—을 증대시킬 수는 있을 것이다.

이 네 가지 관점은 또한 중국에 대한 신중한 접근이 미국 주도의 직접적 봉쇄보다는 훨씬 낫다는 점에 합의하고 있다. 사실상 미국 주도로 중국을 봉쇄한다는 전략, 심지어는 일본과 미국에 의해 뒷받침되는 대만, 필리핀, 부르나이, 인도네시아와 같은 노서 국가간의 동맹에 의한 비공식적 세력 균형이라는 발상조차도 일본의 외교 정책 결정 구조 내에서는 커다란 호소력을 가질 수 없다. 일본의 관점에서 볼 때 그와 같은 종류의 어떠한 노력도 일본과 한국에 대한 미국의 끝없는 군사력 파견을 필요로 하는 것일 뿐만 아니라—자칫 충돌로 이어지기 쉬운 중국과 미·일의 지정학적 이익 사이의 중첩 지대(「지도 6-3」 참조)를 만들어 냄으로써—중국과의 충돌에 이르는 자기 충족적 예언이 될 수 있는 것이다.[16] 그 결과 일본의 점진적 해방은 중단될 것이고, 극동의 경제적 복지는 위협받을 것이다.

역으로 일·중 관계의 거대한 재조정을 선호하는 사람도 많지 않다. 고전적 동맹 관계의 역전이 초래할 지역적 영향은 너무나 불안정한 것이다. 이 지역에서 미국이 철수한다는 것은 대만과 한국이 갑작스럽게 중국에 복속되는 것과 마찬가지로 일본의 운명을 중국에 맡기는 격이 되고 말 것이

---

16) 몇몇 보수적 일본인은 일본과 대만의 특수 관계라는 관념에 이끌려 왔고, 그 목적을 위해 1996년 '일본과 대만의 의원 연맹'이 창설되었다. 중국의 반응은 예상대로 적대적이었다.

지도 6-3

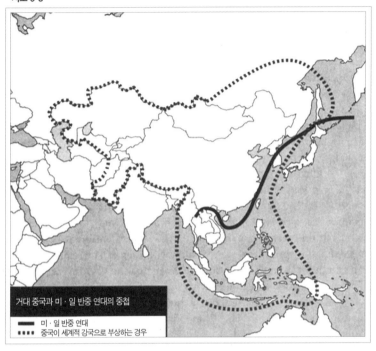

거대 중국과 미·일 반중 연대의 중첩

▬▬▬ 미·일 반중 연대
••••• 중국이 세계적 강국으로 부상하는 경우

다. 이는 일부 극단주의자의 경우를 제외하고는 결코 바람직한 전망이 아니다. 지정학적으로 주변화되고 역사적으로 경시되는 러시아와 관련해서 보더라도, 미국과의 연계가 일본의 중심적인 생명선이라는 기본 합의를 대체할 어떠한 대안도 있을 수 없다. 미국과의 연계가 없는 일본은 안정적인 원유 공급은 물론 자국을 중국(혹은 한국)의 핵폭탄으로부터 보호할 수도 없다. 진정한 정책적 쟁점은 단 하나인데 어떻게 미국과의 연결을 활용하여 일본의 이익을 진전시킬 수 있을 것인가 하는 점이다.

따라서 일본인은 좀더 특수한 '극동'에서부터 좀더 광대한 '아시아-태평양 공식(formula)'에 이르기까지 증대된 영역을 포괄하여 미·일 군사 협력을 신장시키기 위한 미국의 욕망에 따라 왔다. 이와 같은 맥락에서 1996 년 초 이른바 일·미 방위 가이드라인의 재검토를 통해 일본 정부는 일본 자위대 병력을 사용할 수 있는 근거를 '극동 위기' 시에서 '일본 주변 지대 의 위기' 시로 확대했던 것이다. 이 점과 관련해서 미국의 합의를 도출하고 자 했던 일본의 의지는 또 미국 세력이 장기적으로 아시아에 남아 있을 것 인가에 대해 점증하는 회의와 더불어 다음과 같은 우려에 의해 뒷받침되었 다. 즉 중국의 부상—그리고 그에 대해 미국이 가지고 있다고 여겨지는 두 려움—은 언젠가 일본으로서는 받아들일 수 없는 선택—미국 편에서 중국 에 대항할 것인가, 아니면 미국 없이 중국과 연대할 것인가—을 강요할지 도 모른다는 우려가 있었던 것이다.

일본에 있어 이러한 근본적 딜레마는 역사적 절박성을 안고 있다. 지배 적인 지역 강국이 되는 것이 목표가 아니기 때문에, 그러나 지역적 기초 없 이는 진정으로 세계적인 국가가 되는 것이 현실성이 없기 때문에 일본은 세 계적 평화 유지와 경제 발전에 적극 개입함으로써 세계적 지도 국가의 지위 를 가장 잘 획득할 수 있다. 극동의 안정을 확보하기 위하여 미·일 군사 동 맹을 활용함으로써—그러나 이것이 반중 연합으로 발전하도록 방치하지 않음으로써—일본은 진정으로 국제적인 그리고 더욱 효과적인 제도적 협 력을 진흥하는 세계적 사명—강국으로서 가져야 할—을 이룩할 수 있을 것이다. 그와 같이 일본은 부와 힘을 건설적으로 활용함으로써 존경받고, 공포심이나 적개심을 불러일으키지 않는 국가로서 캐나다에 상응하면서도 그보다 훨씬 강력하고 영향력 있는 국가가 될 수 있을 것이다.

미국의 지정 전략적 적응

일본이 그러한 선택을 추구하고, 중국의 지역적 부상이 동아시아의 안정적인 삼각 균형을 해치지 않도록 하는 것이 미국 정책의 임무가 되어야 한다. 일본과 중국 모두를 관리하고, 미국을 포함한 삼각적 상호 작용이 안정성 있게 유지되도록 하려면 미국은 외교술과 정치적 상상력을 극도로 짜내야 한다. 일본의 경제적 상승이 초래했다는 가상의 위협에 대한 과거의 집착을 탈피하고, 중국의 정치적 힘에 대한 공포심을 벗어 버리는 것은 다음과 같은 신중한 전략적 계산에 기초하지 않을 수 없는 정책 결정에 냉정한 현실주의를 불어넣어 줄 것이다. 즉 일본의 에너지를 어떻게 하면 국제적 방향으로 돌리고, 중국의 힘을 어떻게 하면 지역적 적응의 길로 들어서게 할 것인가(고딕 강조는 저자)라는.

오직 이를 통해서만이 미국은 지정학적으로 유라시아 동쪽에—유라시아 서쪽에서 유럽이 담당하는 역할과 상응하는 역할을 수행하는—이익 공유에 기초한 지역적 권력 구조를 주조해 낼 수 있을 것이다. 그러나 유럽의 경우와는 달리 동쪽에서 민주적 교두보는 쉽게 출현하지 않을 것이다. 그 대신 극동에서는 일본과 재조정된 동맹이 지역적으로 부각된 중국과 미국의 관계 적응에 기초가 되어야 할 것이다.

미국을 위한 몇몇 중요한 지정 전략적 결론은 앞의 두 부분에서 다룬 분석으로부터 다음과 같이 도출된다.

중국이 다음 번 세계 강국이 될 것이라는 지배적 견해는 중국에 대해 잘못 싹트고 있는 망상으로 중국 내의 과대망상을 부추긴다. 중국이 머지않아 다음 번 세계 강국이 되리라고 믿고, 그에 대해 공격적이고 적대적인 공포심을 갖는 것은 아무리 좋게 말해도 조급한 것이며, 나쁘게 말하면 자기 충족적 예언이 될 뿐이다. 따라서 중국이 세계 강국이 되는 것을 봉쇄하기 위한 동맹을 조직한다는 것은 역기능을 낳을 수 있다. 그것은 적어도 지역적 강국이 될 중국을 적대적으로 만들 뿐이다. 동시에 그러한 노력은 미·일 관계를 긴장시킬 수 있다. 왜냐하면 대다수 일본인은 그러한 동맹에 반대할 것이기 때문이다. 따라서 미국은 일본이 아시아-태평양 지역에서 더 큰 방위 책임을 지도록 압력을 가하는 것을 단념해야만 한다. 그러한 효과를 거두기 위한 노력은 단지 안정적 중·일 관계를 방해할 뿐만 아니라 이 지역에서 일본의 고립을 심화시킨다.

그러나 정확하게 말해서 중국이 사실상 세계 강국으로 출현할 것 같지는 않기 때문에 — 그리고 바로 그러한 이유에서 중국을 지역적으로 봉쇄하는 정책을 추구하는 것은 현명하지 못하기 때문에 — 중국을 세계적으로 중요한 게임 참가자로 취급하는 것은 바람직하다. 중국을 폭 넓은 국제 협력의 장으로 끌어들이고, 중국인이 열망하는 지위를 갖게 해 주는 것은 중국의 민족적 야심이 지닌 첨예함을 둔화시키는 효과를 가질 것이다. 그 같은 방향으로의 중대한 진전은 중국을 이른바 G-7이라 불리는 세계 시도국 연례 회의에 포함시키는 일일 것이다. — 더욱이 러시아 또한 그곳에 초대된 이상.

겉으로 보이는 것과는 달리 중국은 사실상 별다른 전략적 선택권을 가지고 있지 못하다. 중국의 지속적인 경제 성장은 서방 자본 및 서방 기술의 유입과 해외 시장에 대한 접근에 크게 의존하며, 중국의 선택권을 극도로 제한하고 있다. 불안정하고 빈곤한 러시아와의 동맹은 중국의 경제적 전망이나 지정학적 전망을 고양시켜 주지 못할 것이다.(그리고 러시아의 입장에서 볼 때, 그것은 중국에 대한 복속을 의미한다.) 따라서 이것은 비록 중국과 러시아를 전술적으로 유혹하는 발상일 수는 있어도, 실제로 가능한 지정 전략적 선택 사항은 아니다. 이란과 파키스탄에 대한 중국의 원조는 중국에 더욱 직접적인 지역적이고 지정학적인 결과를 초래할 수 있지만, 그것이 세계 강국의 지위를 추구하기 위한 발판을 마련해 주지는 못할 것이다. 만일 중국의 민족적 혹은 지역적 열망이 미국(일본에 의해 뒷받침되는)에 의해 가로막힌다고 했을 때 중국이 최후로 생각할 수 있는 선택 사안은 '반패권 동맹'

이다. 그러나 그것은 빈국간의 동맹일 수 있고, 이들은 상당 기간 집단적으로 빈곤한 수준을 벗어나지 못하게 될 것이다.

거대한 중국은 지역적으로 지배적인 강국으로 등장하고 있다. 그럼으로써 중국은 인근 국가들에게 지역적 불안정을 초래하는 방식으로 자신의 의지를 강요할 수도 있다. 혹은 과거 중국 제국이 그러했던 것처럼 자신의 영향력을 더욱 간접적으로 행사하는 데 만족할 수도 있다. 패권적 영향권이 등장할지 혹은 좀더 모호하게 '경의를 표하는 권역'(sphere of deference)이 출현할지는, 한편으로는 중국 체제가 얼마나 야만적이고 권위적으로 남아 있을 것인지, 다른 한편으로는 미국, 일본 같은 주요한 외부 행위자가 거대 중국의 출현에 어떻게 반응할지에 달려 있다. 단순한 타협 정책은 중국의 태도를 더욱 확고하게 만들 가능성이 있다. 그러나 그와 같은 중국의 출현을 단순히 방해하는 정책 또한 비슷한 결과를 낳을 것이다. 몇몇 쟁점에 대해서 신중하게 적응하는 한편 다른 쟁점에 관해서는 섬세하게 선을 긋는 것이 양극단을 피하는 길일 것이다.

거대 중국은 어떤 경우에든 유라시아의 몇몇 지역에서, 안정적이고 정치적으로 다원적인 유라시아에 대해 가지는 미국의 거대한 지정 전략적 이익과 양립할 만한 지정학적 영향력을 행사할 수 있다. 예를 들면 중앙아시아에 있어 점증하는 중국의 이해 관계는 필연적으로 이 지역을 어떤 형태로든 다시 모스크바의 통제하에 두려는 러시아의 행동 반경을 제한할 것이다. 이러한 맥락에서 페르시아 만에 관해 언급한 바와 같이, 중국의 점증하는 에너지 수요는 원유 생산 지대의 정치적 안정성과 이에 대한 자유로운 접근을 유지하려는 미국과의 공동 이익을 증대시킬 것이다. 마찬가지로 파키스탄에 대한 중국의 지원은 파키스탄을 복속시키고 싶어하는 인도의 야망을 제한할 것이며, 아프가니스탄과 중앙아시아와 관련해서 러시아와 협력하려는 인도의 경향을 상쇄시킬 것이다. 끝으로 동시베리아 개발에 중국과 일본이 참여하는 것 또한 지역적 안정성을 신장하는 데 기여할 것이다. 이러한 공동 이익은 계속적인 전략적 대화를 통해 적극적으로 모색되어야 한다.[17]

중국의 야심이 미국의(그리고 일본의) 야심과 충돌할 수 있는 영역도 있다.—특히 이러한 야심이 역사적으로 친숙한 강경 노선에 따라 추구될 경우. 이러한 영역은 특히 동남아시아, 대만 그리고 한국이다.

동남아시아는, 중국과 같이 강력한 국가라 할지라도 쉽게 복속시키기에는 잠재적으로 너무나 부유하고, 지리적으로 너무나 퍼져 있으며, 정말로 너무나 크다. 그러나 동남아시아는 최소한 중국의 권위를 존중하는 권역이 되지 않기에는 너무나 약하고, 정치적으로 너무나 쪼개져 있다. 동남아시아 지역의 모든 국가에 존재하는 중국인이 경제적·금융적으로 뒷받침하는 중국의 지역적 영향력은 중국의 힘이 증대됨에 따라 커질 수밖에 없다. 낳은 것은 중국이 자신의 힘을 어떻게 사용하느냐에 달려 있지만, 미국이 그것을 직접 반대한다거나 남중국해 분쟁 같은 데 개입하는 것이 어떤 특별한 이익이 있는지는 분명하지 않다. 중국인은 불평등(혹은 조공) 관계를 미묘하게 관리하는 데 상당한 역사적 경험을 가지고 있다. 그리고 자기 절제력을 발휘하는 것은 중국 제국주의에 대한 지역적 공포를 회피함으로써 확실히 중국 자신에게 이익이 될 것이다. 그와 같은 공포는 지역적 반중 동맹을 창출할 것이고(그와 같은 조짐은 이미 탄생중인 인도네시아와 오스트레일리아의 군사 협력에서 나타나고 있다), 이 동맹은 미국, 일본 그리고 오스트레일리아로부터의 지원을 구할 가능성이 크다.[18]

거대 중국은, 특히 홍콩을 병합한 이후 더욱 정력적으로 대만의 본토 병

---

17) 1996년 중국 정보 기관 및 국방 기관의 수뇌급 인사들과의 만남에서 나는 (고의적으로 모호한 도식을 구사하기는 했지만) 그와 같은 대화의 기초가 될 수 있는 다음과 같은 전략적 공동 이익을 확인할 수 있었다. (1) 평화로운 동남아시아, (2) 해양 분쟁에서 무력 사용 금지, (3) 중국의 평화적 통일, (4) 한국의 안정, (5) 중앙아시아의 독립, (6) 인도와 파키스탄의 균형, (7) 경제적으로 역동적이면서 국제적으로 선의를 지닌 일본, (8) 안정적이지만 너무 강력하지 않은 러시아.

합을 추구해 나아갈 것이다. 중국이 결코 대만의 결정적 분리를 묵인한 적이 없다는 사실을 인식하는 것은 중요하다. 그러므로 어느 시기에 이르게 되면 그러한 쟁점은 미국과 중국의 정면 대결을 낳을 수 있다. 그것은 관련국 모두에게 심각한 피해를 입히는 결과를 초래할 것이다. 중국의 경제적 전망은 후퇴할 것이고, 일본과 미국의 연대는 극도로 긴장될 것이며, 동부 유라시아에서 안정적 세력 균형을 창출해 내고자 하는 미국의 노력은 궤도에서 이탈하고 말 것이다.

따라서 이 점에 관해 서로간에 극도의 선명성을 갖추고 유지하는 것이 긴요하다. 가까운 장래에 중국이 대만을 효과적으로 강제할 수 있는 수단을 갖게 될 것 같지는 않지만, 군사력을 동원한 대만의 재통합을 미국이 묵인하는 것은 극동 지역에서 미국의 지위를 너무나 큰 파탄으로 몰아넣는 것이기 때문에, 만일 대만이 스스로를 보호할 능력이 없을 경우 미국은 결코 군사적으로 수동적인 상태로 남아 있지 않을 것이라는 점을 베이징은 이해해야 한다.(그리고 확실하게 납득해야 한다.)

다시 말해서 미국은 분리된 대만을 위해 개입해야 하는 것이 아니라, 아시아-태평양 지역에서 자신의 이익을 위해 개입해야만 하는 것이다. 이것은 중요한 차이가 난다. 미국은 원래 분리된 대만에 대해 어떤 특별한 이익도 가지고 있지 않다. 사실상 미국의 공식적인 입장은 오직 하나의 중국이 있다는 것이었고, 앞으로도 그렇게 유지되어야 한다. 그러나 중국이 어떻게 재통일을 추구하느냐 하는 문제는 미국의 핵심적 이해 관계가 될 수 있고, 중국인은 이를 명확하게 인식해야 한다.

---

18) 인도네시아와 오스트레일리아의 군사 협력으로 인해, 한때 오스트레일리아는 동티모르에 대한 인도네시아의 주권을 인정한 유일한 서방 국가이기도 했다. 그러나 동티모르 지역에서 유전이 발견되고, 동티모르 반군 지도자로부터 유전에 대한 이권을 인정받은 이후 오스트레일리아는 인도네시아에 등을 돌리고 동티모르의 독립을 지원하기 시작했다. 1999년 오스트레일리아는 동티모르 파병을 주도했다. — 옮긴이.

대만 문제는 미국이 중국을 다루는 데 있어 중국 내정에 대한 간섭이라는 비난을 피하면서 인권 문제를 제기하는 합리적 근거가 되고 있다. 중국이 더 발전하고 더 민주적이 될 때만이 재통일을 이룰 수 있다는 것을 베이징을 향해 반복해서 표명하는 것은 지극히 온당한 일이다. 그러한 중국만이 대만에 대한 흡입력을 발휘할 수 있을 것이고, '일국 다체제'의 원리에 기초한 연합을 준비하는 거대 중국 안에 끌어들일 수 있을 것이다. 어떤 경우든 대만 때문에라도 인권을 향상시키는 것은 중국 자신의 이익에 부합하는 것이고, 이러한 맥락에서 미국이 그 점을 표명하는 것은 온당하다.

이와 동시에 중국과의 약속을 지키면서 직·간접으로 대만의 국제적 지위를 향상시키려는 노력을 회피하는 것은 미국의 의무이다. 1990년대, 미국 관료와 대만 관료 사이에 있었던 몇몇 접촉은 미국이 묵시적으로 대만을 독립 국가로 취급하는 듯한 인상을 심어 주었다. 이 문제에 대한 중국의 분노는 대만의 독립적 지위를 국제적으로 인정받고자 노력하는 대만 관료에 대한 그들의 분노와 마찬가지로 이해할 만한 것이다.

따라서 미국은 오랫동안 중국과 대만 관계를 지배해 온 고의적 모호성을 바꿔 보려는 대만인의 노력이 대만에 역효과를 불러들일 수 있다는 점을 명확히 하는 데 소극적이어서는 안 된다. 더욱이 만일 중국이 번영을 구가하며 민주화된다고 할 때, 그리고 홍콩의 흡수가 시민권의 퇴행을 수반하지 않는다고 할 때, 궁극적인 재통일의 조건을 둘러싼 중국과 대만의 진지한 대화를 미국이 격려하는 것은 중국 내 민주화를 증대시키는 압력이 될 것이고, 미국과 거대 중국간의 폭 넓은 전략적 적응을 일궈 내는 일이 될 것이다.

동북아시아에서 지정학적 추축국인 한국 또한 미·중 분쟁의 원천이 될 수 있으며, 한국의 미래는 미·일 관계에 직접적인 영향을 미칠 것이다. 한국이 분단되어 있고, 불안정한 북한과 점점 더 부유해지는 남한 사이에 전쟁 위협이 상존하고 있는 한 미군은 반도에 남아 있어야 한다. 어떠한 형태의 일방적 철수라 할지라도 새로운 전쟁을 촉발시킬 수 있으며, 일본 내 미군사력의 종언을 가져 오는 신호탄이 될 가능성이 매우 높다. 미국이 남한을 포기한다고 할 때 일본인이 일본 영토에 계속해서 배치된 미군에 대한 신뢰를 지속하리라고 보기는 어렵다. 그런 상황에서는 급속한 일본의 재무장이 초래될 가능성이 무엇보다 높고, 지역 전체의 광범위한 불안정을 초래할 가능성마저 있다.

그러나 한국의 재통일 역시 심각한 지정학적 딜레마를 낳을 가능성이 크다. 만일 미 군사력이 통일 한국에 그대로 남게 된다면, 그것은 중국인 입장에서 중국을 겨냥한 것이라고 보일 수밖에 없다. 실제로 중국인이 이러한 상황에서 한국 통일을 묵인하리라고 보기는 어렵다. 만일 한국 통일이 단계적으로 이루어진다면 — 이른바 연착륙(soft landing)을 포함하면서 — 중국은 정치적으로 그것을 방해하면서 북한 내의 반통일 세력을 지지할 것이다. 만일 한국의 통일이 폭발적으로 이루어진다면 — 북한의 '붕괴'(crash landing)를 포함하면서 — 중국의 군사적 개입 가능성을 배제할 수 없다. 중국의 관점에서 볼 때 통일된 한국은 받아들일 수 있지만, 그것은 어디까지나 통일 한국이 동시에 미국 세력의 연장선(배후의 일본을 발판으로 한)이 아닐 경우에 한해서이다.

그러나 주한 미군이 없는 통일 한국은 처음에는 중국과 일본 사이의 중립 형태에서, 이어서는 점차 — 한편으로 아직까지도 잔존하는 강렬한 반일 감정에 의해 움직이면서 — 중국의 확고한 정치적 영향권 혹은 교묘하게 중국의 권위가 존중되는 권역 안으로 기울어질 가능성이 크다. 다음 문제는 과연 일본이 미국 세력을 위한 아시아의 유일한 기지로서 기능하려고 할 것인가 하는 점이다. 적어도 이 문제는 일본의 국내 정치를 심각하게 분열시킬 것이다. 어떤 형태로든 미국의 군사적 반경이 극동에서 위축되는 것은 유라시아의 안정적인 세력 균형을 더욱 어렵게 만들 것이다. 따라서 이러한 고려는 한국을 현상 유지시키는 것이 좋다는 미국과 일본의 이해 관계를 높여 줄 것이다.(비록 각각의 경우 약간 다른 이유에서이기는 하지만.) 그리고 만일 그러한 현상 유지가 어려워진다면 매우 완만한 단계를 통해 미국과 중국 간의 적응을 심화시키지 않으면 안 될 것이다.

이 와중에 진정한 한ㆍ일 화해는 어떠한 형태의 한국 통일을 위해서도 도움이 되는 더욱 안정적인 지역 구도의 형성에 기여할 것이다. 한국 통일이 수반하는 다양한 국제적 복잡성은 한국과 일본의 진정한 화해를 통해 완화될 수 있을 것이며, 두 나라 사이의 협력적인 정치 관계를 증대시킬 것이다. 미국은 그와 같은 화해를 촉진하는 데 결정적 역할을 할 수 있을 것이다. 처음에는 독ㆍ불 협력에서 밟았던 단계들, 이어서는 독일과 폴란드 사이에서 밟았던 단계들(예를 들면, 대학간 공동 프로그램부터 공동군의 창설에 이르기까지)이 이 경우에 적용될 수 있을 것이다. 포괄적이고 지역적으로 안정적인 한ㆍ일 동반 관계는 역으로 극동 지역에서 미국 세력의 계속적 임재를 가능하게 해 줄 것이다. ―심지어는 한국 통일 이후에까지.

일본과의 밀접한 정치적 관계가 미국의 세계적 지정 전략적 이익이라는 것은 두말할 나위가 없다. 그러나 일본이 미국의 속방으로 남아 있을지, 경쟁국이 될지 혹은 동반자가 될지는 미국인과 일본인이 얼마나 명확하게 두 나라가 공동으로 추구하는 국제적 목표를 규정할 수 있는지 그리고 미국의 극동에서의 지정 전략적 사명과 일본의 세계적 역할에 대한 야망 사이의 경계선을 얼마나 명확하게 획정할 수 있는지에 달려 있다. 일본에 있어 일본의 대외 정책에 관한 국내의 토의에도 불구하고 여전히 미국과의 관계가 일본의 국제적 방향 감각에 기준이 되고 있다. 방향 감각을 상실한 일본, 즉 재무장을 향해 매진한다거나 중국과의 단독적 적응을 시도한다거나 하는 일본은 아시아-태평양 지역에서 미국 역할의 종언을 불러들일 것이고, 지역적으로 안정된 미-일-중 삼각 구도에 종지부를 찍게 할 것이다. 이것은 다시 미국이 관리하는 유라시아 전체에 걸친 정치적 균형의 형성을 가로막을 것이다.

요컨대 방향 감각을 상실한 일본은 절박하게, 그러나 동시에 위험하게 몸부림 치는 물 위의 고래와 같을 것이다. 그것은 아시아를 불안정하게 만들 수는 있지만, 미국·일본·중국간에 필요한 안정적 균형을 위한 대안을 창조할 수는 없다. 미국은 일본과의 밀접한 동맹을 통해서만 중국의 지역적 열망에 순응할 수 있고, 그것의 더욱 전횡적인 발현을 제어할 수 있다. 이와 같은 기초 위에서만 복잡한 삼자 적응—미국의 세계적 힘과 중국의 지역적 우월성 그리고 일본의 국제적 지도력 등을 포괄하는—이 고안될 수 있는 것이다.

따라서 가까운 시일 안에 일본 내의 미군을 감축하는 것(마찬가지 이유에서 주한 미군을 감축하는 것)은 바람직하지 않다. 그러나 마찬가지로 일본의 군사적 노력이 미치는 지정학적 범위를 크게 증대시키는 것이라든지, 그것의 실제 행동 범위를 넓히는 것 또한 바람직하지 못하다. 대규모 미군 철수는 일본으로 하여금 전략적 방향 감각의 상실을 해소하기 위한 맥락에서 대규모 군비 증강에 나서게 할 것이 거의 확실하다. 그 반면 일본이 더욱 큰 군사적 역할을 수행하도록 미국이 압력을 가하는 것은 지역적 안정성의 전망을 훼손시키고, 거대 중국과의 폭 넓은 적응을 방해하며, 일본이 더욱 건설적인 국제적 사명을 담당하는 것을 가로막고, 그럼으로써 유라시아 전체에 걸친 지정학적 안정성을 구축하려는 노력을 복잡하게 만들 뿐이다.

따라서 만일 일본이 아시아에서 벗어나 세계를 향하고자 한다면 일본에게는 이를 통해 국가 이익에 가장 잘 기여할 수 있는, 의미있는 인센티브와 특별 지위가 제공되어야 한다. 먼저 지역적 강국이 됨으로써 세계적 강국이 될 수 있는 중국과는 달리, 일본은 지역적 힘에 대한 미련을 버림으로써만 세계적 영향력을 발휘할 수 있다. 그러나 일본에게 무엇보다 중요한 것은 정치적으로 만족스럽고 경제적으로 이익이 되는 세계적 사명을 수행하는 데 일본이 미국의 특별한 동반자라는 느낌을 가지는 것이다. 그 목적을 위해 미국은 미·일자유무역협정의 채택을 고려할 필요가 있고, 그럼으로써 공동의 미·일 경제 공간을 창출해 낼 필요가 있는 것이다. 두 경제 사이의 증대된 연계를 공식화하는 이러한 조치는 극동에서 미국의 존재와 일본의 세계적 개입을 뒷받침해 줄 것이다.[19]

요컨대 미국에 있어서 일본은 일차로 중국의 지역적 패권에 대항하기 위해 고안된 지역적 장치를 위한 군사 동맹국이 아니라 점차로 협력적이고 상호 침투적인 세계 협력 체제를 건설하는 데 최대의 핵심 동반자가 되어야 한다. 실로 일본은 세계사에서 새로운 주제들을 해결하기 위한 미국의 세계적 동반자가 되어야만 한다. 지역적으로 우세한 중국은 미국에게 있어 극동의 닻이 되어야 한다. ―세력 정치라는 좀더 전통적인 영역에서. 그럼으로써 유라시아 동쪽의 거대 중국은 유라시아 서쪽에서 확대되는 유럽이 하는 것과 같은 역할을 수행하면서 유라시아의 세력 균형을 이룩하는 데 기여하게 될 것이다.

---

19) 상호간의 경제적 이익을 지적하면서 이러한 제안을 강력하게 주장하고 있는 글로서는 Kurt Tong, "Revolutionizing America's Japan Policy," *Foreign Policy* (1996 겨울~1997)가 있다.

제7장
결론

　이제 미국이 유라시아 전체에 대한 통합적이고 포괄적이며 장기적인 지정 전략을 수립하고 추구해 나아가야 할 때가 되었다. 이러한 필요성은 근본적인 두 가지 현실 사이의 상호 작용에서 발생하는 것이다. 하나는 이제 미국이 유일한 세계 초강대국이 되었다는 점이고, 다른 하나는 유라시아가 세계의 중심 무대가 되었다는 점이다. 그러므로 유라시아 대륙의 역학 관계에서 발생하는 일은 미국의 세계 일등적 지위와 미국의 역사적 유산에 결정적인 중요성을 지닌다.

　미국의 세계 일등적 지위는 그 영역과 성격이 매우 독특하다. 그것은 미국의 민주적 체제가 지니는 여러 특징을 반영하는 새로운 형태의 헤게모니이다. 즉 다원주의적이고 삼투성이 높으며 유연한 헤게모니인 것이다. 불과 1세기도 못 되어 성립한 미국의 헤게모니를 지정학적으로 가장 잘 표현해 주는 것은 이제까지 다른 세계 권력의 경쟁국들이 존재했던 유라시아 대륙 안에서 미국이 지니는 전대미문의 역할이다. 오늘날 미국은 유라시아의 거중 조정자이며, 미국의 참여 없이 혹은 미국의 이익에 반해서는 유라시아의 어떠한 쟁점도 해결될 수 없다.

　미국이 어떻게 유라시아의 체스판 위에 존재하는 지정 전략적 행위자들을 조종하고 순응시키느냐 하는 것과 어떻게 유라시아의 주요한 지정학적 추축들을 관리하느냐 하는 것은 미국의 세계 일등적 지위의 지속과 안정에 매우 중요하다. 유럽에서 주요한 행위자들은 여전히 프랑스와 독일이며, 미국의 중심 목표는 유라시아 서변에 존재하는 민주적 교두보를 공고히 하고 확장시키는 것이어야 한다. 유라시아의 극동 지역에서 중국은 점차 중심이 되고 있으며, 미국은 중국과의 지정 전략적 합의를 성공적으로 도출해 내지 못하는 한 아시아 본토에서 정치적 발판을 가질 수가 없다. 유라시아의 중심에 있어 확장되어 나가는 유럽과 지역적으로 부상하는 중국 사이의 공간은 지정학적 블랙홀로 남게 될 것이다. 적어도 러시아가 소련 제국 몰락 이후의 자기 정체성을 확립하기 위한 내적 투쟁을 완결 짓기 전까지는. 유라시아의 발칸이라 할 수 있는 러시아 남부 지역은 인종적 갈등과 더불어 강대국간의 이해가 충돌하는 가마솥이 될 위험이 있다.[1]

이러한 맥락에서 앞으로 얼마간—한 세대 이상—미국의 세계 일등적 지위는 어떤 단일 도전자에게도 위협받지는 않을 것이다. 어떠한 단일 민족 국가도 군사 · 경제 · 기술 그리고 문화적인 네 가지 힘의 측면에서 그 동안 축적된 결정적 힘을 지닌 미국의 상대가 될 수는 없다. 가까운 미래에 미국 중심적 세계 체제에 대한 유일한 대안은 국제적 무정부 상태일 뿐이다. 이러한 점에서 볼 때 클린턴 대통령이 이제 미국은 '필요불가결한 국가' (indispensable nation)가 되었다고 주장한 말은 맞다.

미국의 필요불가결성과 더불어 전세계적 무정부 상태가 도래할 수 있는 가능성을 동시에 강조하는 것이 중요하다. 인구 폭발, 빈곤에 따른 이민, 극도의 도시화, 인종 · 종교적 적대감 그리고 대량 살상 무기의 확산 등이 초래할 파국적 영향은 최소한의 지정학적 안정성을 지닌 현존 민족 국가 단위의 체제가 쪼개질 경우 도저히 관리할 수 없게 될 것이다. 지속적이고 직접

---

1) 러시아의 체첸 침공을 둘러싼 갈등, 카스피해의 지하 자원을 둘러싼 갈등 등을 예로 들 수 있을 것이다.—옮긴이.

적인 미국의 개입 없이는 머지않아 세계적 무질서의 힘이 전세계를 지배하게 될 것이다. 그리고 그러한 파열의 가능성은 오늘날의 유라시아뿐만 아니라 전세계적으로 존재하는 지정학적 긴장 속에 내재되어 있다.

세계 안정에 미칠 악영향은 인간의 생존 조건이 전반적으로 하락할 수 있다는 전망으로 인해 더욱 증대될 것이다. 특히 세계의 빈국들에서 인구 폭발과 더불어 진행되는 도시화는 혜택받지 못한 사람들, 특히 수억 명에 달하는 실업자와 기하급수적으로 늘어나는 좌절감과 함께 점점 더 불안해지는 젊은이의 울혈을 낳고 있다. 근대적 통신 체제는 이들을 더욱 빠르게 전통의 권위로부터 분리시키며, 전세계적 불평등에 대한 의식 그리고 분노를 더욱 고양시킴으로써 극단적인 동원의 대상이 될 가능성이 더욱 커지고 있다. 한편으로 이미 수천만 명에 달하는 전세계적 이민의 숫자는 잠정적 안전 밸브의 역할을 수행하고 있으며, 다른 한편으로 종교적 · 인종적 갈등의 대륙간 전달 매체의 역할을 수행할 가능성이 높다.

그러므로 미국이 이어받은 전세계 청지기의 역할은 소요와 긴장 그리고 적어도 간헐적인 폭력에 직면할 가능성이 높다. 미국의 헤게모니에 의해 형성된 새롭고 복잡한 국제 질서―그 안에서 전쟁의 위협이 사라진―는 대내적으로 미국의 힘이 민주적 정치 · 사회 체제에 의해 강화된 지역 그리고 대외적으로는 다자적 틀―여전히 미국이 지배적인―에 의해 미국의 힘이 강화된 지역에 한정될 가능성이 높다.

그러므로 유라시아에 대한 미국의 지정 전략은 무질서의 힘과 경쟁하게 될 것이다. 유럽에서는 통합과 확장의 동력이 약화되는 조짐이 보이고, 머지않아 전통적인 유럽의 민족주의가 다시 머리를 쳐들게 될 것이다. 가장 성공적인 유럽 국가 안에서조차 지속될 대규모 실업은 외국인 혐오증을 촉발시키면서 갑작스럽게 프랑스와 독일의 정치를 정치적 극단주의 내지는 내향적 국수주의로 기울게 할 가능성이 있다. 참으로 혁명 전야의 상황이 형성되고 있는지도 모른다. 3장에서 개괄한 유럽의 역사적 시간표는 통합을 위한 유럽적 열망이 미국에 의해 토닥거려지고 부추겨질 때에만 성취될 수 있는 것이다.

러시아의 미래는 더욱 불확실하고 긍정적 발전의 전망은 더욱 희박하다. 그러므로 미국은 하루빨리 러시아를 점증하는 유럽 협력의 큰 틀 안으로 흡수하고 신생 독립 국가의 자립적 발전을 도와 줄 수 있는 지정학적 콘텍스트를 만들어 내야 한다. 그러나 우크라이나와 우즈베키스탄(인종적으로 쪼개져 있는 카자흐스탄은 말할 것도 없고)의 생존 능력은 불확실한 상태로 남아 있다. 이러한 불확실성은 미국의 관심이 유럽 내의 위기나 터키와 유럽간의 점증하는 간격 혹은 미국과 이란간의 관계 악화로 인해 분산될 경우 더욱 심화될 것이다.

중국과의 궁극적 대타협 가능성은 대만을 둘러싼 위기로 인해 혹은 중국 내의 정치적 역동성이 공격적이고 적대적인 체제의 출현을 가져 옴으로써, 그리고 더 단순하게는 미국과 중국간의 관계가 악화됨으로써 유산될 수 있다. 그러면 중국은 전세계적으로 극히 불안정을 초래하는 세력이 될 것이며, 미·일 관계에 엄청난 파장을 초래하고 일본 자체의 파국적인 지정학적 이탈을 낳게 될 것이다. 이렇게 되면 동남아시아의 안정이 위태롭게 될 것이 확실한데, 이러한 사건이 남아시아의 안정에 긴요한 인도의 태도에 어떠한 영향을 미칠지는 다만 지켜볼 도리밖에 없다.

이러한 관측은 만일 현존하는 세계 권력의 지정학적 구조가 무너져 내리기 시작하면 민족 국가의 영역을 뛰어넘는 새로운 세계적 문제는 물론 더욱 전통적인 지정학적 우려들 또한 해결될 수 없다는 점을 상기시켜 준다. 유럽과 아시아의 지평선에서 반짝이는 위험 신호에 맞서 미국의 정책이 성공하려면 필히 유라시아에 대한 총체적 관점을 유지해야 하며, 지정 전략적 구도를 지침으로 삼아야 한다.

유라시아에 대한 지정 전략

미국에 필요한 정책을 수립하는 일은 다음과 같은 전례 없는 세계 정세의 조건들을 자신감 있게 하는 것에서 출발해야 한다. 즉 역사상 최초로 (1) 단일 국가가 진정으로 세계적인 강국이 되었고, (2) 비유라시아 국가가 세계 제일의 국가가 되었으며, (3) 세계의 중심 무대인 유라시아가 비유라시아 강국에 의해 지배되고 있다는 사실이다.

그러나 유라시아에 대한 포괄적이고 통합적인 지정 전략은 또한 미국이 지닌 실질적인 힘의 한계와 더불어 시간이 감에 따라 그 영역이 줄어들 수밖에 없다는 사실에 대한 인식에 기초해야 한다. 이미 언급한 바와 같이 유라시아의 규모와 다양성 그리고 그 몇몇 국가의 잠재적 힘은 미국이 지닌 영향력의 깊이와 사건의 추이를 통제할 수 있는 정도를 제한한다. 이러한 조건은 지정 전략적 통찰력을 더욱 중요하게 만들며, 거대한 유라시아의 체스판 위에 미국의 자원을 어떻게 선택적으로 배치할 것인가를 고심하게 만든다. 시간이 흐르면서 미국의 전례 없는 힘도 감소될 것이기 때문에 다른 지역적 강국이 미국의 세계 일등적 지위를 위협하는 방식으로 부상하지 못하도록 막는 데 우선 순위를 두어야 한다.

체스에서와 마찬가지로 미국의 세계적 전략가들은 상대방의 수를 예측하며 몇 수를 앞서 나아가야 한다. 그러므로 지속 가능한 지정 전략은 단기적 전망(향후 5년 정도에 해당하는), 중기적 전망(향후 20년 정도에 해당하는) 그리고 장기적 전망(20년 이상에 해당하는)을 구별해야 한다. 더욱이 이러한 단계는 철저히 분리된 것이 아닌 연속체의 일부로 간주되어야만 한다. 첫 번째 단계는 점차로 그리고 일관되게 두 번째 단계로 나아가야 하며 —의도적으로 두 번째 단계를 지향하면서— 연속해서 두 번째 단계는 세 번째 단계로 인도되어야 하는 것이다.

단기적으로는 유라시아 지도 위에 지정학적 다원성을 만연시키고 공고히 하는 것이 미국의 이익에 부합된다. 이 단계의 우선 순위는 미국의 세계 일등적 지위를 위협할 가능성이 있는—비록 희박하기는 하지만—국가의 출현은 물론 그러한 가능성이 있는 적대적 동맹이 출현하지 못하도록 막는 조치에 두어진다. 중기적으로는 전단계의 우선 순위가 점차 미국에게 더 협력적인 범유라시아적 안보 체제의 반려국들—중요성이 점증하고 전략적으로 양립 가능한—에게 옮겨져야 할 것이다. 장기적으로는 앞서 말한 중단기적 성과에 기초해서 진정으로 정치적 책임을 분담하는 전지구적 중심을 만들어 낼 수 있을 것이다.(고딕 강조는 저자)

가장 긴박한 임무는 어떠한 단일 국가 혹은 국가간의 조합이 유라시아로부터 미국을 축출하거나 미국의 중재적 역할을 심각하게 축소시키는 것을 막는 일이다. 그러나 유라시아 대륙의 지정학적 다원성을 공고히 하는 것 자체를 목적으로 삼아서는 안 되며, 다만 유라시아 대륙의 핵심 지역에서 중기적 목표를 달성하는 수단으로 보아야 한다. 미국은 단일 열강에 의한 지역적 지배를 막고자 군사 자원을 동원하여 유라시아를 관리하는 소모적이고 지난한 임무를 영원히 수행하려 들지는 않을 것이다. 그러므로 첫 번째 단계는 필연적으로 두 번째 단계로 전환될 수밖에 없으며, 이 단계에서 미국이 행사하는 선의의 헤게모니는 계속해서 다른 국가가 도전을 해 오지 못하도록 막아야 할 것이다. 그러기 위해서는 다른 국가가 도전의 대가로 치러야 하는 희생의 크기를 매우 크게 만드는 한편 유라시아의 잠재적 패권 국가의 핵심 이익을 위협하지 말아야 한다.

중기적 목표로서 특별히 요구되는 것은 통합이 더 진전되고 정치적 경계가 명확해진 유럽, 지역적으로 막강해진 중국, (바라건대) 탈제국적이고 유럽 지향적인 러시아 그리고 유라시아 남단 지역에서 지역적 안정 세력으로 기능하는 민주적 인도 등과의 견실한 협력 관계를 다져 나가는 것이다. 유럽 혹은 중국과의 포괄적 전략 관계(각각의 개별적 관계에서)를 수립하느냐 못하느냐에 따라 러시아의 역할은 긍정적 내지는 부정적으로 규정될 것이다.

더 넓은 유럽과 확대된 북대서양조약기구는 장단기적 미국 정책에 기여하게 될 것이다. 더 넓은 유럽은 새로운 중부 유럽 국가들을 받아들이고 유럽연합 내부에 친미 성향의 국가들을 증가시킴으로써 미국의 영향권을 확대시켜 줄 것이다. 그것이 동시에 정치적으로 더욱더 통합된 유럽을 창출시킴으로써 미국에 지정학적으로 중요한 사안, 특히 중동 문제와 관련해서 미국과 통합 유럽이 반목하게 되는 결과를 곧바로 초래하지는 않을 것이다. 한편 정치적으로 잘 정돈된 유럽은 러시아를 전지구적 협력 체제 안에 진보적으로 통합해 내는 데 긴요하다.

물론 미국이 그 자체의 힘만 가지고 더 통합된 유럽을 창출해 낼 수는 없다. 이것은 유럽인에게 달린 문제이며, 특히 프랑스인과 독일인에게 달린 문제이다. 하지만 미국이 더욱 통합된 유럽의 출현을 가로막을 수는 있다. 이것은 유라시아의 안정성에 해가 될 것이며, 미국 자신의 이익을 위해서도 바람직하지 못하다. 유럽이 지금보다 더 통합되지 않는다면, 유럽은 다시 한 번 더욱 분열된 길로 들어설 것이다. 따라서 앞서 언급한 바와 같이, 미국은 독일 및 프랑스와 긴밀하게 협력하는 가운데 정치적으로 생명력을 지닌 하나의 유럽, 미국과의 관계를 유지하는 유럽, 민주적인 국제 협력 체제의 영역을 확대시키는 유럽을 추구해야만 할 것이다. 프랑스와 독일 가운데 어느 나라를 선택할 것인가는 문제가 되지 않는다. 프랑스나 독일이 없는 유럽은 있을 수 없고, 유럽이 없는 범유라시아 체제 또한 있을 수 없다.

현실적인 견지에서 볼 때 앞서 말한 바와 같은 목표가 성취되려면 북대서양조약기구의 지도권을 차츰 분배하는 것이 필요하며, 아프리카와 중동 지역에서 유럽의 역할을 증대시키려는 프랑스의 요구를 받아들일 필요가 있다. 아울러 유럽연합이 전세계적으로 더욱 뚜렷한 정치·경제적 목소리를 내는 경우[2]에라도 유럽연합의 동진을 계속해서 지지할 필요가 있다. 이미 대서양 세계의 여러 뛰어난 지도자들이 지지하고 있는 범대서양자유무역협정은 통합 유럽과 미국 사이에 점증하는 경제적 경쟁을 완화시킬 수 있을 것이다. 어떤 경우에든 유럽연합이 전세계적 파열 효과와 더불어 수백년간 케케묵은 유럽의 민족적 적대감을 매장시키는 데 성공한다면, 현재 미국이 유라시아에서 담당하는 결정적 역할은 갈수록 줄게 될 것이다.

북대서양조약기구와 유럽연합의 확대는 쇠잔해 가는 유럽의 사명감에 새로운 힘을 불어넣어 줄 것이며, 냉전의 성공적 종식을 통해 얻어진 민주적 이익을 미국과 유럽 모두에게 이익이 되는 방식으로 공고화시킬 것이다. 이러한 노력에서 관건이 되는 것은 다름 아니라 미국과 유럽간의 장기적인 관계이다. 새로운 유럽은 아직 모양새를 갖추고 있는 중이며, 만일 이 새로운 유럽이 지정학직으로 '유럽-대서양' 공간의 일부로 남아 있는다면, 북대서양조약기구의 확대가 그 핵심 사항이 될 것이다. 마찬가지로 이미 시작된 북대서양조약기구 확대 사업이 실패하면 유럽 확대라는 개념의 붕괴를 가져 올 것이며 중부 유럽인의 사기를 저하시키고 말 것이다. 이 경우 현재 휴화산 또는 사화산의 모습을 띠고 있는 중부 유럽에 대한 러시아의 야망에 다시 불을 댕길 것이다.

참으로 미국 주도로 북대서양조약기구를 확대하려는 노력이 실패한다는 것은 더욱 큰 야심을 지닌 러시아의 열정에 불을 붙이게 할 것이다. 러시아의 정치 엘리트가 지속적이고도 강력한 미국의 정치 · 군사적 존재에 대한

---

2) 이러한 목표를 위한 일련의 건설적 제안들이 1997년 2월 브뤼셀에서 개최된 미국과 유럽에 관한 CSIS(국제전략문제연구소) 학술회의에서 개진된 바 있다. 여기에는 재정 적자를 감축하고자 마련된 구조 개혁을 위한 공동 노력, 유럽 방위 산업체의 기초를 향상시키기 위한 공동 노력 등이 포함되어 있었는데, 이것은 범유럽적 방위 협력과 북대서양조약기구 내에서의 더 큰 유럽의 역할을 증진시킬 수 있는 것이었다. 더 큰 유럽적 역할을 창출해 내기 위한 다른 유사한 제안에 관해서는 David C. Gompert · F. Stephen Larrabee, eds., *America and Europe: A Partnership for a New Era* (Santa Monica, Cal.: RAND, 1997) 참조.

유럽의 열망을 공유할지는 명백하지 않다. 역사적 전례가 강력하게 시사하는 바는 오히려 그 반대이다. 그러므로 러시아와의 협력 관계를 증대시키는 것은 분명히 바람직하지만, 미국의 입장에서는 전세계적 우선 순위에 대한 자신의 의사를 명확히 전달하는 것이 중요하다. 더 큰 유럽-대서양 체제와 더 나은 러시아와의 관계 사이에서 하나를 선택해야 한다면 미국의 입장에서는 단연 전자가 비교할 수 없는 우위를 점한다.

이러한 이유에서 북대서양조약기구 확장 문제에 관한 러시아와의 타협이 러시아를 사실상 정책 결정 구조 안으로 끌어들이는 부수 효과를 동반하는 것이어서는 안 된다. 또한 그것이 새로 가입한 국가를 이등적 지위로 격하시키는 한편, 북대서양조약기구가 지닌 유럽-대서양적 특수성을 희석시키는 것이 되어서는 안 된다. 반대의 경우는 러시아가 중부 유럽의 영향권을 회복하는 기회가 될 것이며, 러시아는 유럽 문제에 대한 미국의 역할을 축소하고자 북대서양조약기구 내에서의 발언권을 활용, 유럽과 미국 사이의 불협화음을 조장할 수 있을 것이다.

중부 유럽이 북대서양조약기구에 가입함에 따라 이 지역과 관련해 러시아에게 해줄 수 있는 안전 보장은 반드시 쌍무적인 것이어야만 한다. 북대서양조약기구군 배치에 대한 제한, 새로운 가입국의 영토에 존재하는 핵무기에 대한 제한은 러시아의 합당한 우려를 진정시키는 데 중요한 요소이다. 그러나 이러한 요소들이 충족되려면 전략적 위협 요소가 되는 칼리닌그라드의 군사력을 감축한다거나, 새롭게 북대서양조약기구나 유럽연합에 가입한 국가와의 경계선에 대규모 군대를 배치하지 않겠다거나 하는 러시아의 상응하는 조치가 수반되어야 한다. 러시아의 서쪽 국경에 위치한 신생 독립 국가들은 러시아와 안정되고 협력적인 관계를 희구하는 한편 러시아에 대한 공포심을 가지고 있는데, 이러한 공포심은 역사적으로 볼 때 충분한 근거를 지닌다. 그러므로 러시아와 북대서양조약기구 혹은 유럽연합간의 동등한 관계 수립은 모든 유럽인에게 러시아가 마침내 탈제국적 견지에서 친유럽적인 선택을 한다는 신호로 받아들여질 것이다.

그러한 선택은 러시아의 지위와 명성을 드높이기 위한 광범위한 노력의 초석이 될 수 있을 것이다. G-7의 공식 멤버로서 러시아를 가입시키는 것, 유럽안보협력기구(OSCE) 내의 정책 결정권을 강화시키는 것(이 기구 내에 미국과 러시아 그리고 몇몇 핵심 유럽 국가가 참여하는 특별 안보 기구를 설치하는 것 등을 통해) 등은 유럽의 정치적 측면과 안보적 측면에 있어 러시아가 건설적으로 참여할 수 있는 기회를 제공해 줄 것이다. 러시아에 대한 서방의 지속적 재정 원조와 더불어서 도로망과 철도망의 신설 등을 통해 러시아를 유럽에 더 가깝게 만드는 야심적 기획 등은 러시아의 친유럽적 선택이 좀더 빨리 실체를 갖게 해 줄 것이다.

장기적으로 러시아가 유라시아에서 어떠한 역할을 담당할지는 러시아의 역사적 선택에 따라 좌우될 것이다. 자신을 어떻게 정의할 것인가에 관한 이 같은 선택의 문제는 아직 진행중에 있다. 비록 유럽과 중국이 각각의 지역적 영향권을 확대해 가기는 하지만 러시아는 여전히 단일 국가로서는 가장 큰 영토를 가지고 있다. 러시아의 영토 규모는 10개의 다른 시간대를 포괄하며 미국이나 중국에 비해 2배에 달한다. 이러한 측면에서는 앞으로 확대될 유럽조차 러시아에 비교하여 난장이에 불과하다. 그러므로 영토의 획득이 러시아의 중심 문제는 아니다. 거대한 러시아는 오히려 유럽과 중국이 경제적으로 훨씬 막강하다는 점에 주목해야 하며, 특히 중국 사회의 근대화 속도가 러시아를 추월하고 있다는 점에서 교훈을 얻어야 할 것이다.

이런 측면에서 볼 때 러시아의 정치 엘리트는 러시아의 우선 순위가 과거와 같은 세계 강국의 위치를 회복하려는 헛된 노력에 두는 것이 아니라 자신을 근대화하는 데 두어야 한다는 점을 좀더 분명히 인식해야 할 것이다. 러시아가 지닌 엄청난 규모와 다양성을 감안할 때, 시장에 기초한 탈중심화된 정치 체제야말로 러시아 인민과 러시아의 광대한 자연 자원 등이 지닌 창조적 잠재력을 더욱 폭 넓게 발휘하도록 해 줄 것이다. 아울러 더욱 탈중심화된 러시아의 제국적 동원 능력은 좀 둔화될 것이다. 좀더 이완된 형태의 러시아연방―유럽 부분의 러시아, 시베리아공화국, 극동공화국 등으로 구성되는―이 유럽과 더욱 긴밀한 경제 관계를 수립하는 데 용이할 것이며, 이 점은 중앙아시아 국가나 동방의 국가의 경우와도 마찬가지일 것이다. 그 결과로 러시아의 발전은 더욱 촉진될 수 있다. 연방을 구성하는 세 개의 하위 단위 역시 오랜 세기에 걸쳐서 모스크바의 관료적 힘에 짓눌려온 상태에서 벗어나 각 지역의 잠재력을 더욱 창조적으로 끌어모을 수 있을 것이다.

러시아가 제국적 선택 대신 친유럽적 선택을 분명히 하게 될 가능성은 미국이 러시아에 대한 다음과 같은 전략을 성공적으로 추진할 경우 커질 것이다. 그것은 과거 소련의 영토였던 지역에서 지정학적 다원성을 강화시키는 것이다. 이 같은 다원성의 강화는 러시아의 제국적 유혹을 저지시킬 것이다. 탈제국적이고 유럽 지향적인 러시아는, 지역적 안정을 공고히 하고 불안정한 남쪽 국경을 따라 발생할 수 있는 분쟁 가능성을 줄이는 데 도움이 되는 견지에서 미국의 그러한 노력을 바라보아야 한다. 그러나 지정학적 다원성을 공고히 하는 정책이 러시아와의 우호 관계를 위해 제약되어서는 안 된다. 그것은 오히려 러시아와의 우호 관계 수립이 실패할 경우를 대비한 중요한 보장책이 될 수 있다. 왜냐하면 그것은 진정으로 위협적인 러시아의 제국 정책이 재현되는 것을 막아 줄 것이기 때문이다.

따라서 새로운 독립 국가를 위한 정치·경제적 지원은 유라시아에 대한 더욱 폭 넓은 전략의 일부이다. 우크라이나의 주권을 공고히 하는 것, 아울러 우크라이나를 중부 유럽 국가로 자리 매김하는 것 그리고 중부 유럽과 더욱 밀접한 통합을 이룩해 내는 것은 이러한 정책의 일부로서 매우 중요하다. 아울러 아제르바이잔과 우즈베키스탄 같은 전략적 추축 국가들과의 보다 밀접한 관계를 육성하는 것과 더불어 중앙아시아가 자신을 세계 경제에 개방하도록 더욱 폭 넓은 노력을 기울이는 일(러시아의 방해에도 불구하고)은 매우 중요하다.

카스피 해 연안 국가와 중앙아시아 국가들에 대한 대규모 국제 투자는 이 지역 독립 국가들의 기반을 공고히 하는 데 도움이 될 뿐만 아니라, 장기적으로는 탈제국적이고 민주적인 러시아에게도 이익이 될 것이다. 이 지역의 에너지 자원과 광물 자원을 추출해 내는 것은 번영의 지름길이 될 것이며, 이 지역에 커다란 안정감을 심어 줄 것이고, 발칸 반도에서와 같은 분쟁의 가능성을 감소시켜 줄 것이다. 외부 투자를 통해 자금이 조달됨으로써 가속화된 지역 발전에 따른 이익은 경제적으로 낙후된 인근 러시아 지역으로 확산될 것이다. 너욱이 일단 이 지역의 지배 엘리트가 이 지역이 세계 경제에 통합되는 것을 러시아가 묵인한다는 것을 깨닫게 되면, 러시아와 더 밀접한 경제 관계를 갖게 될 경우에 수반되는 정치적 영향에 대한 공포심도 줄게 될 것이다. 따라서 일정한 시간이 지나면 탈제국적 러시아는 더 이상 제국적 지배자는 아닐지라도 이 지역의 주요한 경제적 동반자로서 인정받게 될 것이다.

남부 코카서스 지역과 중앙아시아 지역에 대한 안정과 독립을 뒷받침하는 데 있어 미국은 터키를 소외시키지 않도록 각별한 주의를 기울여야 하며, 미국과 이란의 관계 개선 가능성을 모색해야 한다. 가입하기 원하는 유럽으로부터 자신들이 추방된 존재라는 느낌을 지니는 터키인들은 지금보다 더 이슬람적이 될 가능성이 있으며, 북대서양조약기구를 확대하는 데 거부권을 행사할 가능성이 있고, 중앙아시아를 안정화하고 세계 공동체에 통합하려는 서방의 노력에 비협조적이 될 수가 있다.

따라서 미국은 터키의 국내 정치가 이슬람적 방향으로 극적인 전환을 하지 않는 한, 유럽 내의 영향력을 동원하여 터키가 유럽연합에 가입할 수 있도록 북돋는 한편 터키를 유럽 국가처럼 취급할 필요가 있다. 카스피 해 지역과 중앙아시아 지역의 미래와 관련한 앙카라와의 정기 회담은 터키 내에서 미국과의 전략적 유대감을 증대시킬 것이다. 미국은 또 터키의 지중해 연안을 따라 아제르바이잔의 바쿠로부터 케이한에 이르는 송유관을 통해 카스피 해의 에너지 자원을 끌어 오고 싶어하는 터키의 열망을 강력히 지원해야 한다.

이와 더불어 미국과 이란의 적대 관계를 지속하는 것은 미국에 이익이 되지 못한다. 궁극적인 화해는, 최근 휘발성이 높아지고 있는, 이란을 둘러싼 지역에 있어 상호간의 전략적 이익을 인정하는 것에 기초해야만 한다. 그러한 화해는 당연히 쌍방의 노력에 의해 이루어져야 하며, 어느 일방의 호의에 따라 공여되는 것이 아니다. 강력하고, 비록 종교적 힘에 의해 움직인다고 할지라도 열광적으로 반서구적 태도를 보이지는 않는 이란은 미국의 이익에 부합된다. 궁극적으로 이란의 정치 엘리트 역시 그와 같은 현실을 인정할 수 있을 것이다. 유라시아에서 미국의 장기적 이익은 터키와 이란의 경제 협력을 반대하는 현재 입장을 철회함으로써 더 잘 성취될 수 있을 것이다.─특히 새로운 송유관의 건설이나 이란, 아제르바이잔과 투르크메니스탄을 잇는 다른 연결 고리의 건설 등에 있어서. 미국이 그러한 프로젝트에 장기적으로 자금을 지원하는 것 또한 실제로 미국의 이익에 부합하는 것이다.[3]

---

3) 이와 관련하여 CSIS에 있는 나의 동료 앤써니 코즈맨(Anthony H. Cordesman)의 충고(1997년 2월 육군전쟁대학the Army War College에서 발표한 「미국에 대한 미국의 위협The American Threat to the United States」에 관한 그의 보고서 16쪽)를 인용하는 것이 적합할 것이다. 코즈맨은 쟁점, 심지어는 국가들 자체를 악마화(demonize)하고 있는 미국의 성향에 대해 다음과 같이 경고하고 있다. "이란, 이라크, 리비아는 미국이 사실적이지만 제한적인 위협을 제기하는 적대적 체제로 간주하고, 어떤 중장기적 목표를 지닌 전략을 발전시키지 않고 '악마화' 하고 있는 경우이다. 미국 전략가는 이들 국가를 완전히 고립시키는 것을 기대할 수 없으며, 이들을 '악당'(rogue) 국가 혹은 '테러리스트' 국가로 낙인 찍어 취급하는 것은 비합리적인 것이다.…… 미국은 도덕적으로 회색인 세계에 살고 있으며, 그것을 흑백으로 분리하려는 노력은 성공할 수 없다."

현재는 유라시아 무대에서 상대적으로 수동적인 행위자에 불과하지만
인도의 잠재적 역할 또한 주목할 필요가 있다. 인도는 중국과 파키스탄의
협력 체제에 의해 지정학적으로 봉쇄되고 있으며, 반면 러시아로부터는 과
거 소련이 인도에 제공했던 것과 같은 지원을 받고 있지 못하다. 그러나 인
도의 민주주의가 생존하는 것은 수많은 학문적 저서보다 더 효과적으로 인
권과 민주주의가 순전히 서구적 표현이라는 관념을 불식시켜 준다는 점에
서 매우 중요하다. 인도는 싱가포르와 중국의 대변자가 광범위하게 유포시
킨 반민주적 '아시아적 가치'가 단지 반민주적인 것일 뿐이라는 사실, 그리
고 반드시 아시아적 특성은 아니라는 사실을 입증했다. 마찬가지로 인도의
실패는 민주주의의 전망에 일격을 가하게 될 것이고, 특히 부상하는 중국의
지정학적 위상을 고려할 때 아시아 무대에서 지정학적 균형에 기여할 상국
이 사라짐을 의미할 것이다. 따라서 미국과 인도의 더욱 직접적인 방위 협
력을 증대시키는 것은 물론 지역적 안정에 관한 논의에 점차 인도를 개입시
키는 것은, 특히 중앙아시아의 미래와 관련해서 매우 시의적절한 것이다.

전체적으로 유라시아의 지정학적 다원성은 미국과 중국의 더욱 심화된
전략적 상호 이해 없이는 성취될 수도 없고 안정적일 수도 없다. 따라서 중
요한 전략적 대화에 중국을 참여시키는 것, 궁극적으로는 삼자적 노력의 일
환으로서 일본까지도 참여시키는 것이 중국과 미국의 이해 관계를 상호 조
정하는 데(특히 동북아시아와 중앙아시아에 있어) 필요한 첫 번째 단계이다.
또 대만 이슈가 곪거나 악화되지 않도록─특히 중국이 홍콩을 합병한 이후
상황에서─하나의 중국 정책에 대한 미국의 개입이 빚어 내는 불확실성을
불식시키는 것이 미국의 의무이다. 마찬가지로 홍콩 합병을 통해 거대 중국
이 국내 정치적으로 증대된 다양성을 보장하고 관용할 수 있다는 사실을 보
여 주는 것은 중국의 이익에 부합하는 것이다.

4장과 6장에서 주장한 바와 같이 이른바 중국-러시아-이란 사이의 반미

동맹이 출현할 가능성은 많지 않지만, 미국이 중국을 다루는 방식에서 베이징을 그러한 방향으로 몰아가지 않는 것은 중요하다. 중국은 그와 같은 '반패권적' 동맹이 성립할 경우 핵심 고리가 될 것이다. 중국은 가장 강력하고 가장 역동적이며, 따라서 지도력을 행사하는 구성 부분이 될 것이다. 그러한 동맹은 좌절하고 불평을 품고 적대감을 품은 중국을 중심으로 해서만이 부상할 수 있을 것이다. 러시아나 이란은 그러한 동맹의 중심축이 될 만한 자원을 가지고 있지 않다.

따라서 미국과 중국 쌍방이 각기 다른 패권 지향적 국가에 지배되기를 원치 않는 지역에 대한 전략적 대화를 진행하는 것이 긴급히 요구된다. 그러나 진전을 이뤄 내려면 대화가 지속적이고 진지해야 한다. 그와 같은 대화의 과정에서 대만 문제나 인권 문제 같은 분쟁의 소지가 높은 쟁점이 좀 더 설득력 있게 다뤄질 수 있을 것이다. 민주화되고 번영된 중국만이 평화적으로 대만을 끌어안을 수 있기 때문에 중국의 내적 자유화 문제는 순전히 중국 내부의 문제가 아니라는 점을 더욱 설득력 있게 제시할 수 있을 것이다. 강제적인 통일의 시도는 미·중 관계를 위험에 빠뜨릴 뿐만 아니라 외국 자본을 끌어들이고 발전을 지속할 수 있는 중국의 역량에 역효과를 내게 할 것이다. 그 결과 지역적 주도권과 세계적 지위를 노리는 중국의 야심 자체가 희생되고 말 것이다.

비록 중국이 지역적 지배 국가로 부상한다 하더라도 6장에서 언급한 이유들로 인해 오랜 기간 세계적 지배 국가가 될 가능성은 없다. 세계적 강국으로서의 중국에 대한 착란적 공포가 중국 내에 과대망상을 키워 내고 있으며, 이것이 미국과 중국 사이의 악화되는 적대감에 대한 자기 충족적 예언의 원천이 되고 있다. 따라서 중국은 봉쇄되어서도 안 되고, 비위를 맞춰 주어서도 안 된다. 중국은 거대한—그리고 성공적인—개발 도상 국가로서 존중심을 가지고 대해야 한다. 극동에서뿐만 아니라 유라시아에서도 중국의 지정학적 역할은 대체로 성장하고 있다. 그러므로 중국을 세계 7개국 정상 회담(G-7)에 끌어들이는 것이 합리적이다. 특히 러시아가 포함된 이래로 정상 회담의 주제는 경제적인 것에서 정치적인 것으로 확대되었기 때문이다.

중국이 세계 체제에 통합되면 될수록 그리하여 정치적으로 둔감한 방식으로 지역적 패권에 기대는 것이 더 어려워지면 질수록 역사적 이해 관계를 지닌 지역에서 사실상 중국에 대해 '경의를 표하는 권역' (sphere of deference)이 출현하여 유라시아의 새로운 지정학적 구조의 일부가 될 가능성이 높다. 통일된 한국이 그러한 권역으로 기울지 여부는 (미국이 더 적극적인 노력을 기울여야 할) 한 · 일간의 화해 여부에 크게 달려 있다. 그러나 어떤 경우에든지 중국과의 조정 없는 한국 통일이란 기대하기 어렵다.

일정 시점에서 거대 중국은 필연적으로 대만 문제에 결의를 하라고 압박해 올 것이다. 그러나 중국이 국제 정치 · 경제 체제로 흡수됨에 따라 중국의 국내 정치 상황은 긍정적인 영향을 받게 될 것이다. 만일 중국의 홍콩 합병 이후 중국이 억압적이지 않다는 사실이 입증된다면, 대만에 대한 덩샤오핑의 공식인 '하나의 국가, 두 개의 체제'가 '하나의 국가, 여러 개의 체제'라는 식으로 재조정될 수 있을 것이다. 이것은 관련 당사자 사이에서 통일을 받아들일 만한 것으로 만들어 줄 것이다. 이것은 중국 자체의 정치적 변화 없이는 하나의 중국이 평화적으로 재구성되기가 불가능하다는 논지를 강화시켜 준다.

어떤 경우에든 역사적이고 지정학적인 이유로 인해 중국은 미국을 본연의 동맹국으로 간주해야 한다. 일본이나 러시아와는 달리 미국은 중국에 대해 어떠한 영토적 야심도 가진 적이 없다. 그리고 영국과는 달리 한 번도 중국에 모욕을 준 적이 없다. 더욱이 미국과의 전략적 합의가 살아 있지 않고서 중국은 계속해서 대규모 외국 자본을 끌어들일 수가 없는데, 이는 중국이 경제 성장을 지속할 수 없음을 의미하는 것이고, 나아가 지역적 주도권마저 획득할 수 없음을 의미하는 것이다. 마찬가지 이유에서 유라시아 동쪽에 대한 미국의 개입 같은 문제에 관해 미·중의 전략적 조정 없이는 아시아 본토에 대한 미국의 지정 전략도 있을 수 없다. 아시아 본토에 대한 지정 전략 없이는 유라시아에 대한 미국의 지정 전략도 있을 수 없다. 그러므로 미국의 입장에서 볼 때 더 큰 국제적 협력의 틀 안에 포섭된 중국의 지역적 힘은 유라시아의 안정을 확보하는 데 매우 중요한—유럽만큼이나 중요하고 일본 이상의 무게를 지닌—지정학적 자산이 될 수 있다.

그러나 유럽의 상황과는 달리 유라시아 대륙 동쪽의 민주적 교두보는 가까운 시일 내에 마련되지 않을 것이다. 그러므로 중국과의 전략적 관계를 심화하고자 하는 미국의 노력은 어디까지나 다음과 같은 사실을 먼저 인정하고 진행되어야 한다. 즉 미국에게는 민주적이고 경제적으로 성공한 일본이 태평양 방면에서 제일의 동반국이며, 세계적 수준에서도 핵심 동반국이라는 사실이다. 비록 스스로가 유발시키는 강한 지역적 반감으로 인해 아시아 지역의 지배 국가가 될 수 없다고 할지라도, 일본은 국제적인 지도 국가는 될 수 있다. 일본은 지역적 강국이 되려는 헛된 노력이나 그러한 노력이 빚어 낼 수 있는 잠재적 역효과를 회피하면서, 대신 새로운 세계적 관심사에 미국과 긴밀하게 협조해 나감으로써 세계적 영향력을 키워 갈 수 있을 것이다. 그러므로 미국의 정책 결정자는 일본을 그러한 방향으로 유도해야 할 것이다. 미국과 일본의 자유 무역 협정은 공동 경제 공간을 창출해 내면서 양국의 유대를 강화시킬 것이기 때문에 양국 모두 그 유용성을 면밀히 검토해 보아야 한다.

일본과의 긴밀한 정치적 유대를 통해서 미국은 중국의 지역적 야심이 함부로 표출되지 않도록 순화시킬 수 있을 것이다. 그 기초 위에서만 삼차원적 조정—미국의 세계 권력, 중국의 지역적 패권 그리고 일본의 국제적 지도력을 포괄하는—이 모색될 수 있을 것이다. 그러나 그와 같이 광범위한 지정 전략적 조정은 미 · 일 군사 협력의 현명하지 못한 팽창으로 잠식될 수 있다. 일본의 중심 역할은 극동 지역에서 미국의 불침 항공모함이 되는 것이 아니며, 아시아에서 미국의 주요한 군사적 동반자가 되거나 아시아의 지역적 패권 국가가 되는 것도 아니다. 이러한 오도된 노력은 자칫 미국을 아시아 본토에서 떼어 내는 결과를 초래할 것이며, 중국과의 전략적 합의에 도달할 수 있는 전망을 악화시킬 것이고, 결국 전체 유라시아에 걸쳐 지정학적 다원성을 공고히 하려는 미국의 역량에 손상을 입힐 것이다.

범유라시아 안보 체제

딘일 패권 국가의 출현 가능성을 배제하고 유라시아의 지정학적 다원성을 공고히 하는 일은 결국 21세기 초쯤 출현할 가능성이 있는 범유라시아 안보체제(TESS, Trans-Eurasian Security System)에 의해 급진전될 것이다. 이와 같은 범대륙적 안보 협약은 확대된 북대서양조약기구—러시아와 협력적 내용의 새로운 헌장으로 연결된—를 끌어안으면서, 중국과 일본—여전히 미국과는 쌍무적 안보 조약에 의해 연결되어 있을—을 포괄하는 것이다. 그러나 이러한 목적을 성취하려면 먼저 북대서양조약기구가 확대되는 한편 러시아를 더 큰 지역 안보 협력 체제 안에 끌어들여야 한다. 이에 덧붙여 미국과 일본은 극동 지역에서 중국을 포함하는 삼각 정치-안보 협의 체제를 가동시키기 위해 긴밀히 협의 · 협력해야만 한다. 미-일-중 사이의 삼각적 안보 협의는 궁극적으로 더 많은 아시아 국가를 참여시킬 수 있으며, 종국에는 이들과 유럽안보협력기구(OSCE) 사이의 대화로 발전할 수 있을 것이다. 또 이러한 대화는 다시 유럽 국가와 아시아 국가가 모두 참여하는 일련의 국제 회의를 위한 초석을 닦게 될 것이며, 범대륙적 안보 체제를 위한 제도화 과정의 시발점이 될 수 있을 것이다. 적절한 시기가 되면, 최초로 전대륙을 포괄하는 범유라시아 안보 체제를 지탱할 공식 구조가 모양새를 갖추게 될 것이다. 일단 앞서 언급한 바와 같은 정책이 필수적인 전제 조건을 마련해 주면, 그와 같은 체제의 모양새를 갖추는 일―그 실체를 규정하고 그것을 제도화하는 것―은 향후 10년간 주요한 건설적 이니셔티브가 될 수 있을 것이다. 그와 같이 폭 넓은 범대륙적 안보 체제의 틀 안에는 세계의 안정에 영향을 미치는 주요 쟁점을 효과적으로 처리하기 위하여 유라시아의 주요 국가가 참여하는 안보상임위원회가 설치될 수 있을 것이다. 미국, 유럽, 중국, 일본, 러시아연합 그리고 인도를 포함해 몇몇 다른 국가가 이처럼 더욱 구조화된 범대륙적 체제의 중심으로 기능할 수 있을 것이다. 궁극적으로 TESS의 출현은 점차로 미국의 짐을 덜어 주는 한편, 안전판이자 중재자로서 미국의 결정적 역할을 영속시켜 줄 것이다.

마지막 세계 초강대국을 넘어서

길게 볼 때 세계 정치는 점차 단일 국가의 손에 패권이 집중되는 쪽과는 거리가 멀게 발전하고 있다. 그러므로 미국은 최초의 진정한 세계 초강대국일 뿐만 아니라 유일한 세계 초강대국이고 마지막 세계 초강대국이다.

왜냐하면 민족 국가들이 갈수록 더욱 삼투적이 될 뿐만 아니라 권력으로서의 지식이 더 확산되고 더 공유되며 국경에 의한 제약도 훨씬 덜 받기 때문이다. 경제력 또한 더 넓게 분포되고 있다. 앞으로는 1945년의 미국이 그러했던 것처럼 단일 국가가 전세계 GDP의 50퍼센트 이상을 차지하는 일은 없을 것이며, 20세기의 미국이 그러했던 것처럼 단일 국가가 전세계 GDP의 30퍼센트 가량을 차지하는 일도 없을 것이다. 10년 후 미국은 전세계 GDP의 20퍼센트 가량을 차지할 것이며, 2020년까지 미국의 점유분은

10퍼센트 내지 15퍼센트까지 하락하게 될 것이다. 같은 기간중 유럽, 중국, 일본 등이 차지하는 비중은 미국이 차지하는 정도만큼 상승될 것이다. 단일 국가가 20세기 미국이 누렸던 바와 같이 전세계적으로 우월한 경제력을 갖는 일은 없을 것인 바, 이것이 지니는 군사적·정치적 함의 또한 명확하다.

더욱이 미국 사회가 지닌 다국적이고 예외적인 성격은 미국으로 하여금 자신의 패권이 엄격하게 국가적인 것처럼 보이지 않게 하면서 그것을 쉽게 보편화할 수 있게 해 주고 있다. 예를 들면 세계 제일의 지위를 추구하는 중국의 노력은 다른 국가의 눈에 국가적 패권을 강요하는 것처럼 보일 수밖에 없다. 더 간단히 말해서 누구나 미국인이 될 수 있지만, 오직 중국인만이 중국인이 될 수 있다. 본질적으로 국가적인 성격을 지닌 세계적 헤게모니가 수립되기에는 심각한 장벽이 가로놓여 있다.

따라서 일단 미국의 지도력이 쇠퇴하기 시작하면 현재 미국이 구가하는 세계적 지위가 다른 단일 국가에 의해 되풀이되리라고 보이지는 않는다. 그러므로 미래에 있어 주요한 문제는 "미국이 오랫동안 구가했던 일등적 지위를 통해 세계에 남겨 준 유산이 무엇인가?" 하는 것이 될 것이다.

이러한 질문에 대한 대답은 부분적으로 얼마나 오랫동안 그러한 일등적 지위가 지속될 것이며, 미국이 앞으로 더 제도화될 수 있는 주요 국가간의 협력 관계를 얼마나 열성적으로 형성해 내는가에 달려 있다. 사실상 미국이 자신의 세계적 권력을 건설적으로 활용할 수 있는 역사적 기회는 국내외적 이유로 인해 매우 짧을 수 있다. 과거에 진정으로 대중적인 민주주의 국가는 결코 국제적인 일등적 지위를 획득하지 못했다. 그와 같은 지위를 획득하는 데 요구되는 바 권력에 대한 추구와 경제적 비용 그리고 인명의 희생은 민주적 감각과 양립할 수 없다. 민주화는 제국적 동원에 도움이 되지 않는다.

미국이 제일의 초강대국으로서 자신의 권력을 행사할 능력이 없거나 그러한 의지가 없을 때 미래는 매우 불확실할 수밖에 없다. 만일 미국이 무기력한 세계 강국이 된다면? 미국인에게 벌인 한 여론 조사에 따르면 얼마 되지 않는 사람(13퍼센트)만이 "미국이 유일 강대국으로 남아 있으면서 국제 문제를 해결하는 세계 지도국의 역할을 계속해야 한다"는 제안에 찬성하고 있다. 압도적 다수(74퍼센트)는 미국이 "다른 나라와 더불어 국제 문제를 해결하려는 노력을 분담해야 한다"는 제안을 선호하였다.[4]

더욱이 점차 미국이 다문화적 사회가 됨에 따라, 대규모적이고 광범위한 외부의 직접적 위협이 가해지는 경우를 제외하고는 대외 정책에 합의를 도출하기가 더욱 어려워지고 있다. 그러한 합의는 제2차 세계대전 기간 내내 존재했으며 냉전 기간에도 지속되었다. 그러나 그와 같은 합의는 깊게 공유해 오던 민주적 가치—위협을 받고 있다고 느꼈던—에 뿌리 박고 있었을 뿐만 아니라 적대적인 전체주의에 희생되어 온 유럽인에 대한 문화적 · 인종적 친화성에 기반하고 있었다.

비견될 만한 대외적 도전이 부재한 상황에서 미국 사회는 중심 신조에 직접으로 관련되지 않고, 광범위한 문화 · 인종적 동감을 자아낼 수 없으면서 값비싼 제국적 개입을 요구하는 대외 정책에 합의하기가 더욱 어려워지고 있다. 만일 이견이 있다면 냉전에서 미국의 역사적 승리가 지니는 의미에 관한 두 가지 극단적 견해가 정치적으로 더 큰 설득력을 지닐 수 있을 것이다. 한편으로 냉전의 종언을 미국의 세계적 지위에 미칠 영향에 상관없이 미국의 세계적 개입을 대폭 감축해야 하는 근거로 이해하는 견해가 있는가

---

4) "An Emerging Consensus—A Study of American Public Attitudes on America' s Role in the World" (College Park: Center for International and Security Studies at the University of Maryland, 1996년 7월). 스티븐 컬(Steven Kull)의 주도로 같은 센터에서 실시한 1997년 초의 연구에 주목할 필요가 있다. 약간 상이한 이 연구 결과에 따르면, 상당 정도의 사람들이 북대서양조약기구의 확장에 찬성하고 있다.(62퍼센트가 찬성하였으며, 그 중 27퍼센트는 강력한 찬성 의사를 표시하였다. 단지 29퍼센트만이 이에 반대하였고, 그 중 14퍼센트는 강력한 반대 의사를 표시하였다.)

하면, 다른 한편으로 미국이 자신의 주권을 양도하면서까지 국제적 다원주의를 진정으로 추구해야 할 시기가 되었다는 인식 또한 존재한다. 이 극단적 견해들은 각기 다른 유권자의 지지를 받고 있다.

더 일반적으로 미국 내의 문화적 변화는 점차 제국적 권력의 대외적 행사와는 양립할 수 없는 방향으로 나아가고 있다. 그와 같은 권력의 행사는 높은 수준의 교조적 동기 부여와 지적인 노력 그리고 애국적 만족을 필요로한다. 그러나 이 나라의 지배 문화는 점차 개인적 물신성과 사회 도피적 주제에 지배되어 온 대중적 오락에 빠져들고 있다. 이러한 현상이 축적된 결과 미국의 대외 지도력 행사를 위해 요구되는 합의 도출이 점차 더 어려워진다. 대중 매체는 이 점에서 특히 중요한 역할을 수행함으로써, 낮은 수준의 희생을 동반하는 선택적 폭력 사용에 대해서마저 강한 반감을 자아내고있다.

미국과 서유럽은 공히 사회적 물신주의에 따른 제어하기 어려운 문화적 영향과 더불어 종교에 기반한 중심 가치가 극적으로 쇠퇴하는 현상에 직면해 있다.(이 점은 1장에서 요약한 바와 같은 제국 체제의 쇠퇴기에 나타나는 현상과 놀랍게도 유사하다.) 이에 따른 문화적 위기는 마약의 확산이나 물질적 기대 수준을 만족시킬 만큼 증대되지 못하는 경제 성장률 등에 의해 더욱 복잡해지고 있다. 그 반면 소비에 우선 순위를 두는 문화의 결과, 물질적 기대 수준은 계속 높아만 간다. 역사적 우려감, 심지어는 비관주의가 서구 사회의 주요 분야에서 뚜렷해지고 있다고 말하는 것은 결코 과장이 아니다.

거의 반 세기 전, 한스 콘(Hans Kohn)이라는 저명한 역사가가 양차 세계 대전의 비극적 경험을 목도하고 전체주의적 도전의 부정적 영향에 주목하면서 서방 세계가 "피곤에 지쳐 소진해 있다"라고 우려한 바 있다.

"20세기의 인간은 19세기의 선조에 비해 자신감이 떨어진다. 20세기의 인간은 역사의 어두운 권력을 몸소 체험한 목격자이다. 광신, 절대적 독재자, 노예제와 대량 살상, 대규모 인구 이동, 무자비와 야만 등 과거에 속해 있는 것처럼 보였던 일이 다시 나타나고 있다."[5]

자신감의 결여는 냉전 종식 이후에 광범위하게 나타나는 현상으로 말미암아 더욱 심화되고 있다. 합의와 조화에 기초한 '신세계 질서'(new world order) 대신 '과거에 속한 것처럼 보였던 일들'이 갑자기 미래의 모습이 되고 있는 것이다. 인종적 · 민족적 분규가 더 이상 커다란 전쟁으로 발전될 위험은 없지만, 세계의 주요 지역에서 평화를 위협하고 있다. 따라서 전쟁은 가까운 시일 내에 폐기될 것 같지 않다. 더 많은 혜택을 누려 온 국가들이 자멸에 이를 수 있는 높은 기술 역량과 자기 이익에 갇혀 있는 동안, 전쟁은 단지 이 세계의 가난한 인민의 전유물이 될지도 모른다. 가까운 시일 내에 전세계 3분의 2에 달하는 가난한 인류는 더 이상 특권을 누리는 사람들이 만들어 놓은 제약을 따르지 않을지도 모른다.

현재까지는 국제 분쟁과 테러 행위가 뚜렷하게 대량 살상 무기를 사용하지 않고 진행되어 왔다. 이러한 자기 통제가 어느 정도까지 지속될지는 예측할 수 없지만, 국가들만이 아니라 단체들까지도 접근하기가 쉬워진 대량 살상 무기 ― 핵무기와 세균 무기 ― 가 사용될 가능성은 더 커지고 있다.

요약하면 세계 제일의 국가로서 미국은 좁은 역사적 기회의 창문 앞에 서 있다. 상대적으로 세계 평화가 지속되고 있는 현재는 오래 가지 않을지도 모른다. 이와 같은 전망은 미국이 세계 문제에 개입해야 할 필요성을 더욱 절박하게 만드는데, 미국의 개입은 국제적으로 지정학적 안정성을 공고히 하고 서방 세계의 역사적 낙관주의를 부활시키는 데 초점을 맞추어야 한

---

5) Hans Kohn, *The Twentieth Century* (New York, 1949), p. 53.

다. 역사적 낙관주의는 대내적인 사회적 도전과 대외적인 지정학적 도전을 동시에 다룰 수 있는 역량을 보여 줄 때 가능한 것이다.

그러나 서방의 낙관주의와 서양적 가치에 대한 보편주의에 다시 불을 붙이는 것은 전적으로 미국과 유럽에만 달려 있는 문제가 아니다. 일본과 인도는 각기 고도로 발전된 아시아적 환경에서나 발전도상에 있는 아시아적 환경에서 인권 개념과 민주적 가치가 여전히 유효하다는 것을 보여 준다. 그러므로 일본과 인도에서 민주주의가 지속적으로 성공한 것은 미래 세계의 정치 구도와 관련해 더욱 자신감을 갖게 해 주는 지대한 중요성을 지니고 있다. 남한과 대만의 경험과 더불어 이들의 경험은 중국의 지속적 경제 성장이, 국제 체제에 더 깊게 편입되며 가해지는 변화에 대한 외부 압력과 맞물리면서 중국 체제의 진보적 민주화를 낳을 것이라는 점을 시사해 준다.

이러한 도전에 직면하는 것은 미국의 짐인 동시에 독특한 책무이다. 미국적 민주주의의 실상을 감안할 때 이러한 도전에 효과적으로 대응하기 위해서는 더욱 안정적인 지정학적 협력의 틀을 형성하는 데 미국이 계속 힘을 행사하는 것이 지니는 중요성을 대중에게 이해시킬 필요가 있다. 미국이 계속해서 힘을 행사하는 것은 전지구적 무정부 상태를 피하는 동시에 새로운 강국의 출현을 효과적으로 저지하는 데 매우 긴요한 것이기 때문이다. 이러한 두 가지 목표—전지구적 무정부 상태를 피하고 경쟁적 강국의 출현을 막는 것—은 미국의 세계적 개입이 지녀야 할 장기 목표, 즉 전세계의 지정학적 협력 체제를 만들어 내고 지속시키는 문제와 불가분의 관계에 있다.

불행하게도 냉전 체제의 해체와 더불어 미국이 가져야 할 새로운 목표를 세우려는 노력은 지나치게 일차원적으로 이루어졌다. 인간 조건을 향상시키고자 하는 요구와 세계적으로 미국의 중심성을 보존해야 하는 필요성을 적절하게 결합하는 데 실패했던 것이다. 최근의 몇몇 노력을 예로 들 수 있다. 클린턴 행정부 출범 이후 2년 동안 '확고한 다자주의'(assertive multilateralism)를 옹호한 것은 현존 권력의 기본 실체를 제대로 고려하지 못한 것이다. 이 후 미국이 세계적 수준의 '민주적 확장'(democratic enlargement)에 초점을 맞추어야 한다는 관념은 또 세계의 안정을 유지하는 것과 중국 같은 나라와 어느 정도 방편적인 권력 관계(유감스럽게도 '민주적'이지는 않지만)를 유지하는 것이 미국에 중요하다는 점을 적절하게 고려하지 못한 것이다.

미국의 중심 목표와 마찬가지로 그보다 구체적인 목표를 표방했던 정책, 이를테면 전세계적 소득 분배의 불평등을 청산하는 것, 러시아와의 '성숙한 전략적 동반 관계'를 형성하는 것 그리고 무기의 확산을 방지하는 것 등은 오히려 더 만족스럽지 못했다. 다른 대안—미국이 환경 보호에 집중해야 한다거나, 더 구체적으로 국지전에 개입해야 한다는 것 등—또한 세계 권력의 중심 실체를 무시한 것이다. 그 결과 전술한 것 중 어떤 도식도 미국의 헤게모니를 연장시킴과 동시에 국제적 무정부 상태를 효과적으로 방지하는 근본 토대로서 세계적 수준에서 최소한의 지정학적 안정성을 창출해내야 한다는 필요성에 부응하고 있지 못하다.

요약하자면 미국의 정책 목표는 이원적이어야 한다는 점에 이론의 여지가 없다. 한편으로는 적어도 한 세대 내지 그 이상에 걸쳐 미국의 지배적 지위를 지속해 나아가야 하며, 다른 한편으로는 평화적인 세계 경영을 위한 책임을 공유하는 지정학적 중심을 형성함으로써 불가피한 정치·사회적 충격과 긴장을 흡수할 수 있는 지정학적 틀을 만들어 내야 한다는 것이다. 미국의 격려와 중재 속에 주요 유라시아 국가간의 협력이 점차 증대되는 기간을 통해 궁극적으로는 갈수록 노후하는 현존의 유엔 구조를 새롭게 향상시키는 전제 조건이 마련될 수 있다. 1945년과는 극적으로 달라진 세계 권력의 분포를 반영하는 새로운 책임과 특권의 분배가 이루어질 수 있을 것이다.

이러한 노력은 훨씬 더 전통적인 민족 국가 체제의 외부에서 기하급수적으로 성장하는 새로운 세계적 연대의 거미망으로부터 부가적인 역사적 혜택을 누리게 될 것이다. 이러한 거미망은—다국적 기업, NGO(비정부 기구로서 이 중 상당수는 국제적 성격을 지니고 있다), 그리고 학문적 공동체로 짜여 있고, 인터넷에 의해 강화되고 있다—이미 비공식적 지구 체제를 창조하고 있으며, 이는 더욱더 제도화되고 포괄적인 지구 협력과 충분히 부합하는 것이다.

그러므로 향후 수십 년에 걸쳐서, 지정학적 현실에 기초한 전지구적 협력의 기능적 구조가 출현, 당분간 세계의 안정과 평화를 위한 책임의 몫을 담당하다가 차차로 전세계를 수렴청정하게 될 것이다. 이러한 대의를 향한 지정 전략이 성공하는 것이야말로 미국이 최초의 세계 초강대국이자 최후의 세계 초강대국으로서의 지위를 통해 남겨 놓아야 할 대표적 유산일 것이다.

해제
즈비그뉴 브레진스키의 사상과 활동

이 책의 저자 즈비그뉴 브레진스키(Zbigniew K. Brzezinski)의 사상과 활동은 크게 세 시기로 나누어 고찰해 볼 수 있다. 첫째는 폴란드에서 출생하여, 하버드 대학과 콜럼비아 대학의 교수를 거쳐 카터 행정부와 인연을 맺게 될 때까지의 시기이며, 둘째는 카터 행정부에서 활동하던 시기이고, 셋째는 카터 행정부에서 물러나온 뒤 현재까지의 시기이다.

브레진스키는 1928년 3월 28일 폴란드의 바르샤바에서 출생하여, 1949년 캐나다의 몬트리올에 있는 맥길(McGill) 대학에서 학사 학위를 취득하였다. 이듬해 같은 대학에서 석사 학위를 받은 브레진스키는 불과 3년 만인 1953년 하버드 대학에서 박사 학위를 받고, 1955년 결혼하여 1958년 미국 시민이 되었다. 브레진스키는 1953년 박사 학위를 취득한 이후 모교에서 6년 동안 연구원 및 교수 생활을 하면서 소련 체제에 대한 강한 비판 의식을 보여 준 몇 권의 연구서를 집필 또는 편집하였다. 특히 1956년에 출간된 『영원한 숙청』(*The Permanent Purge: Politics in Soviet Totalitarianism*)은 소련 체제에 대한 브레진스키의 강한 반감을 잘 반영하고 있다.[1]

---

1) Zbigniew K. Brzezinski, ed., *Political Controls in the Soviet Army: A Study Based on Reports by Former Soviet Officers*, by Vyacheslav P. Artemyev (and others) (New York: Research Program on the U.S.S.R., 1954); Zbigniew K. Brzezinski, *The Permanent Purge: Politics in Soviet Totalitarianism* (Cambridge: Harvard University Press, 1956).

브레진스키는 1960년 모교인 하버드 대학 출판부에서 그의 출세작이라고 할 수 있는 『소련 진영: 통합과 갈등』(The Soviet Bloc: Unity and Conflict)을 출간하였다.[2] 이 책에서 보여 준 브레진스키의 문제 의식은 1978년 소련의 균열과 붕괴를 예측함으로써 일약 세계적 명성을 얻게 된 프랑스의 여류학자 엘렌 까레르-당꼬스(Hélène Carrère-d' Encausse)의 문제 의식과도 흡사한 것이었다. 두 사람은 모두 어린 시절 소련 진영에서 서방 진영으로 넘어와 자신들의 역사적 경험에 기초한 공산 체제 분석으로 명성을 얻었다는 공통점을 지니고 있다.[3]

1960년 브레진스키는 뉴욕의 콜럼비아 대학으로 자리를 옮김으로써 인생의 새로운 전기를 맞이하였다. 콜럼비아 대학에서 1977년까지 교수로 봉직하는 동안 브레진스키는 수시로 미 국무부의 정책 자문역을 맡았고, 1966년부터 1968년 사이에는 국무부 정책기획국의 일원으로 활동하였다.[4] 특히 뉴욕 소재 콜럼비아 대학에서 일하는 동안 브레진스키는 삼각위원회의 책임자가 되면서 인생의 중요한 전기를 맞게 된다.

삼각위원회는 1973년 7월 세계 경제의 안정을 추구한다는 목적으로 록펠러 가(家)의 5형제 중 막내였던 데이빗 록펠러(David Rockefeller)의 주도로 설립되었다. 형 넬슨 록펠러가 대통령 후보 지명 가능성을 지닌 공화당 행정부의 부통령으로서 막강한 정치적 영향력을 지닌 인물이었다고 한다면, 동생 데이빗 록펠러는 이미 1960년 45세의 나이로 체이스 맨해턴 은

2) Zbigniew K. Brzezinski, *The Soviet Bloc: Unity and Conflict* (Cambridge: Harvard University Press, 1960).
3) Hélène Carrère-d' Encausse, *L' Empire eclaté: La revolte des nations en U.R.S.S.* (Paris: Flammarion, 1978). 소련의 소수 민족이었던 그루지아 출생의 까레르-당꼬스는 여덟 살 때 부모를 따라 프랑스로 이주한 개인사적 경험을 바탕으로, 소련이 소수 민족 문제를 극복하지 못한 채 거북이 등처럼 금이 가 있고, 그 균열이 소련 체제 붕괴의 원인을 제공할 것이라는 점을 정확히 예측함으로써 세계적 명성을 얻었다.
4) John E. Findling, *Dictionary of American Diplomatic History* (London: Greenwood Press, 1989), pp. 86~87.

행(Chase Manhattan Bank)의 총재로 임명되어 재계에서 막강한 영향력을 행사하던 친민주계 성향의 인사였다. 1970년대 초반의 경제 위기 상황에서 체이슨 맨해턴의 정점에 서 있던 친민주계 성향의 데이빗 록펠러가 일찍이 프랭클린 루즈벨트가 제창한 뉴딜(New Deal)적 패러다임에 입각하여 미국 경제 전체의 안정은 물론 세계 경제 전체의 안정을 수호하는 것이 자신의 의무라고 생각한 것은 어쩌면 지극히 당연한 일이었다.[5]

처음 데이빗 록펠러가 구상했던 삼각위원회는 항구적인 성격의 조직은 아니었다. 데이빗 록펠러는 이 모임의 운영 기한을 1976년 중반까지 3년 동안으로 상정하였다. 브레진스키는 이 기간중에 책임자가 되어 삼각위원회의 토대를 닦았고, 삼각위원회는 1979년 중반까지 다시 3년간 활동 기한을 연장하리만큼 성황을 이루었다. 훗날 약 300명에 달하는 회원 수를 기록하기도 했던 삼각위원회는 설립 당시 약 200명의 회원으로 시작되었다. 여기에는 미국, 캐나다를 묶은 북아메리카 지역의 재계 · 관계 · 학계의 지도급 인사 70여 명, EC권 국가와 노르웨이를 합친 유럽 지역 및 일본의 재계 · 관계 · 학계의 지도급 인사 60여 명 등이 포진하고 있었다.[6]

---

5) Peter Collier and David Horowitz, *The Rockefellers: An American Dynasty* (New York: Holt, Rinehart and Winston, 1976), pp. 407~408. 1974년 초 데이빗 록펠러가 재무부장관 자리를 고사했을 당시, 체이스 맨해턴 은행을 통해 데이빗 록펠러가 깊숙이 간여한 일부 기업들의 면면을 보더라도 그의 영향력이 어느 정도였는지 짐작할 수 있을 것이다. 그것은 록펠러 가의 상징적 기업인 Standard Oil of New Jersey가 간판을 바꾸어 단 Exxon을 필두로 하여 Shell Oil, Standard Oil of Indiana, AT & T, Honeywell, CBS, Jersey Standard, Atlantic Richfield, United Airlines, IBM, Motorola, Safeway 등이었다.(같은 책, pp. 407~408) 국가와 기업을 통괄하는 1976년의 총생산지수 지표로 볼 때, Exxon은 오스트리아(25위)나 덴마크(29위) 그리고 한국(42위)보다 앞서는 23위를 차지하고 있었고, Shell은 31위, IBM은 뉴질랜드(65위)보다 앞서는 53위를 차지했다. Holly Sklar, "Trilateralism: Managing Dependence and Democracy: An Overview," Holly Sklar, ed., *Trilateralism: The Trilateral Commission and Elite Planning for World Management* (Boston: South End Press, 1980), p. 4.
6) Holly Sklar, "Trilateralism: Managing Dependence and Democracy: An Overview," Holly Sklar, ed., *Trilateralism*, p. 2; Holly Sklar and Ros Everdell, "Who's Who on the Trilateral Commission," Holly Sklar, ed., *Trilateralism*, pp. 90~131.

처음 데이빗 록펠러가 삼각위원회를 설립한 배경에는 원유를 헐값에 사들인 뒤 이를 상품화하여 폭리를 취하는 이른바 '세븐 시스터즈'(Seven Sisters)[7]에 대한 산유국의 점증하는 반감과 연대에 공동 대처하자는 전략적 고려가 깔려 있었다. 비록 록펠러 가의 석유 회사는 원유 파동 와중에서 막대한 단기 이익을 챙길 수 있었지만, 원유 파동을 통해 막대한 이윤을 챙긴 것에 대한 사회적 지탄 또한 만만치 않았다. 무엇보다 데이빗 록펠러는 장기적인 경제 불황이 자본주의 체제 전반에 몰고 올 위험성을 직시하고 있었다. 이러한 위험성을 극복하기 위해서는 일개 국가가 개별 자본가들의 상충하는 이해 관계를 초월하여 공존의 기반을 마련해 주는 '이상적 총자본가'(Ideal Collective Capitalist)로서 기능하듯이, 각 국가간의 상충하는 이해 관계를 초월하여 공존의 기반을 마련해 줄 수 있는 세계적 협력체가 요구되었디.

삼각위원회는 그와 같은 협력체의 필요성을 다음과 같이 강조하면서, 세계 전체의 안정에 긴요한 자본주의 삼각 체제간의 긴밀한 협력과 조정의 역할을 자임하였던 것이다. "대다수 국가의 대중과 지도자는 이미 사라져 버린 심정적 세계(mental universe), 즉 개별 국가들로 구성된 세계 안에 살고 있고, 세계적 전망과 상호 의존의 관점에서 사고하는 데 커다란 장애를 지니고 있다.[8] 삼각위원회가 창설된 또 다른 배경에는 닉슨의 관세 정책과 통상 정책 그리고 외교 정책 일반이 빚어 낸 EC권 국가의 미국에 대한 의구심이 자리 잡고 있었다. 전후 미국의 냉전 정책은 대서양주의의 기치 아래 미국과 서유럽의 연대를 통해 범슬라브주의적 팽창을 봉쇄하는 것이었다. 그러나 닉슨-키신저 팀의 정책은 전통적인 우방들을 경시하고 대신 소련과

---

7) 이에 관해서는 Anthony Sampson, *The Seven Sisters: The Great Oil Companies and the World They Made* (London: Hodder and Stoughton, 1975).

8) "Toward a Renovated International System," *Trilateral Task Force Report* (1977), Holly Sklar, ed., *Trilateralism*, p. 3.

공산 중국에 밀착하는 것이 아닌가 하는 우려를 자아내고 있었다. 그리고 이들은 일본을 이 서유럽 우방의 개념에 포함시켰다.

브레진스키는 이러한 서방 동맹국의 우려를 불식시키면서, "앞으로의 정책은 무엇보다 구(歐)·미·일 삼각 관계에 최우선 순위를 두어야 한다"고 말하면서, 그것은 바로 이 세 지역이야말로 서로 이해하기 쉬운 비슷한 가치관을 가졌으며 상호 협조할 수 있는 정치적 요건을 갖추고 있기 때문이라고 주장하였다.

북미(미국, 캐나다)와 서유럽과 일본, 이 세 정점을 묶는 서방 부자 나라의 클럽이자 연구 조직으로 등장한 삼각위원회의 대강을 마련했던 인물이 데이빗 록펠러였다고 한다면, 브레진스키는 삼각위원회의 이론적 지주이자 운영 책임자(Director)로서 역할을 담당했다. 닉슨 치하에서 외교 제왕으로 군림했던 키신저가 형 넬슨 록펠러계의 사람이었다면, 브레진스키는 아우 데이빗 록펠러의 적극적인 후원을 받고 있었다. 즈비그(Zbig)라는 애칭으로 불리기도 했던 그는 삼각위원회에 참여할 미국측 인사를 불러모으는 데 핵심 역할을 담당했다. 흔히 이 삼각위원회에서의 인연으로 브레진스키가 카터 행정부에 스카우트된 것으로 묘사되기도 하지만, 사실은 브레진스키에 의해 남부의 무명 주지사였던 카터가 동부 엘리트층의 배타적 살롱으로 발탁(co-opt)된 측면이 없지 않다.[9] 삼각위원회 시절부터의 연고로 사이러스 밴스(Cyrus Vance)와 브레진스키가 미국의 대외 정책을 담당할 인물로

---

9) 공화당과 민주당 양당에서 각각 한 명씩 주지사를 영입하기로 했던 상황에서 브레진스키의 관심은 남부 지역을 대표할 만한 두 명의 주지사에게 집중되었다. 처음 브레진스키는 카터보다 전국적 지명도가 높은 플로리다 주의 뢰벤 아스큐(Reuben Askew)에게 더 많은 관심을 보였으나, 조지아 주의 경제 문제 해결에 기여한 카터의 명성을 고려, 세계 경제 안정을 목적으로 하는 삼각위원회로의 초대장은 최종적으로 지미 카터에게 보내졌다. Lawrence X. Clifford, "An Examination of the Carter Administration's Selection of Secretary of State and National Security Adviser," Herbert D. Rosenbaum and Alexej Ugrinsky, ed., *The Presidency and Domestic Policies of Jimmy Carter* (Westport, Conn.: Greenwood Press, 1994), p. 6.

부각되었다.

1977년 지미 카터 신임 대통령은 브레진스키를 국가안보담당 특별보좌관으로 임명했고, 동시에 브레진스키는 국가안보회의(NSC) 의장으로서 활약했다. 카터 행정부하에서 자타가 공인하는 공산주의 전문가였던 그는 국무장관 사이러스 밴스에 비해 소련에 훨씬 비관적이고 부정적인 입장을 취하였다. 일찍이 안보보좌관이었던 키신저가 로저스 국무장관을 축출했던 것과 마찬가지로, 브레진스키가 밴스를 대신해서 미국의 대외 정책을 주도하리라는 점은 이미 예견되고 있었다. 브레진스키는 카터가 중시하는 인본주의적 목표의 달성을 위한 선결 조건으로서 미국의 군사적 능력을 확립할 것을 촉구했고, 이것은 브라운(Harold Brown) 국방장관의 강력한 지지를 받았다.[10]

브레진스키가 관장하는 국가안보회의(NSC)에는 두 개의 상설 위원회가 설치되었다. 하나는 정책검토위원회(Policy Review Committee)였고, 다른 하나는 특별조정위원회(Special Coordinating Committee)였다. 이것은 과거 키신저가 7개에 달하는 위원회를 두고 각 위원회를 통괄하던 정책 결정 과정을 근본적으로 수정한 것이었다. 키신저는 국가안보회의를 싱크 탱크(Think Tank)로만 활용하는 것이 아니라, 외교 정책도 만들어 내고 외교 협상도 하는 다기능 기구로 정착시켰던 것이다. 브레진스키는 키신저 시절보다 국가안보회의의 규모를 축소시켰고, 키신저에 비해 대중과의 접촉을 피하는 스타일을 보였다.

브레진스키는 국제 체제의 다극화에 대응하는 정책 수립을 위해 부심하였다. 그가 주도했던 삼각위원회의 주된 목표 또한 서유럽과 일본에 대해 '우정의 대가'(the Price of Friendship)를 요구하는 것이었다.[11] 이것은 자

---

10) 제임스 E. 도거티 · 로버트 L. 팔츠그라프, 『미국외교정책사』, 이수형 옮김(서울: 한울아카데미, 1997), 413쪽.

본주의적 발전을 이룩한 이들 두 지역이 기존의 무임 승차(free ride)의 자세에서 벗어나 자본주의 세계 질서의 유지에 드는 비용을 적극 분담하는 것을 의미했다. 브레진스키가 카터 대통령을 위해 준비한 정책 보고서에서 흔히 첫머리를 차지한 것은 바로 이 주요 동맹국(key partners)과의 정치·경제적 협력을 고양하는 문제였다.[12]

1979년 이후 미국은 카터 행정부가 표방한 인권 정책의 선한 의향(good intentions)에도 불구하고 지나친 대가(high cost)를 강요당한다고 느끼고 있었다.[13] 제3세계 인민 속에서는 카터의 인권 정책을 위선적인 정책으로 파악하는 경향이 높아졌다. 아프가니스탄에서 공산주의자가 집권한 사태(1978년 4월), 또 중국의 지원을 받은 크메르 루즈가 월남에 패배한 일(1978년 12월), 이란의 팔레비가 실각하고 반미적인 호메이니가 집권한 것(1979년) 그리고 그레나다와 니카라과에서 각각 친쿠바 세력과 친소련 세력이 집권한 사실 등 전반적인 세계 정세는 비둘기파인 밴스 쪽의 입지를 약화시켰다. 브레진스키의 입장은 강화되었고, 공산 중국과의 관계 정상화 역시 중국 승인이 소련에 압박을 가해 소련을 더 유화적으로 만들 것이라고 본 브레진스키적 관점이 관철된 결과였다. 1979년의 캠프 데이빗 협정(Camp David Accord)도 역설적으로 브레진스키의 입지를 강화해 주었다. 캠프 데이빗 협정의 결과 아랍의 반이스라엘 동맹축이 붕괴되었고, 특히 이 협상 과정에서 소련이 소외된 사실을 두고 브레즈네프가 분개한 것은 미·소 관계를 악화시키는 요인으로 작용하였다. 소련은 '이집트의 배신'을 만회하기 위해 아랍 국가에게 반이스라엘 감정을 고취하는 정책을 폈

---

11) 이 표현은 브레진스키의 책에서 따온 것이다. Zbigniew Brzezinski, *Power and Principle: Memoirs of the National Security Adviser, 1977~1981* (New York: Farrar, Straus, Giroux, 1983), ch. 8 "The Price of Friendship."

12) Brzezinski, *Power and Principle*, p. 289.

13) Brzezinski, *Power and Principle*, pp. 144~145.

고, 이것이 다시 미국의 반소 여론을 자극하는 악순환을 초래했던 것이다.

중국을 비롯한 제3세계에 대한 카터 행정부의 외교 정책은 미·소의 대립을 심화시켰을 뿐만 아니라 카터 외교 정책의 양대 기둥이었던 밴스와 브레진스키 사이의 대립 또한 격화시켰다.[14] 밴스와 브레진스키의 대립은 크게 두 측면에서 나타나고 있었다.

첫째, 밴스는 소련을 데탕트 강화의 파트너로 생각했고, 중국을 주요 대상으로 간주하지 않았다. 왜냐하면 미·소 대립의 틈을 이용해 중국이 자신의 이익만 추구하고 결과적으로 미국은 이용만 당할 가능성이 크다고 보았기 때문이다. 그래서 현실주의적 관점에서 소련의 존재를 인정하고 소련 대외 정책의 개선을 기대하는 전략을 사용하자는 것이 밴스의 견해였다.[15] 이에 반해서 브레진스키는 소련의 대외적 행태가 개선되는 것은 불가능하다고 보았다. 그는 소련의 패배만이 유일한 해결책이기 때문에 미국은 군사력을 증강하고 북대서양조약기구를 활성화하는 한편, 공산 중국을 미국측으로 끌어들여 소련에 압력을 가하면서 제3세계와 동구에서 소련의 영향력을 약화시켜야 한다고 주장했다.

둘째, 밴스는 닉슨과 키신저의 데탕트 정책이 실패한 것은 정책적 관심이 지나치게 소련과 중국에만 집중되어 제3세계의 폭발적인 변화, 제3세계의 민족주의, 개혁주의를 올바로 파악하지 못한 데 있다고 비판하였다. 즉 제3세계의 혁명적 기운이 존재하고 확대되는 현실에서 기존의 인식 태도로는 데탕트의 진정한 정착을 기할 수 없다는 것이 그의 주장이었다.[16] 이에 대해 브레진스키는 제3세계의 혁명적 운동은 모두 소련의 사주 내지는 묵인하에 일어난다는 음모 이론적 관점을 갖고 있었다. 따라서 밴스와 달리

---

14) 권용립, 『미국대외정책사』, 628~629쪽.
15) Cyrus Vance, *Hard Choices: Critical Years in America's Foreign Policy* (New York: Simon and Schuster, 1983).
16) Ibid., pp. 23~24.

브레진스키는 소련에 대한 공개적 비난을 주저하지 않았고, 소련이 국내의 정치적 취약성을 만회하기 위해 모험적인 대외 정책을 구사하는 만큼 미국은 이에 강경하게 대처해야 한다는 논리를 견지하였다.[17]

이란 주재 미국 대사관 인질 사건과 소련의 아프가니스탄 침공은 결정적으로 카터 행정부의 외교 정책을 현실주의적 방향으로 선회시키고 있었다. 이란의 회교 혁명은 원유가를 두 배로 폭등시켰고, 전세계는 인플레와 경제적 혼란에 빠져 들었다. 소련의 아프가니스탄 침공은 1978년에 수립된 아프가니스탄 공산 정권이 인종 분쟁과 회교군의 저항으로 붕괴 위기에 처한 상황에서 이루어졌다. 아프가니스탄 침공 직후 카터는 전국에 중계된 텔레비전 인터뷰에서, "지난 2년 6개월 동안 지난 한 주만큼 러시아인에 대한 나의 견해를 급변시킨 적은 없었다"라는 내용의 성명을 발표하였다.[18]

결국 카터는 이 사건을 계기로 밴스보다는 브레진스키의 견해에 기울어졌고, '카터 독트린'으로 표현되는 전례 없는 강경한 대응책을 선택하기에 이르렀다. 카터는 1980년 1월 23일의 연두 교서(State of the Union Address)를 통해, "페르시아 만 지역을 장악하려는 외부의 어떠한 시도도 미국의 사활적 이익에 대한 공격으로 간주될 것이며, 그러한 공격에 대해 미국은 군사력을 포함한 모든 수단을 동원해서 격퇴할 것"임을 천명하였던 것이다.

브레진스키의 승리를 상징하는 또 하나의 조치는 1980년 여름의 '대통령 훈령 제59호'(Presidential Directive no. 59; PD-59)였다. PD-59는 미국이 관여하는 전쟁의 성격과 목적에 따라 군사력을 신축성 있게 사용하며, 따라서 미국의 공격 목표도 소련의 산업 시설과 도시뿐만 아니라 미사일 기지 및 지휘 사령부 등으로 차별화했다. 요컨대 PD-59는 미국이 전면전뿐만

---

17) LaFeber, *The American Age*, p. 655.
18) *New York Times*, 1980년 1월 20일자.

아니라 페르시아 만과 같은 지역적인 이해 관계를 위해서도 재래식 군사력 및 핵 군사력을 사용할 수 있다는 사실을 시사하고 있었다.[19]

카터 행정부에서 물러난 이후, 브레진스키는 1981년부터 조지타운 대학 소재 국제전략연구소(Center for Strategic and International Studies)와 콜럼비아 대학에 자리 잡고 현재까지 왕성한 저작 활동을 벌이고 있다. 1983년 카터 행정부 시절 안보보좌관으로서의 경험을 담은 『힘과 원리』[20]를 출간한 데 이어서, 그는 1986년 『거대한 체스판』에서 보여 주는 인식의 원형이 담긴 『게임 플랜』이라는 책을 출간하였다.[21] 소련 체제가 몰락하던 1989년 브레진스키는 20세기 공산주의의 탄생과 죽음을 조망한 『대실패』라는 책을 출간, 필력을 과시하였다.[22]

냉전 체제가 종식되고 새로운 탈냉전의 시대가 열리자 미국 안에서는 두 기지 입장이 대립하였다. 하나는 냉전 시대의 주적이었던 소련 제국이 사라져 버린 만큼 더 이상 '세계의 경찰'과 같은 개입주의적 태도에서 벗어나 대외 문제보다는 대내 문제에 더 많은 관심을 기울여야 한다는 고립주의적 사조였다. 다른 하나는 냉전 시대는 물론 탈냉전 시대에도 미국은 세계적 지도력을 행사해야 하며, 어떤 의미에서 그러한 세계적 지도력은 더욱 확대될 필요성에 직면해 있다는 주장이었다. 브레진스키는 단연 후자의 입장을 대표하는 인물이었고, 이러한 입장을 대변해 준 책이 1993년에 출간된 『통제를 넘어서』였다.[23] 미국이 일종의 세계 정부적 역할을 담당해야 한다고

19) Robert A. Divine, *Since 1945: Politics and Diplomacy in Recent American History* (New York, 1985), pp. 229~230. 권용립, 『미국대외정책사』, 632~633쪽에서 재인용.

20) Zbigniew K. Brzezinski, *Power and Principle: Memoirs of the National Security Adviser, 1977~1981* (New York: Farrar, Straus, Giroux, 1983).

21) Zbigniew K. Brzezinski, *Game Plan: A Geostrategic Framework for the Conduct of the U.S.-Soviet Contest* (Boston: Atlantic Monthly Press, 1986).

22) Zbigniew K. Brzezinski, *The Grand Failure: The Birth and Death of Communism in the Twentieth Century* (New York: Scribner, 1989 [Collier Books, 1990]).

주장한 이 책은 미국 안팎에서, 그리고 좌파와 우파 모두로부터 거센 비판을 받았다. 그러나 브레진스키는 계속해서 1996년, 앞서 언급한 국제전략연구소에서 21세기 미국의 지도력에 관한 프로젝트를 수행하였고, 이 프로젝트를 통해 다듬어진 생각을 더욱 세련된 필치로 이 『거대한 체스판』에 집대성하고 있는 것이다.[24]

(김명섭, 2000년 3월)

---

23) Zbigniew K. Brzezinski, *Out of Control: Global Turmoil on the Eve of the Twenty-First Century* (New York: Scribner, 1993).

24) Douglas Johnston, ed., *Foreign Policy into the 21st century: The U.S. Leadership Challenge* (Washington, D.C.: Center for Strategic & International Studies, 1996).

찾아보기

독일(Germany) 22, 25, 39, 43, 45, 46, 59, 61,
64, 65, 67, 74, 81, 86, 87, 88, 90, 91, 92,
93, 94, 95, 96, 97, 98, 99, 100, 101, 103,
104, 105, 108, 109, 110, 111, 117, 118,
137, 141, 142, 151, 152, 157, 179, 221,
224, 227, 228, 229, 246, 250, 251, 255
동남아국가기구(Association of Southeast Asian
Nations, ASEAN) 202
드미트리 뤼리코프(Ryurikov, Dmitryi) 141

ㄹ

라오스(Laos) 32
러시아(Russia) 26, 31, 34, 37, 39, 43, 45, 59,
64, 65, 67, 68, 70, 71, 72, 73, 75, 76, 77,
80, 81, 84, 94, 95, 98, 99, 101, 103, 110,
111, 112, 113, 117, 118, 121~164, 166,
170~198, 199, 203, 206, 208, 209, 215,
216, 217, 218,~223, 240, 241, 250, 252,
254, 255, 256, 257, 258~260, 262, 263,
264, 266, 267, 273
러시아정교(Russian Orthodox Church) 112
레닌(Lenin, V.I.) 141
레바논(Lebanon) 182
레프 구밀레프(Gumilev, Lev.) 149
로마 제국(Roman Empire) 27, 28, 29, 30, 32,
35, 41
로버트 브라우닝(Browning, Robert) 63
로이 덴맨(Denman, Roy) 65
루마니아(Romania) 114, 116
리펑(Li Peng) 156

ㅁ

마드리드 선언(Madrid Declaration) 104
마오쩌뚱(Mao Zedong) 122
마카오(Macao) 209
마하티르(Mahathir, Datuk) 222
만리장성(Great Wall) 30

만주(Manchuria) 59
만주족(Manchus) 31
말레이시아(Malaysia) 206, 222, 228
먼로주의(Monroe Doctrine) 19
모로코(Morocco) 109
모리타 아키오(Morita, Akio) 235
몰도바(Moldova) 145, 153
몽고 제국(Mongol Empire) 34
몽고(Mongolia) 215, 217
문화 혁명(Cultural Revolution) 212
미 · 일 안보조약(U.S.-Japan Security Treaty)
222, 227, 228, 230
미국 에너지부(U.S. Department of Energy) 167
미국 의회(U.S. Congress) 48
미국과 에스파냐 사이의 전쟁(Spanish-American
War) 19
미야자와 기시(Miayzawa, Kiichi) 233
미얀마(Myanmar) 22, 31, 214, 216, 222

ㅂ

바그다드(Baghdad) 34
바르샤바 조약 기구(Warsaw Pact) 127, 136
바이마르 삼각 관계(Weimar Triangle) 99, 108
비잔티움(Byzantium) 112
바클라프 하벨(Havel, Václav) 112
방글라데시(Bangladesh) 214
범대서양자유무역협정(Transatlantic Free Trade
Agreement) 256
범유라시아 안보체제(Trans-Eurasian Security
System, TESS) 254, 266
베드로의 유럽(Petrine Europe) 83, 112, 114
베르사이유 조약(Versailles Treaty) 118
베를린 장벽(Berlin blockade) 23, 44, 88
베트남(Vietnam) 32, 90, 203, 220, 222
벨라루시(Belarus) 143, 147, 152, 153, 154
보리스 옐친(Yeltsin, Boris) 43, 132, 134, 135,
138, 139, 146, 149, 152, 155, 156, 161